KB230761

문화 간 적응교육

―반성과 과제―

문화 간 적응교육

—반성과 과제—

권 효 숙

한국학술정보[주]

세계화의 시대로 대변되는 오늘날은 정치, 경제, 사회 등의 거시적인 차원에서뿐만 아니라 개인의 일상생활 영역에서도 문화 간 접촉이 빈번히 이루어지고 있다. 따라서 교육의 장면에서도 세계공동체 의식에 대한 요구가 점증하고 있으며 문화 간 적응능력을 함양하는 일이 중요한 과제로서 부각되고 있다. 학교장면에서 이러한 문화 간 접촉의 예는 다문화적 경험을 가진 귀국학생들의 증가와 더불어 가시화되고 있다. 그럼에도 불구하고 이들을 위한 적절한 교육프로그램이 충분히 마련되어 있지 않음으로써 현장에서 다양한 문제들이 발생하고 있다. 대부분의 귀국학생들은 그들에게 당면할 새로운 상황에 대한 적절한 안내를 받지 못하고 있으며 한국의 교육시스템과 사회적·문화적 환경에 대하여 익숙하지 않은 상태에서 한국학생들과 경쟁해야 하는 상황에 직면하게 된다. 또한 학교현장에서는 이들의 부적응문제에 일차적으로 초점을 맞추고, 조기적응을 위한 프로그램을 기획하는 데에 주로 역점을 두는 경향이 강하다. 이처럼 귀국학생 교육프로그램은 그들이 지니고 있는 다양하고 독특한 문화적 경험을 유지하고 신장시키거나, 그들의 경험을 풍부한 교육적 소재로 삼아 학생들 간 의미 있는 교류를 하도록 하는 데 큰 관심을 기울이지 못하고 있는 실정이다. 생생한 문화적 경험을 가지고 있는 학생들이 그들의 국제성 유지 및 신장과 본국적응의 과제를 갈등적으로 선택해야 하는 상황은 한편으로 일반학생들을 위한 문화 간 적응교육의 현실적 여건 역시 어려운 상황에 있음을 보여주는 한 지표라 할 수 있다.

이 책은 귀국학생들이 초기 적응과정에서 어떤 교육프로그램을 통해 한국 학교생활을 안내받으며 그 과정에서 어떤 경험을 하게 되는지 살펴보고, 이를 토대로 귀국학생 교육프로그램의 개선방향 및 문화 간 적응교육의 방향성을 탐색해 보고자 한다. 한국 학교에서 이루어지는 귀국학생들에 대한 적응교육은 귀국학생들이 있는 곳이면 어디서든 살펴볼 수 있을 것이다. 그러나 그럼에도 불구하고 그들만을 위하여 별도의 교육프로그램을 마련하고 있는 '귀국반'이라는 특수한 형태의 학급에 초점을 맞추는 일은 제도교육권에서 시도하는 문화 간 적응교육 프로그램의 가능성과 한계를 살펴볼 수 있다는 점에서 그 의미를 찾을 수 있을 것이다. 일종의 제도로 성립한 '귀국반'은 정부차원에서 마련한 본격적인 귀국학생 적응교육 프로그램이라 볼 수 있기 때문이다.

이 책에서는 전국의 30여 개가 넘는 귀국반 중 한 곳만을 선택하여 집중적으로 관찰하고 분석·해석한 바를 제시하고 있다. 접근방법으로는 구성원들의 일상생활 맥락을 가능한 한 생생하게 드러내고 그 속에서 미묘하고 역동적인 변화를 포착해야 하는 데 도움을 줄 수 있는 문화기술적 사례연구를 채택하였다. 현재 귀국학생들을 위한 구체적인 교육프로그램이 정책적 수준에서 구체적으로 제시되지 않은 상태이기 때문에 학교의 실정에 따라, 학급을 담당하는 교사의 태도에 따라, 그리고 학생구성의 특성에 따라서 매우 다양한 방식으로 운영될 수 있으며 다양한 실제를 구성해 낼 수 있다. 이 연구는 무수히 가능한 연구의 관점 중 하나를 선택하여 이루어진 것으로서 '귀국반' 학생들의 개별적 상황 속에서 교육프로그램의 의미와 과제를 타진해 보고자 한 것이다. '귀국반'이라는 특수한 학급세계의 현실을 심층적으로 파악하는 일은 개별 학생들의 삶의 맥락을 고려한 문화 간 적응교육의 방향을 탐색하는 데 출발점이 될 수 있을 것이기 때문이다.

책의 구체적인 구성내용은 다음과 같다. 제1장에서는 귀국아동들의 문화 간 적응교육에 대한 관심의 필요성을 환기하고, 제2장에서는 귀국아동들의 적응교육이 이루어지는 하늘초등학교 '귀국반'의 환경을 조직, 운영원리, 시간, 공간, 교육과정의 차원에서 살펴보았다. 제3장에서는 귀국반을 중심으로 이루어지는 적응과정을 국면에 따라 '귀국반 입학 전', '귀국반에서', '환급과 그 이후'의 세 차원에서 살펴보았다. 제4장에서는 학교에서 귀국아동들의 적응을 판별하는 데 동원하는 '생활과 교과', '시간과 수준'이라는 준거 및 그에 따른 네 가지 유형을 제시하였다. 제5장에서는 '학교적응'과 '교육적응', '문화적 전환'과 '교육적 통합'을 각기 대비시켜 적응현상에 개입하고 있는 구조를 드러내고자 하였다. 제6장에서는 문화 간 적응교육의 방향으로서 '적응교육의 재개념화'와 '다문화교육에 터한 교육적응 지원방식'을 제시하였다.

이중문화적 혹은 다문화적 경험을 가진 아동들에 대한 교육적 배려가 부족하다는 현실인식에서 출발한 이 글은 문화 간 적응교육 과정이 개별 아동 혹은 학생들로 하여금 자신의 삶을 기획하는 과정에서 소외되지 않고 주체로서 참여할 수 있는 방식으로 나아가야 함을 제언하는 것으로 마무리를 지었다. 아무쪼록 귀국학생 및 다문화적 경험을 한 학생들의 생생하고 풍부한 체험이 다르다는 이유로 사장되지 않고, '교육의 이름으로' 개인과 사회의 건전한 토양으로 자리매김할 수 있기를 간절히 바란다.

마지막으로 이 연구에 도움을 주셨던 모든 분들께 감사를 드린다. 특히 이 연구의 제보자였던 하늘초등학교의 학생, 선생님, 부모님들은 단순한 연구대상자가 아니라 훌륭한 안내자이자 협력자였다. 또한 여러 가지 어려움에도 불구하고 이 책의 출판을 맡아준 한국학술정보(주)의 여러분들께도 감사를 표하고자 한다.

2006년 10월

권효숙

차 례

I 서 론

1. 연구의 필요성과 목적

오늘날의 세계화는 지난 200여 년간 지속되어왔던 국가와 민족, 지역을 중심으로 한 정치, 경제, 사회, 문화의 전체적 구조에 큰 변화를 일으키고 있다. 그러한 변화는 인간의 삶의 방식에 큰 영향을 미치고 있으며, 교육영역에서는 새로운 문제사태로 등장하고 있다. 특히 국가 간 인구이동에 따른 이중문화적 혹은 다문화적 경험을 하는 인구의 증대는 이들의 문화 간 이해 및 적응교육에 대한 필요성을 시급히 요청하고 있다.

이중문화적 혹은 다문화적 경험을 하는 개인에게 있어 문화 간 이해 및 적응과정은 일회적으로 끝나는 것이 아니라 연속적이고 통합적으로 이루어져야 할 필요가 있기 때문에 장기적인 안목에서 체계적인 교육적 프로그램을 통한 접근이 필요하다. 그럼에도 불구하고 그동안 우리사회는 문화 간 적응교육의 필요성에 대하여 심각하게 고려하지 않았을 뿐더러, 정부 산하 기관 및 공공기관에서 부분적으로 실시하고 있는 문화이해 프로그램 역시 지속적이고 체계적으로 이루어지고 있지 않은 실정이다. 이러한 측면에서 사회적·개인적 요구에 부응할 만한 문화 간 적응교육 프로그램은 양적, 질적 차원에서 모두 미흡한 실정이라 할 수 있다.

우리는 흔히 새로운 환경에 익숙해지는 과정을 '적응'이라 하고, 그러한 과정을 좀 더 원활하게 할 수 있도록 돕는 활동을 '적응교육'이라고 개념화해 왔다. 그러나 이러한 피상적인 적응교육의 개념화는 당면한 현실적 과제를 해결하는 것이 적응교육의 유일한 목적으로 인식하도록 하는 경향이 있다. 그 결과 '적응'은 그 과정보다는 결과로서 판명되는 것이라는 인식을 공유하게 되었으며, '적응교육'이라는 이름으로 행해지는 수많은 활동은 특정 목적을 위한 기능적인 활동으로 왜곡되는 경우가 많았다. 이러한 방식의 적응교육은 인간의 총체적인 삶의 방식인 '문화'를 그 중심에 놓고 생각할 때 적절한 개념적 토대를 제공한다고 보기 어렵다. 즉, 이러한 적응교육의 개념은 다양한 문화적 경험을 개별 인간의 관점이나 안목을 풍부하게 해주는 교육적 경험으로서보다는 현실적 생활을 영위하는 데 혼란을 초래하는 부정적인 것으로 간주하는 경향이 있기 때문이다. 이러한 점에서 '문화 간 적응교육'을 어떤 활동으로 보아야 하는가에 대한 문제의식을 갖는 일은 다양한 문화적 경험을 가진 개인들의 삶을 교육적으로 이끌 수 있도록 하기 위하여, 그리고 시대적으로 요청되는 인간육성의 차원에서 매우 필요한 일이다.

교육장면에서 이루어지는 '적응'에 대한 개념화가 필요한 이유는 교육적 맥락에서 이루어지는 적응은 다른 여타의 맥락에서 포착하는 적응의 의미와는 다를 것이기 때문이다. 예컨대, 생물학에서는 인간을 비롯한 유기체의 적응이 자연선택적으로 이루어지는 것으로 보며, 적응개체의 의지나 주체성은 그 과정에 크게 개입하지 못하는 것으로 상정한다. 또 심리학에서는 개인이 일련의 갈등을 해결함으로써 초래하는 인지도식의 변화를 적응이라고 본다. 심리학적 적응의 궁극적인 목적은 개인의 갈등해결로써 교육적 맥락에서 중요시되는 상호 작용이나 방향성에 대해서는 관심을 가지지 않는다. 한편 인류학에서는 적응을 문화와 환경과의 상호 작용을 통한 변증법적인 과정으로 봄으로써 인간집단의 주체성과 역동성을 고려하고 있다. 그러나 이때의 적응은 여전히 집단의 생존과 관련하여 이루어지는 것으로서 개별 구성원들의 행위는 집단적인 지향과 부합될 때 비로소 의미를 가지게 된다.

이러한 상황에서 개별 구성원들에게 일차적으로 요구되는 적응방식은 문화적 전통을 계승하는 것이며, 그 과정에서 개개인이 경험하는 바는 논외로 한다.

이에 비하여 교육장면에서 이루어지는 '적응'은 교육의 핵심적인 과정, 즉 교육적 삶의 형식을 체득하는 것과 밀접한 관련이 있어야 한다. 조용환(1997: 34)은 교육은 '학습과 교수의 상호보완적 관계', '인간형성의 변증법적 지향', '평생에 걸친 노력의 과정'이라는 세 가지 요소로 구성된 '가르침과 배움을 통한 인간형성의 과정'으로 정의하고 있다. 이에 따르면 교육은 교수 중심의 활동만이 아니라 교수와 학습이 맞물려 일어나는 활동으로서 양자가 균형을 이루는 속에서 이루어지는 활동이어야 한다. 또한 그것은 인간의 한 측면, 즉 경쟁력이나 경쟁적 가치만을 위한 것이 아니라 인간의 삶 전반에 개입하는 총체적인 과정으로서 평생 동안 부단한 노력을 통해서 이루어 가는 것이어야 한다. 이러한 교육의 개념에 비추어 귀국반 적응현상의 의미를 파악하는 일은 교육의 이름으로 이루어져 온 적응, 즉 '적응적 교육'과 적응을 교육적으로 하는 일, 즉 '교육적 적응'을 구분하는 일이기도 하다. 위에서 살펴본 대로 교육이 가르치고 배우는 과정을 통하여 자신을 지속적으로 성장시켜 가는 과정이라면 적응을 교육적으로 하는 일은 교육적 삶을 살아가는 방식을 배우고 실천하는 것으로서 구체적으로는 교육적 관계와 가르치고 배우는 활동에 대한 적응이라고 할 수 있다.

이 연구는 먼저 문화 간 적응교육이 시도되는 제도교육 현장인 '귀국반'에서 구성원들이 경험하는 구체적 실제를 살펴봄으로써, 문화 간 적응과정의 특징을 이해하고자 한다. 다음 귀국학생들이 학교에 다니는 학생이라는 점을 중시하고, 그들의 적응경험을 교육학적 개념을 통해 이해하는 것이다. 이를 바탕으로 하여 문화 간 적응교육에 대한 재개념화 방식 및 교육의 방향을 제안하고자 한다.

교육에서 그 문화적 기초를 고려해야 한다는 말에는 두 가지 뜻이 내포되어 있다. 그 하나는 우리는 다른 사회와 다른 독특한 문화를 가졌으니 그것을 가르쳐야 한다는 것이고, 다른 하나는 우리에게는 우리 독특한 문화가 있으니 거기에 맞게 가르쳐야 한다는 뜻이다. 전자는 내용에 관한 것이고, 후자는 방법에 관한 것이라고 할 수 있다(김영찬, 1980). 문화적 기초를 고려한 '귀국반' 교육활동의 내용과 방법은 한국 학교의 '학생'에 대한 규범적인 규정을 포함하고 있는 것이기도 하다.

'귀국반'은 귀국학생들이 가지고 있는 문화적 다양성을 전제로 하고 있는 집단이며, '귀국반'의 공식적인 목표는 문화적 기초에 대한 고려를 내포하고 있다. '귀국반'은 외국경험을 공유한 학생들의 집단이라는 점에서 동질적이며, 한편으로는 이들 경험의 다양성이 매우 폭넓다는 점에서, 그리고 그들에게 이전의 경험과는 다른 경험이 의도적으로 제공된다는 점에서 이질적인 것들이 만나는 공간이기도 하다. 이러한 환경 속에서 '귀국반'의 구성원들은 끊임없이 서로에게 영향을 주며 서로를 변화시키는 양방향적인 활동을 해나간다. 즉 '귀국반'에는 '이질적인 문화'를 매개로 한 독특한 양상의 가르치고 배우는 활동이 존재한다. 이 연구에서는 이러한 점에 주목하여 '문화의 이질성'과 '문화적 기초'를 고려한 활동이 그들의 가르치고 배우는 활동을 어떻게 특징짓고 있는지, 그것은 학생들의 적응과정에 어떠한 영향을 미치는지 그리고 그것이 교육에 시사하는 바는 무엇인지를 살피고자 한다.

2. 연구문제

'귀국반' 아동들[1]은 학교생활을 통하여 일련의 변화를 경험한다. 이 과정

---

1) 본 연구는 초등학교 학생들을 대상으로 하여 이루어진 것으로서 '학생'이라는 용어와 '아동'이라는 용어가 유사한 의미로 사용될 수 있다. 이하에서는 문맥에 따라 이 양자를 혼용하여 사용할 것이다.

에서 다양한 요구를 받기도 하고 자신들의 요구를 표출하기도 한다. 귀국반 아동들은 학교생활을 영위해 가면서 자신의 경험을 재구조화하고 관점을 변화시켜 나간다. 이 연구에서는 이러한 일련의 과정을 적응이라는 관점으로 조망하고 나아가 이러한 과정을 교육학적으로 재해석해보고자 한다.

본 연구의 목적은 다음에 제시되는 연구문제를 통하여 좀더 구체화될 수 있다.

첫째, ‘귀국반’이라는 독특한 집단은 어떤 맥락에서 형성되었는가? 귀국반은 귀국학생들의 교육문제에 대한 개인적인 차원의 문제의식과 사회적인 차원의 문제의식이 맞물려 형성된 일종의 제도이다. 귀국반의 제도적 특성은 아동들의 실제에 영향을 미치며 아동들의 적응이 현재와 같은 방식으로 이루어지도록 하는 맥락을 제공한다. 이러한 맥락을 이해하는 것은 귀국반 아동들의 적응이 다양하고 복합적인 요구를 충족시키는 과정에서 이루어지는 것임을 이해하는 데 도움을 줄 것이다.

둘째, ‘귀국반’ 아동들은 한국 학교생활에 어떻게 적응해 가는가? 귀국반 아동들의 한국 학교적응은 ‘귀국’, ‘귀국반 입학’, 그리고 ‘환급’이라는 전환적 사건을 중심축으로 하여 이루어진다. 또 개별 아동의 적응은 그들의 독특한 삶의 맥락 속에서 이루어지는 것이므로 다양한 개입 요인들이 작용하며 학교에서 적응여부를 판별하는 준거에 의하여 몇 가지 유형으로 구분된다. 전환적 사건을 중심으로 형성되는 중요한 타자들과의 관계와 활동, 그리고 특정한 준거에 의해 범주화되는 아동들의 적응유형은 귀국반에서 이루어지는 일련의 적응과정을 이해하는 데 도움을 줄 것이다.

셋째, ‘귀국반’ 아동들의 적응현상은 어떤 구조를 가지고 있는가? 적응교육으로 통칭되는 귀국반 활동은 ‘학교체제에 대한 적응’과 ‘교육에 대한 적응’으로 구분할 수 있다. 귀국반의 일상적인 맥락 속에 붙박여 있는 이러한 두 종류의 적응을 살펴보는 일은 아동들의 전반적인 학교생활 구조를 파악하는 데 도움을 줄 것이다. 한편 귀국반에서 발견할 수 있는 개인적 요구와 사회적 요구는 적응의 목적과 적응의 방식에서 갈등을 내포하고 있는데 이러한 갈등구조를 파악하는 일은 귀국반 적응교육의 성격을 파악하는 데 도움을 줄 것이다.

넷째, '귀국반' 아동들의 적응과정은 어떤 교육적 의미를 가지고 있는가? 귀국반 아동들이 한국 학교적응을 통하여 경험하는 바를 교육학적 관점에서 재해석해 보고자하며 이를 통하여 교육적 적응의 의미를 발견해 보고자 한다. 교육적 적응의 의미를 발견하는 일은 귀국반에서 이루어지는 적응교육의 방향을 '적응적 교육'에서 '교육적 적응'으로 나아가도록 하는 데 도움을 줄 수 있을 것이다.

3. 연구의 방법과 절차

1) 연구방법

그동안 학교현장에서 이루어진 연구들이나 심리학, 사회학 분야에서 이루어진 대부분의 연구들은 귀국아동들을 단지 연구의 객체로 상정하고 그들의 어떤 점이 현실적인 문제를 생성해내는지, 그리고 그러한 문제를 어떻게 해결해 줄 것인지에 관심을 집중시켜 왔다. 연구방법 역시 개념적 분석이나 설문지를 활용한 통계적 분석이 주를 이루어 왔다. 그러나 본 연구는 귀국아동들이 이전의 문화 속에 내재해 있던 교육적 과정의 형식을 새로운 문화 속에 적용시키고, 변환시키고, 통합시키는 과정, 즉 적응과정을 이해하는 데 일차적인 관심을 가지고 있다. 때문에 이 연구는 개념적 분석이나 설문지를 활용한 통계적 분석보다는 그들이 처한 문제 상황은 개별적이고 총체적인 삶의 맥락과 관련하여 이해할 수 있는 이해지향적인 방법을 통하여 접근하는 것이 적절하다.

본 연구의 주된 관심은 '귀국반' 구성원들이 낯선 문화를 접하면서 나타내는 다양한 활동들을 그들의 입장에서 이해하고, 나아가 그 과정을 교육학적 시각에서 재해석함으로써 교육적인 적응의 의미를 발견하는 일이다. 이러한 연구문제에 답하기 위해서는 구성원들의 일상생활의 맥락을 가능한 한 생생하게 드러내어 그 속에서 미묘하고 역동적인 변화를 포착해야 할 필요가 있다. 본 연구는 그러한 목적을 위하여 문화기술적 사례연구를 연구방법으로 채택하고자 한다.

문화기술적 연구방법은 구성주의 혹은 해석주의의 인식론에 바탕을 두고 있다. 이 관점에 따르면, 세상의 질서는 사람들의 집단적 사고와 경험에 의해 구성 혹은 재구성되는 성격의 것이다. 따라서 문화기술적 연구자에게 중요한 것은 실험이나 조사를 통해 객관적으로 가정된 질서의 진위를 입증하는 일이 아니라, 한 인간집단이 어떤 질서 속에서 생활하고 있는가, 왜 그러한 질서 체제를 구성하게 되었는가를 이해하는 일이다. 문화기술의 방법은 한 사회 상황의 복잡성을 밀도 있게 기술하고 그 의미를 해석하는 방법이며, 문화기술지는 연구자가 연구대상 집단의 생활세계 속에서 참여관찰을 통하여 얻게 된 그 사람들의 가치, 지식, 기술을 정리한 것이다(조용환, 1999). 이런 의미에서 기어츠(Geertz, 1973)는 라일(Ryle)의 용어를 빌어 문화기술을 '표층 기술'이 아니라 '심층 기술(thick description)'이라 명명한 바 있다.

문화기술적 연구의 두 가지 대표적인 기법은 참여관찰(participant obse-rvation)과 심층면담(ethnographic interview)이다. 참여관찰은 문자 그대로 연구자가 특정 집단의 일상세계에 비교적 장기간 참여하여 그들의 삶과 문화를 관찰, 기록, 해석하는 것을 말한다. 참여와 관찰은 서로 적절한 배합이 요구되는 상호보완적인 성격을 지닌 활동이다. 이러한 활동을 통한 자료수집이 의미 있는 이유는 아무리 엄밀한 자료라 하더라도 '살아있는 자료'로서의 가치를 발휘하기 위해서는 분석대상이 되는 사건의 일부로서 참여하였던 사람들만이 가질 수 있는 의미의 심층을 통하여 걸러져야만 하기 때문이다. 특히, 학교를 연구할 때 이러한 방법이 적절한 이유는 교사와 학생이 제도적인 역할관계를 바탕으로 하면서도 서로 상황을 다르게 정의하여 구성해 내는 학급세계의 현실을 그 심층부까지 밝혀내어 해석함으로써 학급 사회 전체를 질적으로 파악할 수 있기 때문이다. 심층면담 역시 참여관찰의 일부라고 볼 수 있는데, 그 이유는 연구자가 참여관찰의 과정에서 낯선 문화에 대해 끊임없이 의문들을 갖게 되고, 관찰의 현장에서 그 의문들을 면담의 형태로 풀어 나가기 때문이다. 이와 같은 참여관찰과 심층면담의 특징은 매우 복잡하고 역동적인 과정으로 이루어지는 귀국반 구성원들의 적응과정을 파악하는 데 적절한 방법이라고 할 수 있다.

2) 연구절차

(1) 연구대상 선정

'귀국반'이라는 특수한 형태의 학급에서 귀국아동들의 생활경험을 통하여 교육적 의미를 밝히기 위해서 먼저 해결해야 할 현실적인 문제는 연구의 장(場)을 선정하는 문제이다. 귀국반은 공교육 차원에서 귀국학생들에 대한 적응교육을 시도하고자 일반학교에 특수반의 형태로 설치된 시범학급으로서 2006년 현재 귀국반은 전국에 30여 학급 이상 설치되어 있다. 이 모든 학교와 학급을 연구대상으로 삼는다는 것은 현실적으로 불가능하였다. 이 연구에서 목적하는 바는 귀국아동들의 적응과정을 통해 구현되고 있는 교육적 의미를 해석해 내는 것이므로 어느 한 학교의 학급을 선정한다고 해서 결정적으로 문제가 되는 것은 아니라고 생각하였다. 특히 학교급별 선정에 있어서 초등학교를 선정한 것은 귀국하는 학생의 대부분이 초등학생들이며, 발달단계를 고려할 때 그들이 청소년기에 들어선 중고등학생보다는 상대적으로 환경과 유연하게 상호 작용할 것이라고 생각하였기 때문이다. 그러므로 이 연구에서는 연구자가 가장 접근하기 용이한 곳에 위치하고 있던 경기도 내의 한 초등학교에 설립되어 있는 '귀국반'을 대상지로 선정하였다.

연구현장인 하늘초등학교 귀국반은 1997년 9월에 설치되었으며, 하늘초등학교는 소관부처가 교육인적자원부에서 지방 교육청으로 이관된 2006년 현재까지 시범학교로 지정되어 있다. 귀국반의 설치는 학교 자체적으로 이루어지기보다는 상부관청의 요구에 의해 학교의 특색사업 형식으로 이루어지는 것이 보통이다. 이러한 이유로 대부분의 귀국반 설치 학교가 시범학교로 지정되어 있으며 연구대상지로 선정한 하늘초등학교2) '귀국반'도 그중 하나이다. '귀국반 운영 시범학교'로 지정된 학교에는 항시 내방객이 많고 외부인의 학교출입에 대하여 개방적이어서 연구자가 초기에 학교 구성원으로부터 연구를 위한 허락을 받는 데 큰 어려움이 없었다. 이 후에도 연구대상지를 바꿔야 할 중대한 필요성이 제기되지 않았으므로 그 곳에서 약 31개월 동안 연구를 수행하게 되었다.

(2) 참여관찰

본 연구의 참여관찰은 두 국면으로 나누어진다. 1차 연구는 1999년 3월 15일부터 1999년 6월 21일까지 이루어졌으며 이때에 약 10차례에 걸쳐 학급을 방문하여 수업을 참관하고 교사, 아동, 학부모들과 친밀감을 형성하였다. 스프래들리(Spradley, 1980)의 구분에 따르면, 이 시기의 관찰은 현장의 분위기를 파악하는 정도의 기술적 관찰(descriptive observation)이었다. 이 시기는 그동안 개인적인 관심과 관련하여 포괄적인 형태로 가지고 있었던 질문을 어떻게 연구로 구체화시켜야 하는가에 대하여 고민하는 시기였다. 한편으로는 수업에서 매주 부과되었던 과제를 해결하면서 본격적인 연구를 진행시키는 데 필수적으로 수행해야 하는 사항들을 미리 연습하고 점검하는 시기였다.

이후 1999년 9월부터 2000년 2월까지는 개인적인 이유로 인한 연구의 잠정적인 휴지기였다. 이 시기 동안 세 차례 정도 '귀국반'을 방문하기는 하

---

2) 이하에서 나오는 고유명사는 모두 가명임을 밝혀둔다.

였으나 적극적으로 자료를 모으는 작업은 하지 않았으며, '귀국반'의 주요 구성원들과 유대관계를 유지하고 학급의 전체 분위기의 동향을 점검하는 수준에서 그쳤다.

1차적으로 수행한 연구에 이어 본격적인 연구는 2000년 3월부터 다시 시작되었다. 이 시기 동안의 자료수집은 1차 연구의 그것에 비하여 초점을 가지고 수행하게 되었다. 1차 연구에서는 이방인이라고 할 수 있는 나의 눈에 포착되는 귀국아동들의 이질성에 주목하고, 그들이 겪는 부적응현상이 어디에서 기인하는가에 관심을 가졌다. 이에 비하여 다시 현장을 본격적으로 관찰할 때는 아동들이 가지고 있는 문화적 이질성뿐만 아니라 문화적 유사성에도 관심을 가지기 시작하였다. 문화의 이질성을 이해하는 일이 그들이 가지고 있는 문제의 소재를 파악하는 일이라면, 유사성을 이해하는 일은 어떻게 서로 접근할 수 있는가에 대한 단서를 제공할 것이라는 생각에서이다.

이 시기의 참여관찰은 첫 번째 시기에 구성원들과 이미 친밀감을 형성한 상태에서 이루어진 것이므로 좀더 많은 영역의 일상생활에 참여할 수 있었다. 자료수집은 '귀국반'의 주요 구성원인 교사와 아동이 수업시간과 그 이외의 시간에 상호 작용하는 장면을 관찰하고 교사가 허락하는 한도 내에서 보조교사로서 참여함으로써 이루어졌다. 참여관찰의 경우 연구자의 의도를 드러내지 않은 가운데 구성원들의 활동의 흐름을 자세하게 기술하는 데 초점을 맞추었고, 심층면담은 주 제보자를 선정하여 비구조적 면담을 하는 방식을 취하였다. 면담을 할 때는 연구자의 연구의도를 명백히 하고 제보자로 하여금 '귀국반'의 일상에 대해 관심을 가지고 자신의 경험과 생각과 느낌을 진솔하게 진술하도록 하는 방식으로 진행하였다. 이러한 면담에서는 교사와 아동의 비교문화적 관점이 각각 확연히 나타났으며 구성원들 간의 갈등 상황이 어떻게 생성되고 해소되는지에 대해서 확인할 수 있었다.

교사의 경우 비교문화적 관점은 초기에는 일반학급 아동과 귀국반 아동의 태도를 비교하는 방식으로 나타났고, 시간이 갈수록 귀국반 아동들 간에 나타나는 차이에 주목하는 방식으로 나타났다. 이러한 비교대상의 변화는 교사의 생활세계가 귀국반으로 정착되었음을 의미하는 것이다. 아동들의 경우도 두 가지 차원에서 비교문화적 시각을 동원하고 있음을 발견할 수 있었는데, 그 하나는 그들의 직전경험인 외국의 학교생활과 '귀국반'을 통해서 경험하는 한국의 학교생활에 대한 비교이고, 또 다른 하나는 '귀국반'과 일반학급의 생활에 대한 비교이다. 이러한 면담을 통하여 그들이 '귀국반'의 존재에 의미를 부여하는 방식을 발견할 수 있었다.

2001년 3월 무렵부터는 학교의 거의 모든 구성원들이 연구자를 귀국반의 보조교사로 인식하고 인사를 나눌 정도로 깊은 친밀감을 형성하게 되었다. 이로 인하여 연구자는 연구에서 필요할 경우, 그리고 그들이 협조를 요청할 경우 공식적인 행사에도 참여하게 되었으며 그를 통하여 귀국반 운영과 전반적 학교운영 체제가 가지고 있는 관련성에 대해서도 파악하게 되었다.

(3) 제보자 선정과 면담

이 연구에서 주 제보자로 삼은 대상은 '귀국반'을 담당하고 있는 두 명의 교사와 자기표현력이 좋은 세 명의 아동, 그리고 개인적 친밀감을 형성하고 있는 두 명의 학부모이다. 우선 주 제보자로 삼은 두 명의 교사는 하늘초등학교의 '귀국반'을 담당하고 있는 교사들이다. 하늘초등학교의 '귀국반'은 '저학년반'과 '고학년반'으로 나뉘며 필요에 따라 통합학습과 분반학습을 함께하기 때문에 어느 교사 한 명만을 주 제보자로 삼는 것보다는 두 명 모두를 제보자로 삼는 것이 풍부한 자료를 얻기 위하여 필요하다. '저학년반'을 담당하고 있는 장현수 교사는 내가 연구를 시작한 1999학년도에는 학급을 담당하고 있지 않은 상태에 있다가 결원이 생기면서 1999학년도 11월부터 '귀국반'을 담당하고 있는 교사이다. '고학년반'을 담당하고 있는 홍민수 교사는 1999학년도 1학기부터 '귀국반'을 맡고 있으며, 그 이전부터 귀국아동의 교육에 대해 많은 관심을 가지고 있던 교사이다. 장 교사가 학급을 맡기 이전에 귀국반을 담당하였던 한재민 교사 역시 본 연구를 시작할 무렵 주 제보자 역할을 했다. 이 두 교사와의 면담은 시간적 경과에 따라 각 개별 교사가 아동에 대한 관점을 달리해 나가는 과정과 개별적 성향에 따라 아동을 대하는 태도에 차이가 있음을 발견할 수 있도록 해주었다. 이는 '귀국반' 생활이 교사에게 미치는 영향을 확인하는 일이기도 하였다. 주 제보자인 두 교사에게 접근하는 일은 다른 제보자들에게 접근하는 일보다 상대적으로 용이하였다. 그 이유는 아마도 귀국반 운영과정에서 경험하는 시행착오를 통하여 귀국반 연구에 대한 필요성을 절실히 느끼고 있었기 때문이었을 것이다. 실제로 교사들은 귀국반 운영에 대하여 자문을 구할 대상이나 귀국반 교육의 방향을 제시할 만한 안내서를 거의 찾아볼 수 없다는 것에 대하여 자주 답답함을 호소하곤 하였다. 귀국반 교사들과의 호의적인 배려는 연구에 필요한 귀중한 정보를 얻는 데 많은 도움을 주었다. 그러나 한편으로는 이 연구가 최종적으로 귀국아동의 삶 속에서 일어나는 교육적 변화에 관심이 있다는 것을 상기하면서, 제도적 역할을 요구받고 있는 교사들의 눈을 통하여 아동을 이해하는 일에 대하여 신중을 기하게 되었다.

아동을 주 제보자로 삼을 때 기준으로 삼은 것은 대화 능력과 자기표현 능력이었다. 대부분의 아동들은 '귀국반'에 들어올 때부터 한국말로 의사소통을 할 수 있을 정도의 한국어능력을 가지고 있으나 그중에서도 자기의 경험을 자세히 말할 수 있는 활발한 성격을 가지고 있는 아동들을 선정하였다. 물론 아동들 중에는 자기표현을 유난히 소극적으로 하는 아동들이 있는데, 그 이유가 낯선 환경에서 받는 충격 때문일 수도 있다는 것을 감안하면 자기표현이 적극적인 아동만을 주 제보자로 선정하는 것은 문제가 있을 수도 있다. 그러나 우선은 연구의 편이성을 생각해서 접근하기에 용이하고 대화를 하기에 편안한 대상을 선정하였다. 그리고 제보자 선정의 편향성이 가져올 수도 있는 오류를 최소화하기 위해서 어느 정도의 시간이 지난 후에는 일상생활에 함께 참여하면서 다른 아동들에 대한 접근도 시도하였다. 다른 연구대상자들을 대할 때도 그러해야 하겠지만 특히 마음의 문을 닫고 있는 아동들의 경우에는 시간을 가지고 자연스러운 태도로 대하는 것이 중요하며 그러한 태도는 친밀감을 형성하는 데에도 큰 도움을 주었다.

‘귀국반’의 학부모들은 일반학급의 학부모들보다 아동들의 학교생활에 더 깊숙이 관여한다. 때문에 교실이라는 공간 밖에 있는 사람들이지만 ‘귀국반’이라는 현장의 맥락을 구성하는 데 매우 중요한 역할을 하는 사람들이다. 그러한 점에서 주 제보자로서 두 명의 학부모를 선정하였다. 그중 한 명은 이수지, 이준성 두 남매를 ‘귀국반’에 보내는 엄마이고, 다른 한 명은 김미하 아동의 엄마이다. 이수지는 귀국 후 곧장 일반학교에 보냈다가 생활부적응현상이 심해져 하늘초등학교의 ‘귀국반’으로 전학을 온 경우이다. 이러한 경험 때문에 이수지 엄마는 아동의 학교생활에 대하여 매우 관심이 높으며 학교활동에 적극적으로 참여한다. 동시에 자녀들로 하여금 ‘해외체험 능력’을 유지하도록 하기 위하여 매일 정해진 시간에 영어 테이프를 듣고, 영어책을 읽게 하며 미국의 홈스쿨링 교재를 학습하도록 한다. 또한 방학을 전후로 하여 수개월 동안은 미국에 머물면서 그곳 학교를 다니기도 한다. 이수지 엄마를 주 제보자로 선정한 이유는 그녀가 ‘귀국반’ 학부모들 중에서 가장 적극적으로 자녀교육에 대한 의지를 실천하고 있으며 그러한 태도는 다른 학부모들의 지향을 대변한다고 생각했기 때문이다. 한편, 김미하 엄마는 학교에서는 일체 말을 하지 않는 자녀 때문에 교사와 자주 상담도 하고 학교의 일에 협조적으로 참여하는 태도를 가지고 있다. 김미하 엄마는 성격이 활달하고 이야기하는 것을 좋아하여 학부모들의 일상적인 관심사나 교육에 대한 관점을 스스럼없이 연구자에게 이야기해 주고 연구자를 다른 학부모들에게 소개시켜 주기도 하였다. 김미하 엄마를 주 제보자로 선정한 이유는 일종의 생활부적응현상을 나타내고 있는 아동의 엄마로서 아동의 적응과정에 대하여보다 감수성을 가지고 있을 것이라는 판단에서이다. ‘귀국반’ 학부모의 지향성을 적극적으로 보여주고 있는 이수지 엄마와 자녀의 부적응에 지대한 관심을 가지고 있는 김미하 엄마로부터 한국 학교교육에 대한 관점, 귀국반 교육에 대한 관점, 한국의 학부모로 살아가면서 겪는 갈등들을 많이 포착할 수 있었다.

제도교육장면에서 교사와 학부모 사이에는 항상 어느 정도의 갈등이 존재한다. '귀국반'에서도 역시 아동을 사이에 두고 교사와 학부모가 의견의 일치를 보이지 않는 일이 종종 있다. 때문에 학부모들은 중립적이고 연구자의 위치에 있는 나에게 자신이 생각하는 학교교육의 문제점을 쉽게 이야기하는 경향이 있다. 그러한 이야기들은 연구를 위해서 매우 도움이 되기도 하지만, 한편으로는 자칫 교사와 학부모 사이에서 곤란한 입장에 처하게 될 위험을 가져다주기도 한다. 이러한 점에서 그들만의 관계망이 견고한 학부모들과의 면담을 할 때 자연스럽고 진지하되 중용을 지키고자 노력하였다.

(4) 자료의 분석과 해석

귀국반 구성원들의 일상생활에 대한 참여관찰과 제보자 면담을 통하여 수집한 자료는 일단 기록하고 전사한 다음 제보자에게 보여주고 검토를 받았다. 전사하는 과정에서 생기는 연구자의 의문이나 의견은 임의의 부호를 덧붙여 생각나는 대로 삽입하였다. 연구자의 의견은 참여관찰 활동의 흐름이나 전사한 내용에 대한 연구자의 생각이나 느낌을 말하며, 이 의견에는 다음에 참여관찰 할 사항이나 면담에서 제기할 질문 등도 포함된다. 연구자의 의견은 자료에 대한 연구자의 예비분석이라고 할 수 있으며, 또한 연구자 자신의 생각이나 느낌을 그대로 드러냄으로써 연구자 자신의 편견을 검토할 수 있는 자료가 되기도 한다. 실제로 전사 과정에서 행한 이러한 예비분석은 그 다음 참여관찰이나 면담을 계획하는 데 중요한 근거자료가 되었을 뿐만 아니라, 나중에 자료를 본격적으로 분석할 때에도 매우 유용하게 사용되었다. 요컨대, 연구자의 의견란은 연구자의 활동을 포함한 연구의 모든 진행 상황을 반성적으로 검토하는 장이 된다[3].

연구자의 경우 제1차 연구에서 수집한 자료를 분석한 다음 제2차 연구에 들어갔다. 분석 과정에서 제1차 연구의 자료가 주로 귀국반의 수업 장면에

---

3) 연구의 전 과정에 대한 반성적 사고의 중요성은 해머슬리와 아트킨슨(Hammersley & Atkinson, 1983)이 강조한 바 있다. 연구자의 경우에는 m.c.(my comment 의 약자)라는 부호를 사용하여 연구자의 의견과 전사내용을 구분하였다.

치중되어 있음을 발견하고 그 이외의 활동에 관심을 가져야 할 필요를 느끼게 되었다. 때문에 이 연구를 위한 본격적인 자료수집이 시작된 2001년 3월부터는 제1차 자료를 분석한 결과를 토대로 하여 귀국반의 일상을 이해하는 데 필요한 자료를 보강하는 일을 주로 하였다.

우선 '귀국반'을 운영하는 데 지침이 되는 제도적인 규정이나 근거를 확인할 필요가 있었다. 제도교육의 대표적 기관인 공립학교 안에 '귀국반'이 설치되고 이를 재정적으로 지원하는 체제가 미미하나마 갖추어져 있다는 것은 이에 대한 현실적인 요청과 인식이 교육정책을 입안하는 과정에까지 큰 영향을 미치고 있음을 의미하는 것이다. 이를 살펴보는 일은 귀국아동에 대한 사회적 차원의 인식이 어떠한가를 살펴볼 수 있는 단서가 된다. 두 번째는 '귀국반' 아동의 성격을 명료화하는 일이다. 귀국반에 입학하는 아동들은 전체 귀국아동에 비하여 극히 적은 비율을 차지한다. 그래서 아동들이 귀국반에 입학하게 되는 과정을 확인하였는데 이 일은 귀국반 아동의 특성을 이해하는 데 도움을 주었다. 귀국반을 구성하고 있는 아동들의 특성을 이해하는 일은 귀국반에서 이루어지는 제반 활동을 이해하는 데 기초로서 작용할 수 있다. 세 번째는 귀국반 아동 중 출국 전 한국 학교에 다닌 경험이 있는 아동들은 외국의 학교생활을 하기 위해 어떤 적응과정을 거쳤는가에 대하여 확인하였다. 이는 아동들이나 학부모들이 가지고 있는 비교문화적 시각을 드러내 주는 데 필요하다고 생각하였기 때문이다. 네 번째는 학부모들이 형성하고 있는 관계망(network)의 구조를 살펴보는 일이다. 학부모들의 관계망 형성이 어떤 요구를 충족시켜주고 있는가를 살펴보고 학부모의 기대가 표출되는 한 방식을 보고자 하였다. 아동과 밀접한 관계를 가지고 있는 학부모들 간의 관계망은 귀국반 아동의 삶을 규정하는 하나의 맥락이 된다는 점에서 중요한 자료가 되었다. 마지막으로 귀국반의 야외행사에 많이 참여하여 수업맥락이 아닌 다른 맥락에 대해서 구성원들이 어떤 방식으로 생각하는지 혹은 행동하는지를 살펴보았다.

연구자는 2001년 7월부터 자료수집을 일단 중단하고 기록된 모든 자료에 대한 집중분석을 시도하였다. 연구자는 그 후 분석한 모든 내용을 3회에 걸쳐 반복적으로 검토하였으며 그 분석의 타당성을 확인하기 위하여 다시 전사한 기록내용을 3회에 걸쳐 반복적으로 검토하였다.

다음 분석 작업은 귀국반 아동의 적응 활동 가운데 교육적인 측면을 찾아내기 위하여 좀더 자료를 체계화하는 것이었다. 이를 위해 연구자는 각각의 범주로 분류된 자료를 다시 코딩하고 몇 개의 하위범주로 나누어 보는 작업을 순환적으로 반복하였다. 이 과정에서 새로운 자료가 추가되기도 하고 각각의 범주에 포함되었던 항목이 삭제되기도 하였다.

이 작업을 하면서 연구자가 핵심적인 주제로 잡은 것은 적응과정의 '복잡성'과 '역동성'으로서 이를 적응개념을 구성하는 핵심적인 요소로 보았다. 그리고 이러한 복잡성과 역동성을 중심에 놓고 그와 관련된 활동들을 조직하고 분류하는 과정에서 교육과 관련한 주제들을 발견하기 시작하였다. 교육적 주제의 발견은 교육의 개념을 통하여 가능한 것이다. 이 점에서 기존의 교육학적 논의들에 대한 연구물들을 가능한 한 참조하고자 하였다.

이러한 분석과 해석의 과정을 거쳐 확인한 귀국반 아동의 적응과정은 제Ⅲ장에서, 그리고 적응과정의 특징에 대하여서는 제Ⅳ장에서 다룰 것이다. 그리고 마지막으로 적응경험이 가지고 있는 교육적 의미에 대하여서는 제Ⅴ장에서 다룰 것이다.

4. 연구의 범위와 한계

이 연구는 귀국반 구성원들의 적응과정을 구체적인 자료를 통해 이해하고 구성원들의 적응과정이 어떤 점에서 교육적인 의미를 지닐 수 있는가 혹은 교육적으로 적응한다는 것은 무엇인가를 탐색하는 데 목적이 있다. 그러나

이 연구는 연구의 범위를 제한하고 연구자가 이중언어 능력을 충분히 갖추고 있지 못한 상태에서 이루어짐으로써 몇 가지 한계를 지니고 있다.

첫째, 귀국반 구성원들의 적응과정에서 교육적 의미를 찾는 일이 좀더 충실하게 이루어지기 위해서는 다양한 사례를 살피는 일이 필요하다. 그러나 모든 귀국반을 연구의 대상으로 삼는 일은 현실적으로 불가능하였기 때문에 전국 열한 곳에 개설되어 있는 '귀국반' 중에서 하늘초등학교의 '귀국반' 한 곳만을 선정하여 그 구성원들을 연구대상으로 삼았다. 대체로 소규모 학급인 '귀국반'은 비교적 학교의 획일적인 관리로부터 상대적으로 자유로운 상태이기 때문에 구성원들에 따라 '귀국반'의 현실은 다양한 양상을 보일 수 있다. 그러므로 이 연구의 결과를 다른 학교의 '귀국반'의 현실에도 보편적으로 일반화시키는 데 무리가 있다. 또한 '귀국반' 아동의 적응과정 전반을 이해하는 일은 학교를 넘어서 가정과 다른 집단에서의 활동까지 다룰 때, 그리고 귀국반 과정을 모두 마치고 환급한 이후의 생활에까지 다룰 때 그 의미가 풍부해지겠지만, 이 연구에서는 연구의 범위를 시·공간적으로 '귀국반'에 한정하고 있다. 때문에 학급 및 일부 학교공간 이외에서 이루어지는 활동에 대해서는 직접적으로 다루지 않으며, 환급 이후 아동들에게 나타나는 의미 있는 변화 역시 간접적인 방식으로만 확인할 수 있었다.

둘째, 본 연구의 핵심은 귀국반 아동들의 적응과정을 이해하고 그 과정을 교육학적으로 재해석하는 일에 있다. 이를 위해서 그들을 둘러싼 최대한 풍부한 자료를 동원하도록 노력한다고 해도 역시 난점으로 남는 것은 그들의 체험과 나의 해석이 어느 지점에서 만날 수 있는가의 문제이다. 이는 '교육'이라는 개념과 관련된 문제이기도 하다.

셋째, 연구자의 한인 학교 교사 경험은 연구를 수행하는 데 도움을 주기도 했지만 한계를 드러내기도 하였다. 연구자의 이전 경험은 아동들의 귀국 전 생활에 대한 이해를 깊이 하는 데는 도움을 주었다. 그러나 교사로서 아동의 적응교육에 참여했던 경험은 아동의 적응과정을 연구자가 아닌 교사의 시각에서 이해하도록 영향을 미쳤음을 부인할 수 없다. 이러한 한계를 극복하기 위하여 귀국반 구성원들과 가능한 한 많은 면담을 하고자 했으며 그들의 의견 중 생소하고 낯선 것에 대하여 주의를 기울이고 그와 관련한 많은 정보를 얻고자 노력하였다.

Ⅱ 적응교육 현장:

하늘초등학교 '귀국반'

귀국아동들에게 귀국 초기 얼마간은 일상적인 생활을 문화 간 대면의 차원에서 경험하게 된다. 귀국반은 그러한 문화 간 대면이 적응교육이라는 공적인 맥락 속에서 독특한 모습을 드러내는 현장이라고 할 수 있다. 이 연구의 현장인 하늘초등학교는 1998년 교육인적자원부로부터 '귀국학생 교육 시범학교'로 지정되어 2006년 3월 현재까지 귀국반을 운영하고 있다. 이하에서는 하늘초등학교 귀국반의 조직과 운영방식을 살펴봄으로써 문화 간 적응교육이 이루어지는 물리적 환경에 대한 구체적 이해를 얻고자 한다.

1. 조직과 운영

공립학교에 설치된 귀국반의 운영은 소속관청의 지도를 받는다. 경기도 부천시에 소재한 하늘초등학교 귀국반의 경우 경기도교육청과 경기도교육정보연구원 그리고 경기도 부천교육청을 상부관청으로 두고 있다. 귀국반 운영은 일차적으로 학교 관리자인 교장과 부위원장인 교감 그리고 실제적인 운영을 주관하는 연구부장의 감독하에 이루어진다. 특별학급 형태의 귀국반 운영에 관한 제반 사항은 교장, 교감, 담당교사로 조직된 학교운영위원회 산하 특별학급운영위원회에서 결정하도록 되어 있다. 특별학급운영위원회에서 심의하는 내용은 아동의 입학에 관한 사항, 아동수용 체제 전반에 관한 내용, 공·사립학교로의 전학 또는 본교 일반학급 복귀에 대한 결정, 귀국반의 중점 목표결정, 교육과정 편성 등과 학급 운영에 수반되는 각종 문제점 등이다. 공식적인 특별학급운영위원회의 개최는 매 안건이 있을 때마다 열리는 것이 원칙이나, 실제로는 담당교사가 일차적으로 세운 계획을 관리자인 교장과 교감이 결재하는 과정에서 의견을 나누는 방식을 취한다. 이는 귀국반으로 인한 이원화된 학교운영 체제가 가져다 줄 수 있는 경영상의 난점을 고려하기 위함이다. 그러나 학교마다 처한 상황이 달라서 운영하는 데 있어 좀더 공식적인 절차를 따르고 있는 학교도 있다. 예를 들면, 서울사대부속초등학교의 경우는 입학하려는 아동들의 수가 많기 때문에 입학생을 받아들이는 문제에서부터 엄격한 기준을 준비해야 하고 심사를 해야 할 필요성을 가지고 있다.

이밖에 귀국반 운영을 협조하는 기관으로서는 학교운영위원회와 귀국학생 학부모 자원봉사회가 있다. 학교운영위원회가 전반적인 학교운영의 한 부분으로서 귀국반에 대한 업무를 취급하는 데 비하여 귀국학생 학부모 자원봉사회는 공식적으로 학급의 운영에 참여하지는 않지만 교사의 협조요청이 있을 때마다 귀국반 활동을 구체적으로 지원하는 역할을 한다.

하늘초등학교에서는 귀국반 설치와 관련하여 기본방향을 설정하여 운영하고 있는데 그 지침을 살펴보면 다음과 같다.

(가) 대상지역: 본교 관내와 부천, 광명, 김포 관내를 포함하며 통학이 가능한 인천과 서울의 서부지역을 대상지역으로 한다.
(나) 대상: 해외 거주 2년 이상, 입급일 기준으로 귀국 후 1년 이내의 학생을 귀국학생 교육 대상으로 한다.
(다) 학년: 전학년을 대상으로 하되 학부모의 요청이 있을 때 그 이외의 학

년 학생도 수용하여 무학년제 형태의 학급으로 운영한다.

(라) 입급: 학생의 입급은 소정의 서류접수와 학부모의 동의, 학력 및 부적응 상황을 파악할 수 있는 평가를 실시하여 교장, 교감, 담당교사로 조직된 특별학급운영위원회의 심의를 거쳐 입급을 허락한다.

(마) 일반학급 전출: 각 학기말 적응력 평가와 학력 평가를 실시하여 일반학급으로의 환급4) 여부를 판정한다. 단 본 학급에서 2년을 초과할 수 없다.

(바) 홍보: 각 해당 지역의 초등학교에 귀국자녀 특별학급 설치 운영에 대한 홍보활동을 실시한다.

(사) 원거리에서 통학을 하게 되는 경우 등하교 시 학부모의 적극적인 협조가 따를 수 있도록 한다.

(아) 학기초 학급편성 인원은 중간 입급을 고려 8명을 기준으로 하고 15명을 초과할 수 없다. 15명 초과 시 해외 장기체류 학생을 우선으로 하고, 부적응 정도 및 능력 판정에 의하여 일반학급으로 전출한다.

이러한 기본지침에 따라, 하늘초등학교에서는 귀국반 입학을 희망하고 있는 귀국아동 중 입학자격을 심사하여 입학결정을 하게 된다. 우선 귀국반에 입학할 수 있는 입학자격은 해외에 2년 이상 거주하고 귀국하였으되 귀국한 지 1년이 경과하지 않은 아동이어야 한다. 한편 1학년 신입생인 경우에는 체류기간이 2년 미만인 경우에도 체류국의 유치원 교육과정을 이수했을 경우 입학이 허용된다. 입학의 자격요건으로서 아동의 국적에 대해서는 제한을 두지 않아 양(兩) 부모가 모두 한국국적을 가졌을 경우, 부모 중 한 명이 한국국적을 가졌을 경우, 부모와 학생 모두 외국국적을 가졌을 경우에도 입학이 허용된다. 그러한 아동 중 일반학교에서 학습활동이 곤란한 아동을 대상으로 학급편성을 하게 되는데, 실제로 학습활동의 성취도 여부는 입학을 결정하는 자료로 의미를 가진다기보다는 입학을 전제로 한 진단평가의 의미를 가지는 것이 보통이다. 즉 아동의 학습성취도는 일반학급으로의 환

---

4) '환급'은 귀국반 아동들이 소정의 적응교육 후 일반학급으로 편입하는 것을 말하는데, 이하에서는 맥락에 따라 '일반학급 편입'이라는 어휘를 함께 사용하기로 한다.

급시기를 결정하는 데에는 유용하게 활용되지만 입학 여부를 결정하지는 않는다. 결국 귀국반 입학을 위한 외적 조건이 충족된 상태에서 입학을 결정하는 것은 아동이나 부모의 의사라고 할 수 있다. 귀국반으로의 전학이나 입학은 학부모의 동의하에 수시로 이루어지며 학력 및 부적응 상황을 파악할 수 있는 평가를 실시하여 특별학급운영위원회 심의를 거친다. 전·입학 아동들의 수준을 분류하기 위한 진단평가는 국어, 수학, 면담 평가로 이루어진다. 아동이 한글 미해득 상태이거나 한국어로 의사소통이 불가능한 경우, 교사가 아동을 외국어로 면접하고 학부모 상담을 통하여 수준을 파악한다. 아동의 수준에 따른 지도를 위해 6단계의 지도단계를 설정하고 있는데, 입문1, 입문2, 입문3, 교과1, 교과2, 교과3 단계가 그것이며 교과3 단계를 이수한 아동들은 일반학급으로 환급하여 생활하게 된다. 이 단계는 지도과정 중 판정의 오류임이 발견되거나 개별 아동의 발달정도에 따라 교사가 수정하여 적용하고 있다.

대부분의 귀국반 설치 학교에서 학급당 인원을 20명으로 제한하고 있는 이유는 귀국 전 외국 학교의 환경과 유사한 환경을 만들어 주어 심리적 안정감을 도모하고 교사의 집중적, 개별적 지도를 가능하게 하기 위해서이다. 앞에서 살펴본 바 있듯이, 하늘초등학교 귀국반의 경우에도 학기초 학급편성 인원은 8명을 기준으로 하고 15명을 초과할 수 없도록 내규로 정하고 있다. 이는 아동의 수시입학에 따른 귀국반 학생수의 유동적 변화 속에서 귀국반 교육을 꼭 필요로 하는 아동에게 기회를 제공할 여지를 마련하고자 하는 의도라고 할 수 있다. 귀국반을 설치하고 있는 학교 중에는 입학대기 아동이 많은 경우도 있으나 하늘초등학교의 경우에는 타 지역에 비하여 귀국아동의 거주비율이 낮기 때문에 자격요건만 갖추고 있으면 항시 입학이 가능한 편이다. '귀국학생 특별학급 전·입학생 모집공고'에는 부천, 광명, 김포를 학생모집 대상지역으로 지정하고 있으나 학부모가 아동의 통학을 책임질 경우 인천이나 서울 서부지역의 학생들도 입학할 수 있다. 무학년제를 원칙으로 하고 있는 하늘초등학교 귀국반에서도 한글 해득능력과 연령에 따라 두 학급으로 나누고 있는데, '귀국1반'에는 한글 미해득 아동과 비교적 연령이 어린 아동들을 수용하고 있고 '귀국2반'에는 한글 해득 아동과 교과 학습을 필요로 하는 단계의 아동을 수용하고 있다. 그러나 이 구분의 경계는 매우 느슨한 것으로서 필요에 따라 아동들은 두 학급을 오가면서 수업을 받는 경우가 많다.

교육관청에 귀국학생 교육과 관련한 전문가가 부재한 것처럼 학교현장에도 귀국반만을 전담하고 있는 교사는 없다. 국립초등학교인 서울사대 부속 초등학교의 경우 예외적으로 귀국반 교사는 자격요건을 갖추어 따로 채용을 하기도 하는데 이 역시 교사의 전문성을 계속 확보할 수 있는 제도의 일환이라고 보기에는 부족한 점이 있다. 그 이유는 소정의 자격요건을 갖춘 교사가 채용되더라도 이후 귀국반 교사로서 근무할 수 있는 기간은 3년으로 정해져 있기 때문이다. 그 이후에는 사대부속 초등학교 내 일반학급 교사로 근무하거나 다른 학교로 전출을 가야 하는 두 가지 선택지만을 가지게 된다. 이처럼 귀국반 전담교사제가 아직 마련되어 있지 않은 상황에서 교사를 채용하는 일은 대부분 학교관리자의 결정에 따르게 된다.

귀국학생들이 당면하고 있는 적응의 문제가 사회적 문제로 부각되면서 그에 부응하여 귀국반의 설치가 제도화된 것은 다행스러운 일이다. 그럼에도 불구하고 학교현장에서는 여전히 귀국반 운영과 적응교육에 어려움을 겪고 있다. 이는 전문적 교육과정 개발의 부재, 전문교사 양성기관의 부재 등과 같은 지원체계의 미비와 더불어 일반학급 편입을 귀국반의 최종적인 목표로 삼도록 영향을 미치는 단선적인 한국의 학교제도 때문이기도 하다.

2. 물리적 환경

인간은 물리적으로 시·공간 안에서 생활한다. 때문에 시간과 공간의 구조화 방식은 그 안에 사는 사람들의 일상생활에 큰 영향을 미친다. 여기서는 귀국반의 시·공간구조를 일반학급의 그것과 비교하면서 기술하고자 한다.

1) 생활공간

귀국반 아동들이 학교생활에 적응해 가는 과정을 이해하기 위해서는 구성원들이 어떤 공간에서 어떻게 생활하고 있는가를 살펴볼 필요가 있다. 일반학교 내에 귀국반을 설치하는 것이 아직 시범적으로만 이루어지고 있는 상황이기 때문에 시범학교로 선정된 학교는 상대적으로 다른 학교에 비하여 양호한 입지여건을 가지고 있다. 양호한 입지여건이란 귀국학생들에게 물리적으로 안정된 환경을 제공할 수 있으며, 특수한 목적을 가진 학급이니만큼 학구 이외의 지역에서도 접근이 용이해야 함을 의미한다. 하늘초등학교는 비교적 이러한 입지여건을 갖추고 있다고 볼 수 있다. 하늘초등학교는 1993년 신도시 아파트단지 내 학교로 개교하였다. 때문에 학교의 입지조건에 대한 계획적인 고려가 이루어질 수 있었고, 인근학교에 비하여 주변 환경이 안정되어 있는 편이다.

〈그림 1〉 하늘초등학교와 그 주변약도

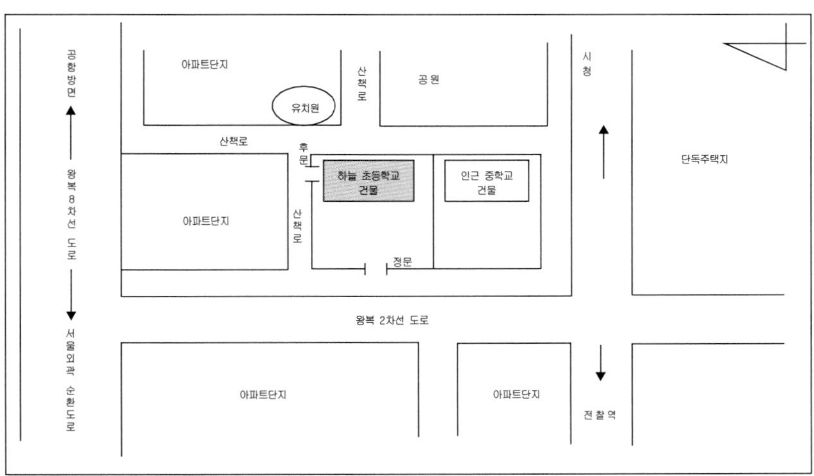

하늘초등학교 왼쪽에는 아파트단지를 사이에 두고 아동들이 등·하굣길로 이용하는 자전거도로가 있고 오른쪽에는 낮은 울타리를 경계로 하여 중학교 가 있다. 학교와 뒷담장 하나를 사이에 두고 규모가 큰 공원이 있는데, 아 동들은 이곳을 학교 밖 놀이터처럼 이용하고 있으며 매우 친근한 공간으로 여기고 있다. 학교 교문과 맞닿아 있는 왕복2차선 도로는 편리한 교통환경 을 제공하되 학교 건물과 운동장을 사이에 두고 있기 때문에 학교 구성원들 이 소음으로 인한 불편함을 겪지는 않는다. 이러한 공간적 배치를 지도로 나타내면 〈그림 1〉과 같다.

각 학년별 학급은 1층에는 1학년이, 가장 높은 4층에는 6학년이 배치되 어 있다. 각 학년은 귀국반의 협력학급을 운영하고 있기 때문에, 행동반경 이 넓지 않은 귀국반 아동들이 경험하는 학교공간의 범위는 학년에 따라 달 라지기도 한다. 하늘초등학교의 건물내부 공간배치를 그림으로 그려보면 〈그림 2〉와 같다.

<그림 2> 교사배치도

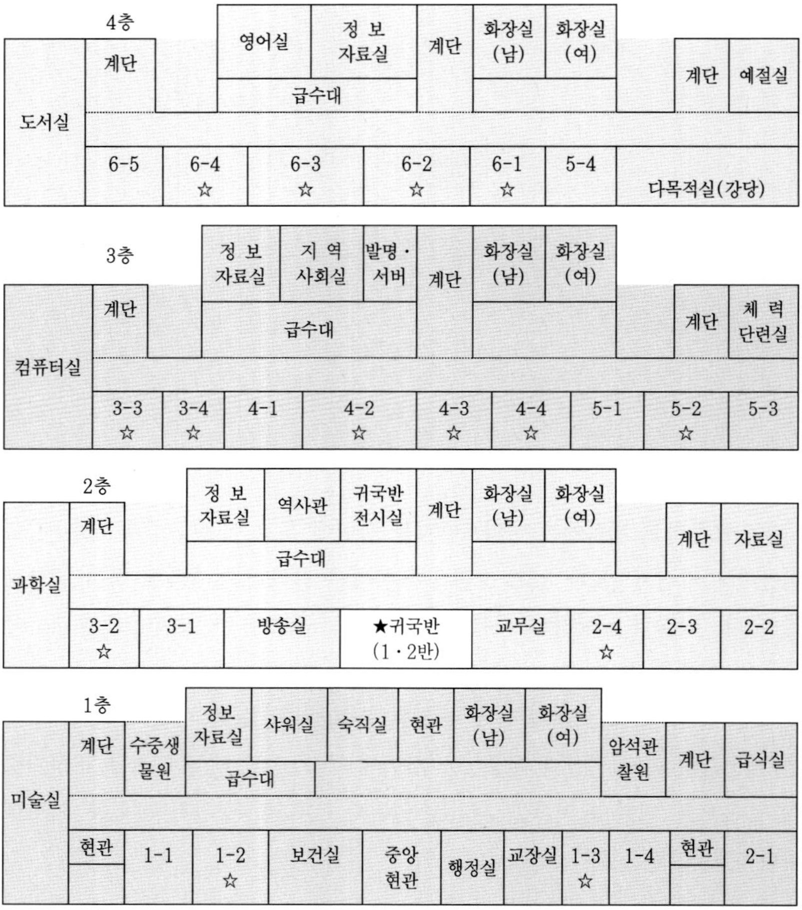

4층

도서실	계단	영어실	정보자료실	계단	화장실(남)	화장실(여)		계단	예절실
		급수대							
	6-5	6-4 ☆	6-3 ☆	6-2 ☆	6-1 ☆	5-4	다목적실(강당)		

3층

컴퓨터실	계단	정보자료실	지역사회실	발명·서버	계단	화장실(남)	화장실(여)		계단	체력단련실
		급수대								
	3-3 ☆	3-4 ☆	4-1	4-2 ☆	4-3 ☆	4-4 ☆	5-1	5-2 ☆	5-3	

2층

과학실	계단	정보자료실	역사관	귀국반전시실	계단	화장실(남)	화장실(여)		계단	자료실
		급수대								
	3-2 ☆	3-1	방송실	★귀국반 (1·2반)		교무실	2-4 ☆	2-3	2-2	

1층

미술실	계단	수중생물원	정보자료실	샤워실	숙직실	현관	화장실(남)	화장실(여)	암석관찰원	계단	급식실
			급수대								
	현관	1-1	1-2 ☆	보건실	중앙현관	행정실	교장실	1-3 ☆	1-4	현관	2-1

* ☆는 협력학급임

한편 귀국반의 내부공간 구성방식은 학교 내 다른 학급들의 그것과 차이를 보이는데 우선 책상 배열방식이 그러하다. 대부분의 일반학급이 40명 내외의 학급인원을 한정된 공간 안에 효율적으로 수용하기 위하여 일렬로 책상을 배열하는 데 비하여 귀국반은 공간의 크기에 따른 제약을 별로 받지 않기 때문에 원탁을 사용한다. 이러한 책상의 배열방식은 각 학급의 수업방식을 지원하는 물리적 환경이 되기도 한다. 설명식 학습을 주로 하는 일반학급에서는 모든 학생이 교사의 설명에 주의를 집중할 수 있는 일렬식 책상배열이 효율적인 반면 개별 수업을 주로 하는 귀국반에서는 원탁이 효율적일 수 있기 때문이다.

〈그림 3〉 교실의 공간구조

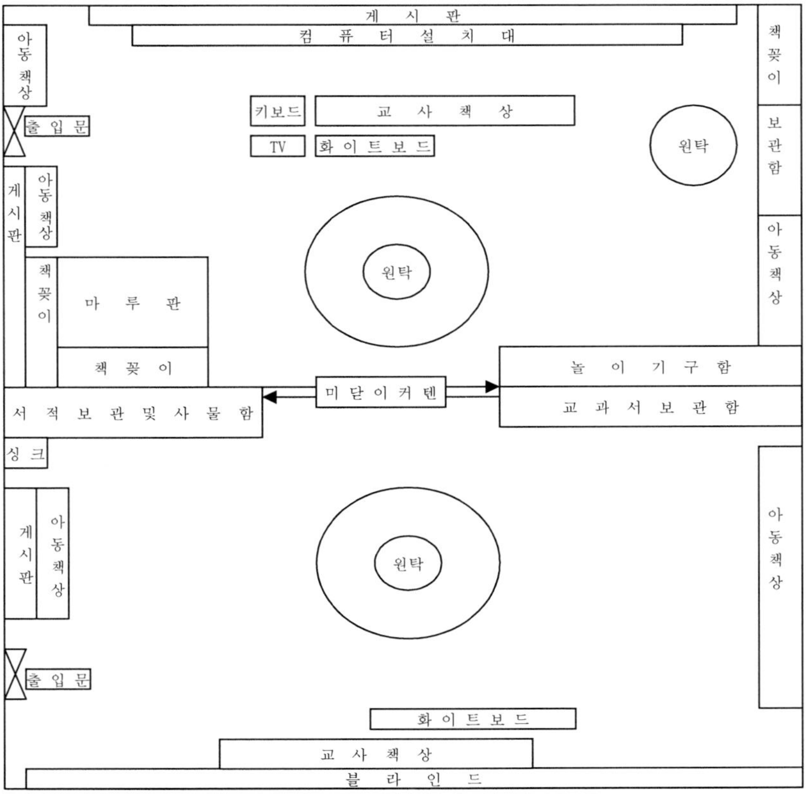

귀국반의 교실 가운데에는 필요에 따라서 학급을 분리하기 위한 미닫이커튼이 설치되어 있다. 이 미닫이커튼은 두 학급 중 어느 한 학급 혹은 두 학

급 모두 설명식 수업을 진행할 때 서로 피해를 주지 않기 위해서 닫게 된다. 그러나 대개의 경우 귀국반에서는 개별식 수업을 진행하기 때문에 학급이 커튼에 의해 공간적으로 분리되는 일은 흔하지 않다. 두 학급의 분리와 통합이 유동적으로 이루어지도록 설치된 커튼은 두 개 교실 사이에 위치하고 있기 때문에 두 교실 공간의 대칭적 중심이 되기도 한다. 귀국반의 두 학급은 이 커튼을 중심으로 하여 대칭적으로 유사한 교실 공간을 구성하고 있다. 우선 각 교실의 중앙 부분에 아동들의 원탁이 놓여 있고 그 좌우 벽 쪽으로 아동의 개인책상이 놓여 있다.

교실의 앞과 뒤를 구분하는 칠판은 서로 대칭적인 위치에 놓여 있어서 수업이 진행될 경우 교사들은 서로 마주보고 수업을 하게 되는 한편 아동들끼리는 등을 지게 된다. 이러한 공간구조로 인하여 교사들은 필요한 경우 수업도중에도 언어적·비언어적 의사소통을 원활히 할 수 있다. 두 교실에 비치된 학급비품들 중 개인책상과 원탁을 제외하고는 그것이 놓인 위치와 상관없이 구성원들 모두가 공유한다. 구성원들의 출입문 이용방식에서도 그러한 점을 찾아볼 수 있는데, 구성원들은 경우에 따라 귀국1반 출입문으로 들어와 귀국2반 출입문으로 나가기도 하고 그 반대로 사용하기도 한다. 이처럼 구성원들은 두 개의 교실을 하나의 공간으로 통합하여 인식하고 사용하고 있으며, 이러한 이유로 귀국반 구성원들은 다른 학급의 구성원들에 비하여 훨씬 넓은 공간을 보다 자유롭게 활용하고 있다. 귀국반 교실의 공간구조를 그림으로 나타내면 〈그림 3〉과 같다.

한편 귀국반은 공간 구성뿐만 아니라 공간을 구성하고 있는 내용물의 측면에서도 특색이 있다. 귀국반 아동들은 필요에 따라서 두 종류의 책상을 사용한다. 교실 벽면을 향하여 일렬로 놓여진 개별 책상과 교실 중앙에 위치한 조립용 원탁이 그것이다. 개별 책상은 아동들이 개별적인 활동을 할 때 주로 사용하는데, 여기에 아동들은 자신의 교과서나 소지품을 보관한다. 조립용 원탁은 수업시간에 주로 사용되며 교사가 중앙에 위치하여 일제지도와 개별 지도를 겸할 수 있도록 가운데 부분이 비어 있다.

귀국반 교실의 공간적 특징은 아동들이 낯선 환경에 대한 심리적 불안감을 해소하는 데 도움이 될 수 있도록 하였다는 데 있다. 이는 하늘초등학교뿐만 아니라 귀국반을 설치하고 있는 다른 학교에서도 교실 공간 구성의 제일 원칙으로 삼고 있는 바이다. 그러한 노력은 교실의 공간 활용을 다양화하여 코너학습을 장려하고자 했던 '열린 교실'의 형태를 띠게 하였다. 대부분 저학년 아동들로 구성되어 있는 귀국1반의 한 모퉁이에는 교실바닥과 구분되는 2평 정도의 마루판이 깔려 있다. 아동들은 이곳에서 개별 학습을 마친 후나 '쉬는시간', 혹은 '점심시간'에 실내놀이를 하거나 동화책을 읽는데 이곳은 실내화를 벗고 이용하도록 되어 있다. 귀국반 안에 있는 또 하나의 실내공간이라고 할 수 있다. 귀국반에는 다양한 책들과 비디오, 놀이기구 등이 마루판을 둘러싼 책꽂이와 놀이기구함에 비치되어 있다. 이러한 풍부한 교구의 비치는 위에서도 언급하였듯이, 한국의 교실 상황에 익숙하지 않은 아동들로 하여금 교실에 대한 애정을 가지도록 하고 나아가 학교생활적응에 긍정적인 도움을 주기 위한 목적으로 마련된 것이다.

귀국반 교실은 내부적으로는 넓게 트인 공간배치를 가지고 있지만 외부에 대해서는 폐쇄적 공간이다. 앞에서 학교 내방객들에게 귀국반을 참관할 수 있는 기회를 개방하고 있다고 한 것은 일상적인 맥락이 아닌 특수한 맥락에서 일어나는 일이다. 일상적으로 귀국반은 학교의 다른 구성원들이 쉽게 접근할 수 없는 지대로 자리잡고 있다. 일반적으로 학교에서 아동들 간에 친밀한 교우관계가 형성되어 있을 경우에만 학급 간 아동교류가 이루어진다는 것을 감안할 때, 자신들과 다른 아동들이 모여 있는 귀국반에 일반학급 아동들이 자유롭게 드나들지 않는 것은 당연한 일이다. 더구나 교실과 복도 사이에 창문이 없는 귀국반의 특이한 교실구조는 일반학급의 아동들로 하여금 시각적으로나마 접근할 기회를 주지 않는다. 이처럼 귀국반은 내부적으로는 열린 공간으로 구성되어 있는 반면 외부적으로는 닫힌 공간으로 인식되어 있다.

2) 시 간

귀국반은 학교 내 다른 학급과의 교류학습을 해야 하는 필요 때문에 학교의 공식적인 시정운영 계획을 따른다. 귀국반의 일정운영 원칙은 월요일부터 금요일까지는 일반학급의 일정에 맞추어 운영하고, 토요일은 '현장체험학습', '민속놀이'처럼 시간에 구애받지 않는 활동을 위주로 하는 것이다. 외국의 학교에 다니다 온 아동들은 토요일 수업에 익숙하지 않으며, 여행이나 개인적 사유로 결석하는 아동들이 많다. 이처럼 토요일 수업을 진행함에 있어서 모든 아동들이 참여하는 것을 전제로 하는 교과활동보다 아동들의 흥미를 고려하는 활동을 위주로 하는 것은 다른 학교의 귀국반 경우에도 마찬가지이다. 귀국반의 대략적인 주간학습 계획은 〈표 1〉과 같다.

〈표 1〉 귀국반 주간학습 계획

시간 \ 요일		월	화	수	목	금	토
08 : 30~09 : 00		자유선택 활동	●자유선택 활동 (놀이, 독서, 한자 등)				자유선택 활동
		애국 조회					반성 조회
09 : 00~09 : 20		●생활적응 활동		●생활 규칙 이야기		●봉사 활동	
1블럭	09 : 20~ 10 : 40	이야기	동요, 동시	한국의 이해	동요, 동시	교과 통합	민속 놀이
		●통합 주제에 의한 수준별 학습					
		중간휴식 및 우유급식					
2블럭	11 : 00~ 12 : 20	●개별: 언어적응, 교과적응 활동 ●교과 1-2-3단계: 일반학급 적응 활동					현장 학습
12 : 00~13 : 30		점심식사 저학년 학습 종료 귀가					
오후수업 및 특활학습 13 : 30~14 : 40		예체능, 교과학습 및 소속학급 복귀 활동		저학년 영어	예체능, 교과학습 및 소속학급 복귀 활동		
신장활동		원어민 영어학습					

　하늘초등학교의 공식적인 수업은 오전 9시에 시작하고, 일반학급의 아동들은 대략 8시 20분경부터 등교하기 시작한다. 귀국반 아동들의 등교시간은 대략 8시 40분경이다. 귀국반 아동들은 일반학급 아동들이 필수적으로 해야 하는 ‘아침자습’을 부여받지 않는 대신 ‘자유선택 활동’을 하도록 되어 있기 때문에 등교시간도 정규수업이 시작되기 전까지로 느슨하게 정해져 있다. 이는 학급의 특성상 원거리 통학을 하는 아동들이 있다는 것과 일반적으로 교과학습의 연장선상에서 이루어지는 ‘아침자습’이 아동들에게 부담을 줄 수 있다는 것을 고려한 것이다. 또 귀국반에 비치되어 있는 교구들을 관리하기 위한 목적에서 교사가 출근하여 아동들에게 교실을 개방하는데 간혹 교사보다 일찍 학교에 온 아동들은 복도나 운동장에서 시간을 보낸다.

　‘자유선택 활동’ 시간에 아동들은 친구들과 이야기를 하거나 뛰어 놀거나 교구활동을 한다. 교사들도 수업시간 이전에는 다른 업무를 보며, 아동들의 행동에 대해서는 별다른 통제를 하지 않는다. 한편 교사들은 아동들에게 가끔씩 아침청소 당번을 정해주는데 청소활동이 본격적으로 이루어지지는 않으며, 빗자루나 청소기가 놀이기구로 이용되는 경우가 많다. 외국 학교에서 직접 청소를 해보지 않았던 아동들은 청소하는 일에 서툴 뿐만 아니라 매우 하기 싫어한다. 교사는 ‘해야 하는 일’이라는 메시지를 전달하는 차원에서 아이들에게 청소를 시키는데, 결국은 교사의 몫이 되며 학교행사가 있어 대청소가 필요한 경우에만 학부모가 와서 돕는다.

　수업이 시작되는 9시 무렵이 되면 귀국반 교사와 아동은 분주해진다. 교사들은 협력학급의 수업이 시작되는 9시 이전에 아동들을 보내려고 채근하지만 정작 아동들은 느긋하게 움직인다. 교사들은 그 시간에 협력학급에 가야 할 아동들에 대하여 교과서와 준비물을 챙기도록 재촉한다. 아동들은 전주에 배부받은 ‘학습안내문’을 보고 필요한 준비물을 챙긴다. 이때 교사는 아동의 준비물 지참상태를 한 명씩 점검한다. 아동이 준비해야 할 것을 준비하지 못했을 경우 학급비품을 뒤져서 준비해 주고, 준비물을 챙긴 아동들은 가방을 자신의 개별 책상에 놓아두고 필요한 것만 꺼내어 가지고 간다.

아동들이 늦는 경우 간혹 협력학급의 교사가 아동들을 빨리 보내달라는 전화를 하기도 하는데, 이러한 경우 교사는 아동에게 다시 한번 재촉하고 주의를 준다. 교사가 수업을 진행하고 있는 동안에도 협력학급에 갔던 아동들이 미처 준비가 안 된 준비물을 챙기러 다시 교실로 오곤 하는데, 수업활동에 참여하고 있던 아동들이나 교사는 그것에 대해 크게 신경을 쓰지 않는다. 아래의 예 〈1〉에서 볼 수 있듯이, 준비물을 가지러 온 아동 또한 스스럼없이 수업 장면에 끼어들어 혼잣말로 교사의 질문에 대답하거나 교사에게 도움을 요청하기도 한다.

〈1〉

교사가 원탁에 앉아서 '총체적 언어학습'을 꺼내자 아이들도 그 책을 가져와 편다. 그때 안성이가 체육시간이 황사 때문에 오후시간으로 바뀌었다고 이야기하며 귀국반에 들어온다. 윤수는 일반학급의 수업시간이 바뀌어 책을 바꿔가야 한다고 하면서 교실에 들어왔다가 다시 나간다.

홍 교사: (다시 나가는 윤수에게) 너 가서 공부는 하냐?
(윤수는 씩 웃으며 말없이 나간다)

다시 수업이 진행되고 있는데 순간 호진이가 들어와 체육이 아니고 수학이라 교과서를 가지러 왔다고 이야기한다. 교사는 그 말을 듣고 아동의 발표를 잠깐 중단시킨다.

홍 교사: (수업 중인 아동과 이야기하는 호진이에게) 야, 빨리 가!
최호진: 알았어요.
홍 교사: 하여튼 틈만 나면 와서 시간 끌다가 가지!

위와 같은 교사와 아동 간의 실랑이는 특히 단위시간이 시작될 때 반복적으로 일어난다. 이때 아동들은 교사가 채근하는 바대로 빨리빨리 움직이는 경우가 드물며, 교사의 말대로 가능한 한 시간을 오래 끄는 경향이 있다. 일부 아동들이 수업을 위하여 협력학급으로 가고 나면 나머지 아동들은 교사의 부름에 맞추어 자리에 앉는다. 귀국1반과 귀국2반은 한글 해득의 수준과 학령을 고려하여 구성된 학급이므로 수업활동에서 중점을 두는 바가 각기 다르다. 귀국1반은 한글 해득과 기초연산에, 귀국2반은 본격적인 교과활동에 중점을 두고 있다. 간혹 교과의 내용에 따라 혹은 교사의 필요에 따라 통합수업을 실시하는 경우도 있다. 그러한 경우 두 교사는 협조체제를 이루어 한 사람은 수업의 큰 흐름을 이끌어 나가고, 다른 교사는 개별 아동들의 활동 상황을 점검하고 도와준다.

귀국1반에서 특히 한글 해득에 중점을 두어 지도하는 것은 하늘초등학교가 '무학년제 학급운영'을 귀국반 시범운영의 주제로 삼고 있기 때문이다. 그러나 모든 귀국반 설치 학교가 하늘초등학교처럼 '상설 무학년학급'을 운영하고 있는 것은 아니다. 일부 학교는 한글 미해득 아동을 위하여 하루에 한 시간 정도 '임시 무학년학급'을 따로 운영하여 한국어능력 향상을 위한 집중적인 지도를 한다. 그 경우, 무학년학급에서는 순수한 언어교육만을 실시하며, 일반 교과는 다루지 않는다. 그에 비하여 하늘초등학교 귀국1반에서는 언어교육과 더불어 개별 아동의 학습진전 정도에 따라 다른 교과도 조금씩 다루고 있다. 이는 귀국1반이 무학년학급의 성격뿐만 아니라 저학년학급의 성격을 함께 가지고 있어서 최소한의 교과진도를 다루어야 하는 상황에 있기 때문이다. 귀국2반에는 한글 해득은 하였지만 일반학급에서 학교생활을 하기에는 아직 부족하다고 판단되는 아동들로 구성되어 있다. 이 아동들 중에는 귀국1반에서 한글 해득을 하고 옮겨온 아동들도 있고, 곧장 입학을 한 경우도 있다. 전자의 경우는 극히 드문데, 그 이유는 저학년의 경우 한글 해득을 하면 곧바로 일반학급으로 환급하는 경우가 많기 때문이다.

수업의 시작과 끝은 주로 학교의 공식적 시정시간을 지키고자 하는 교사의 지시어나 행동을 통하여 아동들에게 공표된다. 간혹 교사가 수업시간을 연장시키는 경우가 있는데 이때에도 협력학급에서 한 시간 동안의 수업을 마치고 돌아오는 아동들 때문에 수업활동이 오래 연장되지 않는다. '쉬는시간'에 아동들은 '화장실 다녀오기', '놀이판에서 놀기', '친구와 이야기하기', '뛰어놀기'와 같은 여러 가지 활동을 한다. 이때 아동들은 성, 연령 등을 기준으로 소그룹을 형성하여 활동하며, 수업시간에 비하여 영어로 의사소통을 하는 빈도가 잦아진다. 혼자만 활동하는 아이들도 간혹 있는데 이 경우 교사는 아동을 불러 함께 이야기하면서 개별적인 상호 작용을 도모한다. 2교시 후 '쉬는시간'은 우유급식을 하는 시간으로, 우유를 먹지 않으려는 아동들과 우유를 먹이려는 교사들 간의 실랑이가 벌어지기도 한다. '쉬는시간'이 종료됨은 종종 교사의 "스케줄 체크하고 내려가라" 하는 지시를 통하여 아동들에게 전달된다. 앞에서 언급한 바 있듯이, 이때 종종 교사와 아동 간의 실랑이가 벌어지곤 한다. 이와 같이 시간표를 중심으로 한 교사와 아동 간의 상호 작용은 비슷한 흐름을 가지고 반복적으로 이루어진다.

귀국반의 시간운영은 귀국1반 아동들이 하교하는 점심시간을 기점으로 하여 좀더 느슨해진다. 귀국1반 아동의 대부분은 오전수업을 하기 때문에 4교시 중반부터 하교준비를 하기 시작한다. 교사는 아동들에게 집에 가서 해야 할 과제와 학부모에게 전달할 내용을 알림장에 쓰고 가방을 챙기도록 한다. 귀국2반 아동들은 귀국1반 아동들과는 달리 오후수업에 참여하기 때문에 하교준비는 나중에 이루어진다.

귀국반의 '점심시간'은 교사가 문 밖에 있던 급식대를 교실 안으로 밀고 들어오면서 시작되는데 그 시간은 학교의 '점심시간'을 기준으로 하되 교사가 학급활동의 맥락을 판단하여 결정한다. 배식은 부모들이 도와주기도 하고, 귀국반에서 식사를 함께 하는 다른 교사들이 도와주기도 한다. 협력학급에서 전 교과를 공부하는 아동들도 환급결정이 나기 전까지는 '점심시간'에 귀국반으로 와서 식사를 한다. 이런 점에서 '점심식사'를 하는 장소는 교사가 아동의 적응도를 어떻게 판단하고 있는가를 단적으로 드러내어 주는 지표이기도 하다. 배식을 받은 아동들은 자유롭게 자리를 정하고 식사를 시작하는데, 그들이 점유하는 장소는 성별로 분리되곤 한다. 점심식사를 다 마칠 즈음이면 아동들은 교사가 지정해 준 급식당번에게 음식물이 남지 않았음을 확인받고 일정한 장소에 식판을 모아둔다. 급식당번은 아동들이 식사를 다 할 때까지 기다렸다가 뒷정리를 한 후 배식판을 급식실로 운반한다.

식사를 마친 귀국1반의 저학년 아동들은 개별적으로 하교를 하는데, 먼 거리를 통학하거나 최근에 귀국한 아동들은 하교시간에 맞추어 그들을 데리러 온 학부모들과 함께 하교한다. 보호자가 다소 늦게 데리러 오는 경우는 교사가 아동들로 하여금 교실에 데리고 있거나 운동장에서 자유활동을 하도록 한다. 간혹 아동이 학교 밖으로 나가 쉽사리 찾을 수 없는 경우도 있는데, 이때 두 교사와 학부모가 학교 일대의 지역을 분담하여 찾아다니곤 한다. 귀국2반 아동들은 점심식사 후 오후수업이 시작되기 전까지 대부분 운동장에 나가서 논다. 일부 아동들은 교실 안 마루판에 모여서 게임을 하거나 책을 읽기도 하는데 일반학급으로 완전히 환급한 아동들도 귀국반에 들어와 다른 아이들과 함께 시간을 보내다 가곤 한다.

오후수업은 오전수업에 비하여 더 개별적으로 운영된다. 귀국반은 오후에 대다수 아동의 하교와 일부 아동의 일반학급 수업참여로 극히 규모가 작은 학습단위체를 구성하게 된다. 교사와 아동은 극히 작은 규모의 학습단위체에 적합한 수업형태를 찾아 나가는데, 주요교과의 진도를 나가는 대신 개별과제를 해결하는 것이 그 한 방식이다. 그 시간 동안 교사는 업무처리를 하기도 하고 아동과 일상적인 대화를 나누기도 하며 과제해결에 필요한 단서를 제공하기도 한다. 아동 역시 오전보다 느슨한 태도로 과제해결을 해나간다. 이러한 오후수업 분위기에 영향을 미치는 것은 특별활동 상설반에 참여하기 위하여 마루판에서 자유활동을 하며 대기하는 저학년 아동들이다. 오후의 느슨한 수업분위기는 한 공간 안에서 대조적인 활동을 공유하는 아동들과 이들을 동시에 지도해야 하는 교사가 암묵적인 합의하에 가지게 되는 일종의 상황적 전략이라고 할 수 있다.

이상에서 살펴본 대로, 귀국반에서 하루일과를 운영하거나 형식적으로 단위화된 시간을 사용하는 방식은 일반학급에 비하여 느슨한 편이다. 일반학급에서 꽉 짜여진 일정에 맞추어 수업을 전개해 나가는 데 비하여 귀국반에서는 개별 아동의 학습성취도에 따라 단위시간을 운영하기 때문이다. 그러므로 귀국반이라는 물리적 공간 안에서 동일한 단위시간에 개별 아동이 하는 활동의 내용은 매우 다양하다. 다만 이러한 느슨하고 다양한 시간의 구성은 귀국반 안에서만 허용되며, 학교의 엄격한 규칙인 '공부시간'과 '쉬는시간'을 구분하는 방식은 일반학급과 동일하게 적용된다. 특히 협력학급의 수업에 참여하는 아동들은 '공부시간'에 늦지 않도록 끊임없이 교사의 재촉을 받으며, 귀국반에서 수업을 받는 아동들 역시 '공부시간'에는 교실 밖 출입을 할 수 없음을 규칙으로 정하고 있다. 귀국반은 물리적 공간을 경계로 하여 때로는 느슨하고 때로는 치밀한 시간운영을 하고 있다. 이러한 시간운영 방식은 귀국반이 일반학교에 소속된 학급이라는 사실을 확인할 수 있는 부분이다.

3. 교육과정

귀국반의 공식적인 교육목표는 '귀국아동의 조기적응'과 '해외 체험능력 유지와 신장'이다. 귀국반에서는 아동의 적응교육을 위한 프로그램으로서 아동의 언어능력과 수학(修學)능력을 고려한 '통합·개별 교육과정'을 편성하고, '협력학급'을 선정하여 운영하고 있다. 한편으로는 외국에서 습득한 언어능력을 유지하고 다양한 문화적 체험을 공유하기 위하여 여러 가지 행사를 준비하고 있다.

1) 적응교육 프로그램

귀국아동들은 장기간 한국과는 다른 언어, 풍속, 습관, 교육제도 등을 경험했기 때문에 이들에게 일반학급과 동일한 교육과정을 적용하는 것은 무리가 따르는 일이다. 이에 따라 귀국반에서는 정규교육 과정을 토대로 하되 아동의 언어능력과 수학(修學)능력을 고려하여 생활, 언어, 교과 영역에 대한 통합적인 지도자료와 무학년제 학급운영에 알맞은 교육과정을 편성하고 있다.

통합교육과정은 하나의 주제를 중심으로 생활적응, 언어적응, 교과적응의 세 영역별 활동이 통합되도록 구성되어 있다. 구체적인 내용은 각 학년 정규교과서의 단원에서 해당주제와 관련을 가지고 있는 내용을 추출하여 재구성하는 방식으로 이루어진다. 통합교육과정의 내용은 일차적으로 아동의 일상사태를 소재로 다루고 있다. 통합교육과정은 다양한 일상사태의 장(場)이 되는 공간을 주제로 삼아 처음에는 아동의 생활과 가장 밀접한 '가정'을 그 중심내용으로 다루고 점차 '마을'과 '학교'의 순으로 확대해 간다. 이때 아동의 생활공간은 주제가 되며 그 주제로부터 이끌어 낼 수 있는 다양한 내용을 각 영역의 성격에 맞게 체계적으로 조직한 것이 소주제이자 구체적인 활동의 내용이 된다. 이러한 통합교육과정에서는 수학교과를 제외한 전 교과를 다루고 있다.

통합교육과정과 더불어 귀국반에서는 수준별 교육과정을 운영하고 있다. 수준별 교육과정을 적용하는 교과는 주로 수학교과인데, 그 이유는 수학의 경우 특히 각 나라마다 교육과정의 수준별 편차가 심하기 때문이다. 수준별 교육과정의 운영은 영역별·단계별로 구성된 수준별 학습지를 제작하여 일정 수준의 교과내용에 도달하도록 한 후 교과서를 학습하도록 하는 방식을 취하고 있다.

〈표 2〉 개별 교육과정 편성의 예

귀국아동 주간학습지도 계획

학년·단계: 6학년 교과 3단계	대상아동: 고진우, 박선영		일시: 2001. 3.29-4.3
요 일	지도결과	지도계획	특기사항
월 / 통 합	*이야기 나누기 －단어를 정확하게 사용하고 능숙하게 이야기함 －체류국에 대해 이야기를 나눔	*이야기 나누기 －일요일에 있었던 이야기 나누기 －체류국 사진보고 이야기하기	
월 / 교 과	*국어, 수학, 사회 －국어: 글을 읽고 내용을 파악함 －수학: 자연수 / 분수의 몫을 구함 －사회: 백성의 생활 안정에 힘쓴 분에 대해 조사	*국어, 수학, 사회 －국어: 토론을 듣고 의견을 정리하기 －수학: 소수의 나눗셈 능숙하게 하기 －사회: 이순신 장군의 승전일지 작성	
화 / 통 합	*동요, 동시 －아기 염소 부름 －연 낭송하고 이야기 나눔	*동요, 동시 －엄마야 누나야 부르기 －꽃밭에서 놀다 낭송하고 이야기 나누기	
화 / 교 과	*국어, 수학, 사회 －국어: 글에 직접 드러나 있지 않은 내용 알아봄 －수학: 자연수 / 분수의 몫 구함 －사회: 북방민족을 물리친 조상에 대해 알아봄	*국어, 수학, 사회 －국어: 글을 읽고 감동적인 내용과 까닭 말하기 －수학: 방정식의 뜻을 알고 풀어보기 －사회: 의병의 활동 조사하기	

　　귀국반에서 통합교육과정과 수준별 교육과정의 전개는 아동의 개인차에 토대를 두고 이루어진다. 교사는 아동의 각 영역별 적응도를 단계별로 구분하고 동일한 단계에 있는 아동들에 대한 개별적 지도계획을 주(週) 단위로 수립한다. 〈표 2〉에서 볼 수 있듯이, 귀국반의 수업운영 방식의 큰 틀은 '통합'과 '교과'로 이루어져 있다. 여기서 말하는 '통합'은 앞에서 살펴본 '통합교육과정'에서 의미하는 '통합'과는 의미가 다르다. '통합교육과정'에서의 '통합'이 영역과 내용의 통합을 의미하는 것이라면, 수업운영 방식에서의 통

합은 말 그대로 수업방식에 있어서의 통합을 의미한다. 즉 여기서의 '통합'은 아동들이 일시에 동일한 방식으로 동일한 내용을 다루는 수업에 참여한다는 의미이다. 이렇게 볼 때, 수업운영 방식에서 '통합'과 '교과'의 구별은 '전체'와 '개별'의 의미를 지닌다고 할 수 있다. 귀국반에서 사용하는 교육과정상에 나타난 이러한 개념의 용례는 한편으로는 혼동을 불러일으키지만, 또 한편으로는 '교과'와 '교과 아닌 것'에 대한 구별을 구성원들이 어떻게 하고 있는지를 살펴볼 수 있는 예가 된다. 〈표 2〉에 나타나 있는 바에 의하면, "이야기 나누기"나 "동요 부르기", "동시 낭송하기"는 교과의 범주에 들어가지 않는다. 이는 귀국반에서 통용되는 교과의 범주는 매우 한정되어 있음을 나타내는 것이기도 하다.

귀국반에서는 언어 및 생활적응을 위한 프로그램의 일환으로 수행하고 있는 것이 '현장체험학습'과 '전통예절에 대한 지도'이다. '현장체험학습'은 주 1회 실시하는데 아동으로 하여금 자신이 살고 있는 지역과 주변 환경에 대한 이해를 높이도록 하는 것을 목적으로 하고 있다. 학습주제의 구성은 앞에서 살펴본 바처럼 통합교육과정의 내용체계 원칙에 따라 '학교'를 이해하는 것에서 시작하여 '우리 마을', '시장' 등 그 대상지역을 단계적으로 확대해 가는 방식을 취한다. 아동들은 귀국반에서 실시하는 '현장체험학습'뿐만 아니라 자신이 소속한 협력학급의 현장학습에도 참여하도록 되어 있다. 귀국반 교사들은 현장체험을 많이 하면 할수록 아동들의 적응에 도움이 될 것이라고 생각하고 현장학습에 참여할 것을 장려한다. 이러한 이유로 교사는 아동들이 부모와의 여행을 목적으로 결석한 경우에도 결석으로 처리하지 않고 체험학습으로 인정한다. 전통예절에 대한 학습은 전통내실을 재현한 예절실에서 이루어진다. 아동은 그곳에서 직접 한복을 입고 절하는 방식을 배우기도 하고 절기에 따라 명절의 의미나 의례의 절차를 배운다.

귀국반 아동들은 귀국반에 입학하면서 동시에 학령에 맞는 협력학급의 일원으로 등록되고, 각기 학업성취도 및 생활적응의 정도에 따라 지정된 협력학급에서 교환수업을 받는다. 하늘초등학교는 한 학년당 두 학급 이상의 협력학급을 설치·운영하고 있는데, 한 학급당 귀국아동의 수용인원을 세 명 이하로 규정하고 있다. 학급당 인원을 규정하는 이유는 협력학급 교사가 특수성을 가진 귀국아동을 많이 담당하게 될 경우, 업무부담이 가중되면서 아동의 적응지도에도 영향을 미치리라는 것을 고려했기 때문이다.

아동들은 귀국 초기에 주로 귀국반에서 생활하면서 학교의 분위기를 익힌 후 체육, 음악, 미술 등과 같은 예체능 교과에 한하여 협력학급에서 교과협력 수업을 받는다. 예체능 교과는 다른 교과에 비하여 선수학습의 유무가 학습에 결정적인 지장을 주지 않는다. 때문에 아동들은 이 시간에 교과학습 부담을 크게 느끼지 않은 상태에서 일반학급의 분위기도 파악하고 교우관계를 형성할 수 있는 기회를 가진다. 협력수업의 교과목은 아동들의 언어능력 및 예체능 교과적응능력, 자신감 등을 고려하여 점진적으로 확대하게 되는데, 귀국반 및 협력학급의 담임교사와 학부모가 합의하여 결정한다. 아동은 일반학급으로 환급하기 전에 협력학급에서 3개월 정도의 전일제 교류수업을 받는다. 전일제 교류수업을 하는 중에 부적응현상을 보이는 교과에 대해서는 귀국반 교사가 집중적으로 보충지도를 한다. 그 후 교사가 출제하는 환급시험을 거쳐 적응정도를 평가받은 후 일반학급으로 완전히 환급하게 된다. 아동들은 협력학급을 통하여 한국 학교에 대한 이미지를 형성하므로 협력학급에서 아동을 수용하는 태세는 아동의 학교생활적응에 큰 영향을 미친다. 다음은 아동의 적응에서 협력학급 교사의 역할이 매우 중요함을 지적하는 홍 교사와 장 교사의 이야기이다.

〈2〉

　　4교시까지 모두 끝낸 아동들이 교실로 들어온다. 성수와 유준, 그리고 그들의 일반학급 친구이다. 그 아이들이 디스켓을 들고 홍 교사에게 다운을 받아도 되느냐고 묻는다. 홍 교사가 허락하자 성수와 유준이가 컴퓨터 앞에 앉고 다른 아동들은 서서 구경을 한다. 성수가 영어로 이야기를 하자 일반학급 친구들이 "야, 너 왜 영어로 이야기하냐? 그만 좀 해라" 하고 이야기한다. 홍 교사와 연구자는 그 모습을 보고 웃는다.

연구자: 성수는 영어를 아직도 잘 하네요.

홍 교사: 예, 쟤는 잘해요.

연구자: 친구들도 저렇게 데려오는 걸 보니까 적응도 잘 했나보네요.

홍 교사: 예. 쟤네 선생님이 너무 잘 해줘요. 이해해주고 장단도 맞춰주고. 쟤
는 그래서 '귀국반' 오기 싫다잖아요.

연구자: 어유, 그 정도예요? 일반학급 선생님의 영향도 큰가 봐요.

홍 교사: 그럼요. 성준이 같은 경우는 선생님이 틀에 맞춰진 그대로 강요하고
하니까 재미없다고 하는데 성수는 그렇지 않으니까 재미있다고 하는
거예요. 그 옆에 있는 유준이는 성격이 좋아서 일반학급 선생님이 너
무 좋다고 하잖아요.

장 교사: (아이들을 보고 있다가) 쟤네 선생님이 너무 잘해줘요. 결혼한 지 3
개월밖에 안된 총각이나 다름없는 선생님이 아이들을 얼마나 잘 맞춰
주는지. 쟤네들은 여기 안 오려고 해요. 여름방학 때에도 방학하는
날 선생님이 혼자 아이들 데리고 서울대공원에 가서 같이 놀고, 그러
니까 애들이 안 좋아할 수가 없는 거예요. 성준이 선생님은 좀 안 그
런 편이고. 아이들도 일반학급 선생님이 좀 거들어주면, 한결 쉽고
그렇지 않으면 성준이처럼 힘들고 그렇죠.

위 예에서 볼 수 있듯이, 협력학급 교사가 아동의 학교생활에 미치는 영향
은 지대하다. 그러한 점에서 협력학급 교사의 귀국아동에 대한 인식과 태도는
그 자체가 중요한 적응교육 프로그램으로서의 가능성을 가진다고 볼 수 있다.

2) 해외 체험능력 유지와 신장을 위한 프로그램

귀국반에서는 '생활체험신장프로그램'의 일환으로서 아동들이 외국에서 학
교생활을 하는 동안 보고, 듣고, 배우고, 즐겼던 활동들을 다시 한번 되새
겨볼 수 있는 기회를 마련하고 있다. '생활체험신장프로그램'의 구체적인 내
용은 매월 '귀국학생의 날'을 지정하여 아동들이 경험했던 이색적인 문화경

험을 친구들과 나누어보게 하는 것으로서 '음식대축제', '외국어로 말해요', '생일잔치' 등의 행사를 치르는 것이다. '귀국학생의 날'은 다른 학교의 귀국반에서도 공통적으로 찾아볼 수 있는 프로그램이다. 하늘초등학교 귀국반의 경우 아동의 수가 많지 않기 때문에 일부 다른 학교에서 하는 코너활동 대신 "주재국자랑대회", "음식대축제", "민요대잔치" 등에 모든 아동들이 함께 참여하는 형식으로 이루어진다. 주제는 매월 달리하며 대부분의 경우 부모의 협조를 받아 이루어진다. 특히 "음식대축제"와 같은 행사는 부모들이 만든 체류국의 음식을 서로 나누어서 맛을 보고 음식문화에 대하여 이야기할 수 있는 기회를 제공한다.

"외국어로 말해요" 시간은 '자신에 대한 소개'나 '친구에 대한 이야기' 그리고 '체류국의 이야기' 등 일정한 주제를 가지고 자신이 생활했던 나라의 언어를 소개하는 프로그램으로서 아동들로 하여금 이 시간을 통하여 언어의 다양성을 이해하도록 하는 것을 목표로 하고 있다.

"생일잔치"는 학부모의 적극적인 협조로 이루어지는 행사이다. "생일잔치"는 매월 초 그 달에 생일을 맞은 아동들을 위하여 체류국의 풍습대로 생일잔치를 열어 다함께 축하해 주는 자리를 마련하는 것인데 이러한 행사를 통해 각 나라의 생일잔치 풍습을 알아볼 수 있다. 특히 부모 중 어머니나 아버지가 외국인인 경우 가정환경 자체가 이중문화적이기 때문에 매우 독특한 장면을 보여준다. 학교에서 준비하는 생일파티와는 별도로 아동들의 교우관계형성을 위하여 친구들을 집으로 초대하는 생일파티 역시 자주 열리는 행사인데 아동들이 초대장을 준비하여 주고받는 일련의 과정 역시 아동들의 다양한 문화적 토대를 확인할 수 있는 장면이다.

한편 귀국반 학부모들이 학교에 대하여 가장 절실히 요청하는 바는 아동들이 배운 외국어를 계속 유지·발전시킬 수 있는 프로그램을 운영하는 것이다. 이러한 요청에 부응하여 귀국반에서는 "외국어로 일기 쓰기", "외국책 읽고 독후감 쓰기"와 더불어 "원어민강사 영어클래스"를 운영하고 있다. 이러한 프로그램들은 다른 학교에서도 유사한 방식으로 운영되고 있다.

외국어유지활동의 일환으로 귀국반에서 실시하고 있는 "외국어일기 쓰기"는 매일 아동들에게 과제로 부과된다. 교사는 아동들이 써온 일기를 수합하여 다음날 귀국반 홈페이지의 일정공간에 게시한다. 교사는 이 활동을 장려하기 위하여 일기를 열심히 쓰는 아동에게 횟수에 비례하여 상을 주기도 한다. 고학년 아동들은 비교적 일기를 열심히 써오는 반면 저학년 아동들은 외국어일기 쓰기를 매우 힘들어한다. 저학년 아동들의 경우, 대부분 체류국 학교의 교육과정에 따라 미처 "쓰기학습" 과정을 이수하지 않은 상태에서 귀국하기 때문이다. 고학년 아동들의 경우에도 국내 거주기간이 길어질수록 철자를 틀리는 경우가 많다. 다음은 당시 호주에서 귀국한 지 6개월 된 5학년 영서가 학교에서 있었던 일을 적은 일기로서 원문 그대로 옮겨 놓은 것이다. 이 일기를 통하여 아동이 학교생활 중 관심을 가지고 있는 바가 무엇이며 영어 쓰기의 수준은 어느 정도인지를 가늠하여 볼 수 있다.

〈3〉

Mon 28th May 2001

Scold

At school my friend Young Bin's teacher Mr. Lee scolded him because he didn't think about his mistake. I think he didn't want to tell us his mistake.

That's why he had scold from Mr. Lee. I think Young Bin was very angry.

When it was lunch time Young Bin said "I don't want to eat" then Joo sic(주식) said "Are you angry"?

But he said noting. Mr. Lee said "How come you not eat you're lunch"so Young Bin said I" don't want to eat" and I wish young bin better.

"외국어로 일기 쓰기"와 더불어 "외국책 읽고 독후감 쓰기" 역시 학부모와 교사에 의해 장려되는 활동인데 아동들은 주로 영어로 된 책을 읽는다. 이

때 영어능력이 탁월한 아동이 영어능력이 부족한 아동에게 책을 읽어주거나 책 내용을 화제로 삼아 영어로 이야기하는 등 아동 간 의사소통도 매우 활발해진다.

이중언어 사용이 가능한 교사 혹은 원어민 교사를 강사로 초빙하여 방과 후 교육활동으로 실시하는 영어클래스는 귀국반 아동과 하늘초등학교의 일반학급 아동을 대상으로 하고 있으며 아동들의 언어능력에 따라 3단계 6학급 체제로 구성되어 있다. 그러나 정규수업이 끝난 후 귀국반 아동들 간의 의사소통의 장을 마련한다는 취지에서 개설한 영어클래스에는 현재 일반학급 아동들만이 참여하고 있다. 이는 귀국반 아동들과의 접촉을 통해 영어실력을 기르고자 하는 희망을 가진 일반학급 아동들의 수가 늘어나면서 귀국반 아동들이 자신의 수준에 맞는 의사소통을 할 기회를 갖지 못하자 클래스 참여를 중도에서 포기하였기 때문이다. 현재 대다수의 귀국반 아동들은 개별적인 방법, 즉 사설학원에 참여하거나 방학을 이용한 단기간 해외체류를 하는 방식으로 언어능력 유지를 시도하고 있다.

Ⅲ 적응과정의 세 국면

한국 학교적응에 영향을 미치는 개별 아동들의 독특한 상황은 그들의 총체적인 삶 속에서 구성된 것으로 각기 개별적인 맥락을 가지고 있다. 때문에 귀국반 아동들이 한국 학교에 적응해 가는 과정을 이해하는 일은 귀국반이라는 제한적인 시·공간을 넘어 그들의 전반적인 삶의 맥락 속에서 이루어져야 한다. 귀국반 아동들의 전반적인 생활의 흐름을 그림으로 제시하면 〈그림 4〉와 같다. 귀국반 아동들의 한국 학교생활은 '귀국', '귀국반 입학', 그리고 '환급'이라는 전환적 사건을 중심축으로 하여 이루어진다. 때문에 귀국반 아동들의 적응과정을 이해하기 위해서는 이 전환적 사건을 중심으로 아동들이 어떤 요구에 직면하며 어떤 변화를 겪는가를 살펴볼 필요가 있다. 이 장에서는 아동의 한국 학교 적응과정을 세 국면, 즉 귀국반에 입학하기까지의 과정, 입학 후 환급할 때까지의 과정, 환급과 이후의 과정으로 나누어 고찰해 보고자 한다. 여기에서 귀국반에 입학하기까지의 과정과 환급 이후의 과정은 직접적인 참여관찰 대신 각기 구성원들의 회고담을 통하여, 그리고 환급 후 아동들이 귀국반과 지속적으로 관련을 맺는 양상이나 그들과의 면담을 통하여 파악한 것이다.

1. 귀국반 입학 전

귀국반 아동들에게 '귀국'은 매우 중대한 전환적 사건의 의미를 지닌다. '귀국'과 더불어 아동들은 그동안 익숙한 외국 학교와는 다른 운영방식을 가지고 있는 한국 학교에서 낯선 구성원들과 생활하게 되기 때문이다. 물론 대부분의 귀국반 아동들은 외국에 거주할 동안에도 한국인 부모와 생활하기 때문에 한국적인 생활방식이 전혀 낯선 것만은 아니다. 그러나 가정 이외의 장면에서 그들의 생활 전반에 개입해 온 거주국의 문화적 토대는 귀국 후 한국 학교생활을 매우 낯선 것으로 받아들이도록 한다. 낯선 상황 속에서 생활해야 한다는 부담감을 가지고 있는 아동들은 외국을 떠나올 때 공통적으로 공포감과 슬픔을 느꼈다고 이야기한다. 다음은 미국에서 태어나고 자라다가 아홉 살 때 귀국한 최호진 아동이 귀국해야 하는 상황에 대하여 느꼈던 바를 회고한 내용이다.

〈4〉

최호진: 아빠가 한국에 가서 산다고 할 때 막 울면서 '내가 왜 가야 돼요?' 그 랬어요. 아빠는 한국에 가서 의사선생님을 하게 되었다고 하시면서, 나중에 크면 다시 공부하러 오면 된다고 하셨어요. 나는 그때 한국말 도 하나도 못했는데……. 친구들하고 헤어지고 선생님하고 헤어지게 되어서 싫었어요. 한국에 오는 게 무서웠어요.

새로운 환경에 접한다는 사실은 누구에게나 다소의 불안감을 가지게 하지만 귀국아동의 경우 이러한 현상은 좀더 심각하게 나타난다. 그 이유는 커다란 환경변화를 가져오는 '귀국' 결정에 수동적으로 따를 수밖에 없는 아동들의 상황이 그들로 하여금 더 큰 박탈감을 갖게 하기 때문이다. 노성은(1988: 83)은 거의 모든 귀국아동들이 부모의 귀국 결정에 함께 참여하지 못하고 단지 통보를 받는 상황에 있을 뿐이어서 귀국에 대하여 더 큰 불안감과 거부감을 가지게 된다고 지적하였다.

아동들이 귀국이라는 상황에 대하여 공통적으로 보이는 부정적인 태도는 귀국하기 전부터 여러 경로를 통해서 듣게 되는 한국 학교의 환경과 분위기에 많은 영향을 받는다. 아동들은 대체로 두 가지 경로를 통하여 한국 학교에 대한 사전정보를 갖게 된다. 하나는 출국 전에 한국 학교에 다녔던 아동들이 그들 스스로 경험한 한국 학교생활에 기초하여 갖게 되는 정보이며 다른 하나는 부모나 주변 사람들의 의도적·무의도적 안내를 통하여 갖게 되는 정보이다. 출국 전 학교 경험이 있는 아동들의 한국 학교에 대한 이미지는 개별 아동이 처했던 상황에 따라 다양하지만 그 역시 귀국 직전의 외국 학교 경험에 비추어 재해석되기 때문에 한국 학교의 부정적인 측면이 부각되는 경향이 있다. 다음은 한국에서 일학년 과정을 마치고 출국하였다가 2년 6개월 만에 캐나다에서 귀국한 박민성 아동이 외국 학교와 한국 학교의 생활을 비교하여 이야기하는 내용이다.

〈5〉

연구자: 캐나다 선생님들이 여기 선생님하고 다른 점이 있다면 어떤 것들이 있을까?

박민성: 캐나다에서는 숙제검사를 선생님이 혼자서 점심시간 때 해요. 여러 아이들이 보는 데서 안 하고요. 그러니까 창피하지 않고 마음이 편해요. 그리고 거기는요, 그룹 같은 거 만들어서 공부하거든요. 한국 애들은 수학 같은 거 자기 혼자서 풀잖아요. 거기서는 다 그렇게 활동을 짜 가지고 해요.

연구자: 활동을 짜 가지고 한다구? 그런데 수학은 나 혼자 풀면 답이 나오는 것 같은데 팀을 짜면 어떤 식으로 같이 할 수가 있을까?

<그림 4> '귀국반' 아동들의 생활의 흐름

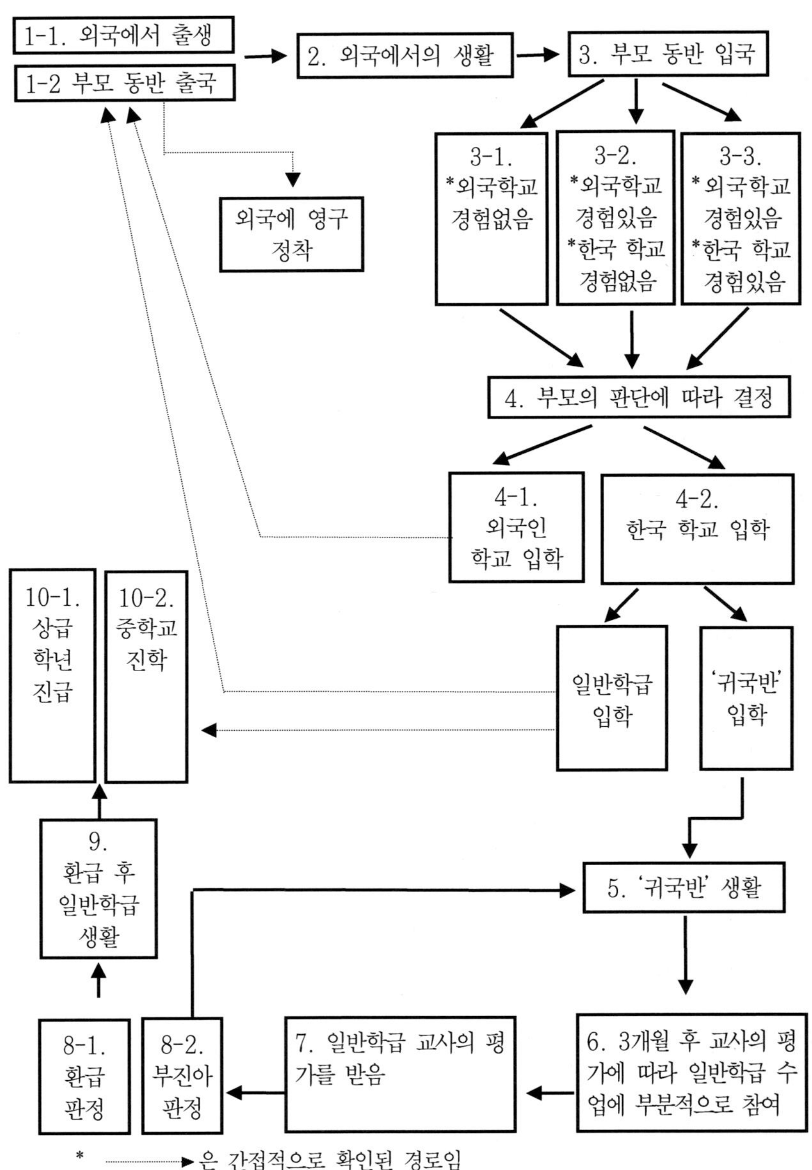

박민성: 어떤 식으로 하느냐 하면요, 내가 만약 어떤 애한테 '이거는 더하기 빼기 나누기다' 이러면요. 걔도 내가 한 방법대로 한 번 같이 해보고 나도 걔가 하는 방법대로 같이 한 번 해봐요. 다른 애들 방법도 같이 해보고 그중에서 하나를 골라 쓰는 거예요.

– (중략) –

연구자: 그럼 수학시간에 그렇게 하는 것이 재미있어? 아니면 선생님이 설명해 주시고 혼자 푸는 것이 재미있어?

박민성: 저는 거기서 하는 게 나아요.

연구자: 그런데 한국 학교의 학급회의가 그런 형식이잖아. 상의해서 결정하는 것이니까 캐나다처럼 하는 건데 민성이 여기 학급회의는 싫다구 했지?

박민성: 예, 거기는 그냥 자기가 이해한대로 하지만, 한국 아이들은 '모모하면 좋겠습니다' 라고 똑같이 이야기해요. 그래서 좀 싫고요. 자연스럽지 않아서 싫어요. 너무 짜증나요. 그리고 여기는 회장이 나가서 해야 되는 거잖아요. 그런데 거기서는 자기 마음대로 일어서서 할 수 있어요.

연구자: 응, 거기는 리더가 따로 있는 것이 아니라…….

박민성: (내 말이 끝나기 전에) 예, 리더가 따로 없고요, 회장 같은 것 없어요. 그래서 좋아요. 회장 말 같은 것 안 들어도 되고 좋아요.

연구자: 회장 말 같은 것 안 들어서 좋아? 다른 사람이 시키는 것은 듣기 싫구나.

박민성: 예.

연구자: 민성아, 그럼 국어수업 같은 경우는 거기는 어떻게 하니?

박민성: 대부분은 게임이에요. 게임하면서 공부하는 거예요. 한국 국어는 읽고 답해야 되잖아요. 그런데 거기는 놀고 답하니까 쉽고 재미있어요.

연구자: 여기서는 학급회의가 시끄러운데 거기는 팀별로 아이들이 그렇게 공부하면 어때? 시끄럽지 않니?

박민성: 안 시끄러워요.

연구자: 그래? 어떻게 그렇게 될까?

박민성: 그 아이들은 그런 게 익숙한가 봐요. 유치원 때부터 그러니까요.

연구자: 민성이는 여기서 학교 다니다 갔으니까 처음에 그런 모습보고 이상하지 않았니?

박민성: 처음엔 이상했어요. 그런데 지내보니까 많이 편해요.

> 연구자: 여기 와서 다시 시끄러운 거 보니까 싫겠네.
>
> 박민성: 예. 당연하지요.

위 아동이 표현하고 있는 한국 학교의 수업방식, 교사의 태도, 또래 간의 관계 양상, 교실의 분위기에 대한 불만은 그가 외국 학교 경험을 준거로 하여 한국 학교를 인식하고 있음을 드러내 주는 것이다. 이처럼 출국 전 학교 경험을 가지고 있는 아동의 경우에도 외국 학교 경험은 한국 학교 경험을 재해석하는 틀로서 작용하고 있다.

아동들이 귀국 전에 한국 학교에 대한 사전정보를 갖는 또 하나의 경로는 부모나 주변 사람들의 안내이다. 귀국계획을 가지고 있는 학부모들에게 가장 큰 걱정거리는 귀국 후 자녀의 한국 학교적응인 만큼 외국에 거주하면서도 지속적으로 한국의 학교 상황에 대하여 관심을 가지고 있으며 가능한 한 많은 정보를 얻고자 노력한다. 이러한 상황에서 그들이 접하는 정보는 간접적이기는 하지만 한국 학교에 대한 인식에 지대한 영향을 미친다. 다음은 미국에 거주하고 있던 소은이 엄마가 귀국하기 전 친지로부터 한국 학교에 대한 정보를 얻었던 과정에 대한 것으로서 귀국 전에 학부모가 어떤 종류의 정보를 어떤 방식으로 얻게 되는지를 보여준다.

〈6〉

> 소은母: 소은이는 1학년이니까 그냥 일반학급에 보냈어도 되는데 사실은 오기 전에 동서랑 통화를 했었어요. 동서가 뉴질랜드에 1년 갔다 왔거든요. 그런데 걔는 한글도 다 떼고 가고 그래서 여기 다시 와서 적응을 못할 거라고 전혀 생각을 못한 거예요. 그래서 1학년 때 뉴질랜드에 갔다가 2학년 시작하기 전에 와서 바로 학교에 집어넣은 거예요. 그런데 아주 전통적인 선생님을 만난거야. 숙제 안 해오면 때려주고 애가 또 성격이 꿋꿋한 아이면 괜찮은데 엄마가 아주 여리게 키웠어요. 큰 소리 한 번 안 내고. 그래서 '학교라는 곳은 그저 무서운 곳' 그렇게 되어서 기가 죽어 가지고 너무너무 고민하다가 결국은 사립학교를 보

내더라고요. 내가 오기 전부터 너무 그런 이야기를 많이 들었어요. "한국에 오시면 각오를 단단히 하셔야 할 거예요. 소은이는 한글도 아직 안 떼었는데……" 하면서. 한글은 가르쳐주려고 했는데 얘가 흥미를 가지지 않더라고요. 그래서 오기 전부터 겁을 먹었는데…….

외국에 거주하는 학부모나 아동들에게 위와 같은 정보는 한국 학교의 단편적인 사례로 인식되지 않고 한국 학교의 분위기를 드러내 주는 대표적 사례로 인식된다. 귀국아동들이 거주했던 국가를 막론하고 한국 학교에 대하여 거의 동일한 이미지를 가지고 있다는 사실은 실제로 많은 해외체류민들이 한국 학교의 분위기를 위와 같은 방식으로 인식하고 있다는 사실을 나타내는 것이기도 하다. 한국 학교에 대한 사전 인식은 귀국에 대한 체계적인 안내를 통하여 이루어지는 대신 주변 사람들로부터 전해들은 '무서운 선생님', '치열한 학습경쟁', '엄청난 공부량', '왕따' 등의 개념과 관련하여 형성된다. 위 사례에서 보듯이 소은이 엄마는 '숙제를 안 해오면 때리는 선생님'을 '한국의 전통적인 선생님'으로 규정하고, 귀국 후 한국 학교에 참여하기 위해서는 자녀의 학습량이나 학습 준비도를 현재의 수준에서 한참 더 끌어올려야 한다는 사실을 큰 부담으로 가지고 있었다.

학부모들이 귀국 전부터 한국 학교에 대하여 가지고 있는 이러한 인식은 학부모들 사이에서 일종의 담론으로 자리잡고 있으면서 아동의 한국 학교 이미지 형성에 큰 영향을 미친다. 아동들은 한국 학교의 구체적인 현실과 분리된 상태에서 그러한 담론을 일방적으로 수용함으로써 그러한 개념들을 하나의 구체적 사실로 환원하여 받아들이게 되고 그 과정에서 한국 학교와 외국 학교를 대립적으로 인식하게 된다. 아동들이 한국 학교의 생활에 대하여 가지고 있는 부담감은 귀국 후 외국 학교의 경험에 대하여 애착을 가지게 하는 요인이 되기도 하나, 그들의 그러한 애착이 곧 외국 학교에서의 전반적인 생활을 대변해 주는 것은 아니다.

외국 학교에 다니는 동안 아동들은 언어적 장벽과 인종차별 때문에 고통스러운 과정을 경험하기도 한다. 그럼에도 불구하고 아동들이 외국의 경험을 회상할 때 부정적인 경험보다 긍정적인 경험을 항상 전경에 부각시키는 이유는 구체적인 현실에서 한 걸음 물러나 자신의 경험을 총체적인 맥락에서 조망하고 현재의 경험에 비추어 그 의미를 새로이 인식하게 되기 때문이다. 또한 낯선 상황에 대한 불안감이 상대적으로 익숙한 환경인 외국 학교에 대하여 긍정적인 인식을 강화하기 때문이기도 하다. 다음은 영국 학교에 다니다 귀국한지 3개월 된 6학년 이인선 아동과의 면담내용인데 아동은 외국 학교의 고통스러운 경험을 보상해 줄 만한 다른 요인들을 기억함으로써 외국에서의 전반적인 삶이 만족스러웠음을 암묵적으로 표현하고 있다.

〈7〉

이인선: 영국에서 학교 다니면서 세 번 전학을 했어요. 첫 번째 학교에서는 놀림을 많이 당했고요.

연구자: 뭐라고 놀렸어?

이인선: 말 못한다고 그러고요. 동양사람인가 뭔가 해서……

연구자: 동양사람!

이인선: 네. 그래서 막 울고 그래서 사립학교로 전학했어요.

연구자: 사립학교로 갔더니 안 놀려?

이인선: 어떤 아이들은 놀리긴 놀리는데요. 그래도 첫 번째 학교보다는 나았어요.

연구자: 그러다가 한국에 오니까 어때? 놀림 안 당하니까 편안해? 아니면 영국에 있었을 때가 좋았던 것 같아?

이인선: (연구자의 질문에 직접적인 답변을 하는 대신) 그런데 영국에는 공원도 많고 그래서 좋았는데 여기는 아파트가 굉장히 많아요.

위 아동이 외국 학교생활을 회상하는 방식에서 볼 수 있듯이 경험은 고정불변하는 실체로 존재하는 것이 아니라 현재의 경험에 비추어 인식되고 재구조화되는 역동적인 구성체라고 할 수 있다. 때문에 외국 학교에 대한 인식은 아동이 귀국 후 경험하는 학교생활에 의해서 지속적으로 영향을 받는다고 할 수 있다.

귀국 후 자녀들의 한국 학교생활을 걱정하는 일부 학부모들은 외국에 체류할 때부터 다양한 방법을 모색한다. 한국에서 교과서와 문제지를 가져다가 자녀를 지도하는 것, 현지에서 과외교사를 구하여 한국 교과공부를 시키기는 것, 그리고 한인 학교에 자녀를 보내어 본국적응교육을 시키는 것 등이 그것이다. 재외국민교육을 수행할 목적으로 설립된 한인 학교의 경우, '국내연계교육', '모국이해교육', 그리고 '현지적응교육'이라는 설립취지를 가지고 있지만 실제로는 학부모들의 요구로 인하여 본국적응교육에 비중을 두어 운영되는 경우가 많다(권효숙, 1994). 이 역시 한국 학교생활을 준비하는 것에 대한 해외체류자들의 부담이 얼마나 큰지를 보여주는 한 예라고 할 수 있다.

한편 '무서운 선생님', '공부 부담'과 더불어 학부모와 아동으로 하여금 한국 학교에 대한 두려움과 거부감을 형성하게 하는 또 한 요인은 한국 학교에서 문제화되고 있는 '왕따 현상'이다. 학부모와 아동의 우려는 한국어가 서툴고 눈에 띄는 독특한 생활방식이 '왕따'를 당할 위험성을 그만큼 높일 것이라는 데에 기인한다. 다음 승준이 엄마와 소은이 엄마의 대화는 '왕따'에 대한 걱정이 그들에게는 얼마나 절실한 것인지를 보여준다.

〈8〉

승준母: 그런데 왜 지난번 2학년 에버랜드 간다고 그랬을 때 내가 한번 따라가 봤어요. 학교에. 나는 그게 귀국반에서 가는 건 줄 알았어. 우리 승준이도 애가 내성적이고 소심하잖아. 내가 수시로 물어보지. '너 일반반에 친구 누구누구 있느냐?' 하고. 공부는 둘째 치고 일단 애들하고 어울려야 되니까. 조금 아까 말씀하신 것처럼 '너 영어 해봐라' 이럴까봐. 그래서 한 번 가 봤는데 진짜 다른 애들은 다 둘 셋씩 모여서 짝을 지어 놀더라고요. 그런데 우리 승준이는 거기 이렇게 혼자 앉아 있더라고요. 그 모습을 보고 왔는데 너무 마음이 안 좋은 거예요. 뒤

돌아서는데 막 발길이 안 떨어지고 나는 엄마들이 함께 동행하는 것도 몰랐어. 도우미 엄마들이 바리바리 싸 가지고 뽀얗게 해가지고 그렇게 왔더라고요. '미리 알았으면 나도 따라붙을 걸' 하고 후회가 되더라고요. 그 모습을 보고 왔는데 하루 종일 마음이 안 좋더라고요. 그랬는데 저녁 때 도시락을 까 봤는데 도시락도 안 먹고 과자도 안 먹고 이러고 가지고 왔더라고요. 그래서 '왜 밥을 안 먹었냐?'고 물었지. 그랬더니 엄마가 돗자리를 안 주어서 먹을 수가 없었대나 뭐라나 그래요. '너 혼자 밥 먹었니?' 그러니까 '친구 누구누구랑 먹긴 먹었는데 밥맛이 없어서 안 먹었다'고 그러더라고. 나는 어울리지 못해서 밥을 못 먹었나 싶어서 그게 궁금해서 일반반 선생님한테 쫓아가려고 했는데 못 갔어. 그런데 인천대공원가서 보니까 노느라고 밥을 못 먹더구먼. 그 날 인천대공원에는 내가 쫓아갔잖아요. 그 날도 김밥을 두 개인가 밖에 안 먹었는데 요번에도 세 개인가 밖에 안 먹었더라고요. 그런 게 되게 속상하더라고요 일반반에서 어울리지 못해서 그런가 싶어서. 그리고 간혹 들리는 이야기가 '다른 애들은 선생님한테 혼나고 벌서는데 나는 빼 놓았어' 이런 소리를 하고 그러니까. 그게 애한테 안 좋을 텐데. 그냥 똑같이…….
- (중략) -
그런데 여기 10월 15일 날 왔으니까 교과과정으로 따지면 1학년 말이잖아요. 다른 아이들은 유치원부터 줄줄줄줄 읽고 이러는데 가 가지고 이제 'ㄱ ㄴ ㄷ' 읽고 그러면 왕따 당하고 또 그랬을 것 아니에요. 귀국반에서는 느슨하게 해도 되고 하니까 난 그 점은 좋더라고요.

소은母: 아이들이 적응기간을 가질 수 있는 게 좋은 것 같아요.

승준母: 맞아요.

소은母: 애들이 그런 거 있잖아요. 자기네들이 듣기에는 매도 많이 맞고 선생님도 무섭고 하다고 들었는데 직접 와서 보니까 안 그렇거든. 그래서 긴장이 풀어지는 것 같아요.

학부모들은 적응을 빨리 하려면 귀국반에 있는 것보다는 일반학급에 가서 다른 아이들과 섞이는 것이 낫다고 이야기하면서도 귀국반에서의 생활이 아동에게 심리적 안정감을 준다는 것에 대하여 만족해한다. 이는 학부모들이 한국 학교에 대하여 가지고 있는 인식을 나타내는 것이다. 학부모들이 특히 따돌림 문제에 대하여 매우 민감하게 반응하는 이유는 그것이 '무서운 선생님'이나 '엄청난 학습량'에서 파생되는 문제보다도 자녀에게 더 치명적인 충격을 가져다 줄 것이라 생각하기 때문이다.

귀국 학부모들이 자녀의 한국학교 적응여부에 대하여 관심과 걱정을 나타내는 것은 공통적인 현상이지만 그들 모두가 자녀를 귀국반에 입학시키는 것은 아니다. 특히 국내에 귀국반이 설치된 학교가 극히 적다는 것을 고려할 때 귀국반 입학은 일반적인 현상이 아닌 특별한 선택이라고 볼 수 있다. 아동의 귀국반 입학은 대개 두 가지 경로를 통하여 이루어진다. 하나는 앞에서 살펴본 것처럼 한국 학교의 분위기에 대하여 우려를 가지고 있는 학부모들이 귀국 전부터 자녀의 한국 학교적응을 위한 최선의 방법을 모색하는 과정에서 이루어지는 것이다. 한인 학교를 통하여 혹은 먼저 귀국한 사람들에게서 귀국반의 존재를 파악한 학부모들은 귀국반 설치 학교 근처에 주거지를 정하는 방식으로 귀국 전부터 귀국반 입학을 준비한다. 다른 하나의 경로는 귀국 후 곧장 일반학급에 입학하였다가 부적응현상을 겪은 후 귀국반으로 전입하는 형식이다. 이 양자의 귀국반 입학 경로는 서로 다르지만, 학부모들의 귀국반 선택은 공통적으로 자녀의 이전 경험에 대한 고려와 자녀 교육에 지대한 영향을 미칠 수 있는 적응과정에 대한 특별한 지향을 내포하고 있다. 다음 학부모들의 귀국반 선택 이유에는 그들이 '적응'을 바라보는 관점이 드러나 있다.

〈9〉

호진母: 적응시키는 것만을 생각하면 곧장 일반학급에 넣는 것이 가장 빨라요. 그렇지만 그 과정에서 아이가 받는 상처가 크더라고요. 우리 호진이도 이 학급에 오기 전에 두 달 동안 일반학급에 다녔는데 선생님이 좀 심했어요. 못하겠거니 생각하고 뭘 시켜보지도 않고 시험 볼 때 시험

> 지도 주지 않고 완전히 무관심 그 자체예요. 아이가 하려고 하는 아이
> 이면 그런 상황에서 오히려 빨리 적응할 수 있지만 부모입장에서 너무
> 가슴이 아파요. 이 학급에서는 오히려 진도가 좀 느린 것 같지만 그래
> 도 마음은 편해요.
> 승준母: 아니 학과는 일반반 아이들한테 뒤지지만 그래도 정서적인 측면은 많
> 이 도움이 되는 것 같아요.

위 학부모들은 공통적으로 자녀들이 적응하는 데 얼마만큼의 시간이 걸리느냐보다는 자녀들이 안정된 상황에서 학교생활을 영위하는 것을 더 중요하게 생각한다. 그들의 귀국반 선택에 가장 결정적인 원인으로 작용하는 것은 귀국반이 아동의 '다름'을 다루는 데 일반학급에 비하여 개방적이기 때문이다. 심리학자인 라자루스(1963)은 인간이 자신이 감당할 수 있는 수준 이상의 갈등 상황을 접하면 문제를 해결하기 위한 숙고를 하기보다는 그로 인한 극심한 고통을 경감시키기 위해 자신의 요구를 억압하는 등 방어기제를 작동시키며, 그러한 상태에서 작동되는 방어기제는 당장의 고통을 경감시킬 뿐 갈등 상황을 여전히 그들 내부에 남아있게 한다고 지적한 바 있다. 학부모들의 말대로 일반학급은 귀국반에 비하여 효율적인 적응체제의 기능을 수행할 수 있을지는 모르나 개인적인 요구를 만족시킬 만한 환경적 조건들을 가지고 있지는 못함으로써 해소되지 못한 갈등 상황을 아동의 내면에 계속 잠재시킬 소지를 가지고 있다. 학부모들이 빠른 적응 대신 귀국반을 선택하고 그 선택에 의미를 부여하는 이유에는 그들이 자녀의 적응 그리고 그 이후의 자녀 교육에 대하여 가지고 있는 잠정적인 신념이 포함되어 있다. 아동들이 적응과정에서 무엇을, 어떻게 경험하는가가 차후 학교생활을 영위해 가는 데 중대한 영향을 미칠 것이라는 점이 그것이다. 학부모와 아동의 귀국반 선택은 귀국 아동의 적응과정에서 첫 번째 국면의 특징이자 출발점이라고 할 수 있다.

2. 귀국반에서

입학 후부터 환급에 이르기까지의 두 번째 국면의 특징은 귀국반이라는 독특한 사회적 상황 속에서 아동들이 맺게 되는 구성원들과의 다양한 관계, 다양한 활동을 통하여 드러난다. 이 절에서는 아동의 귀국반 생활 속에 내재되어 있는 적응과정을 포착하기 위하여 아동들이 드러내는 활동과 관계 양상의 변화에 초점을 맞추어 살펴보고자 한다.

1) 주요 활동

귀국반 아동들의 학교생활은 크게 '수업활동'과 '수업 외 활동'으로 구분할 수 있는데 이는 시간, 공간, 관계에 대한 구분을 포함하고 있다. 아동들은 '수업활동'과 '수업 외 활동'이 구분되는 맥락 속에서 한국 학교가 요구하는 시간 규칙, 공간 규칙, 상호 작용 규칙이 있음을 알게 되며 이러한 인식은 아동의 다양한 활동과 다양한 관계 양상을 구성하는 토대가 된다.

(1) 수업활동

귀국반 아동들의 '수업활동'은 크게 '귀국반 수업'과 '일반학급 수업'으로 구분할 수 있으며 귀국반 수업의 특징적인 점은 '한국어학습'과 '한글학습'에 비중을 둔다는 점이다. 이는 귀국반이 아동의 한국 학교적응을 위한 준비기관의 성격을 가지고 있는 것과 관계가 있다. 귀국반에서 '한국어학습'과 '한글학습'에 중점을 두는 이유는 '적응'의 일차적 관문을 언어의 습득으로 보고 있기 때문이다. 언어를 습득한다는 것은 누구에게, 언제, 어떻게, 그리고 무엇을 말할 것인가에 대한 적절한 표현방식과 다른 사람이 어떤 생각과 동기에서 말을 했는가에 대한 해석방식을 이해하고 실천한다는 것이다. 이처럼 언어를 습득한다는 것은 단순히 문법적 지식을 아는 것에 그치는 것이 아니라 그 맥락까지 이해하는 것을 포함하는 의사소통 방식의 습득을 의미한다. 귀국반에서 의사소통 능력의 습득에 비중을 두는 이유는 그것이 한국사회의 성원으로 살아가는 데 필요한 기본적인 조건이기 때문이다.

의사소통 방식은 고유한 맥락을 가짐으로써 다른 사회의 그것과 구별되는 특징을 가지고 있다. 그것은 한 가지 방식으로 세계를 경험한 사람들의 메시지 전달 방식은 유사한 반면 각기 다른 세계를 경험한 사람들이 취하는 방식은 서로 다른 형태를 취하기 때문이다(Holmes & Brown, 1980). 귀국아동들이 한국 학교생활에서 부딪치는 어려움은 일차적으로 그들이 외국에서 습득한 의사소통 방식이 한국의 그것과 다르다는 데 기인한다. 아동들은 귀국 후 한국적 의사소통 방식을 새로이 습득해야 하는데 이는 글과 말을 쓰고, 읽고, 구사하는 것을 넘어서 표현되지 않는 의미까지 포착하는 것을 포함한다. 다음은 원활한 의사소통을 위해서 언어의 형식을 공유하는 것과 더불어 문화적인 맥락까지 공유하고 있어야 함을 반증적으로 보여주는 사례이다. 다음에서 연구자와 면담을 하고 있는 이덕열 아동은 1학년으로서 교사로부터 교우관계가 원만하지 않으며 고집이 세다는 평가를 받고 있다.

〈10〉
'쉬는시간'에 책상에 혼자 앉아 공책을 펴놓고 먼 산을 바라보고 있다. 연구자가 다가가자 덕열은 움찔하면서 공책에 글씨쓰기를 시작한다.

연구자: (덕열의 머리를 쓰다듬으며) 덕열아 쉬는 시간인데 덕열이 혼자 공부하는구나.
이덕열: (아무 말 없이 연구자를 쳐다본다)
연구자: (덕열이 옆자리에 앉으며) 덕열이 동생 있니? 동생은 몇 살이에요?
이덕열: 호열이에요.
연구자: 어?

이덕열: 호열이요.

연구자: 호열이야! 그런데 호열이는 몇 살이야?

이덕열: 어~. (손가락으로 꼽아가며) 세 살.

연구자: 세 살이야?

이덕열: 아니구 이 살.

연구자: 두 살! (웃으며) 이 살이 아니구 두 살! 그치?

이덕열: 예.

연구자: 덕열아 집 어디야?

이덕열: 사는 집이요?

연구자: 응.

이덕열: 아파트!

연구자: 어디 아파트예요?

　그때 교실에 전화가 온다. 연구자는 잠시 자리를 비운 교사대신 전화를 받느라 덕열이가 뭐라 말하려고 하는 것을 중지시킨다. 연구자는 전화를 끊고 다시 덕열의 옆으로 간다.

연구자: (화제를 바꾸어) 덕열이 지금 몇 살이야?

이덕열: (손가락 여덟 개를 펴 보인다)

연구자: 여덟 살?

이덕열: 아니 영국에서는 음~여섯~.

연구자: 영국 나이로는 여섯 살! 한국 나이로는 여덟 살! 그렇지? 맞아?

이덕열: (말이 없다)

연구자: 여기 학교 재미있니?

(덕열은 나를 쳐다보며 말이 없다)

연구자: 재미있어?

(덕열은 다시 말이 없다)

연구자: 귀국반 재미있어?

이덕열: (굉장히 느린 속도로 이야기한다) 그런데 어~ 영국에서는 어~ 한국
　　　　아기들이 태어나는 것보다 어~ 한국 아기들이 더 빨리 태어난다고요.

연구자: 어~ 영국 아동들은 나이를 늦게 먹는다고? 그 소리지? 덕열이도 여

　　　　기 나이로는 여덟 살인데 거기 나이로는 여섯 살인 것을 보면. (잠깐
　　　　말을 끊고) 그 얘기야?
　　이덕열: 예. (자신의 책으로 고개를 돌린다)

　　위 아동과 연구자의 대화는 생활장면을 공유하는 사람들 사이에 언표되지
않는 언어적 전제가 존재하며 그것을 습득하는 것이 의사소통에 얼마나 중
요한가를 보여주는 한 예이다. 위 대화 장면에서 아동과 연구자는 암묵적인
의미를 표면화하여 재확인하고 대화 진행 속도를 재조정하는 과정을 거쳐
비로소 의미전달을 할 수 있었다. 이처럼 문화적 토대를 공유하지 않는 의
사소통은 풍부한 의미전달에 실패할 가능성이 많으며 때로 오해를 유발하기
도 한다. 아동과의 상호 작용을 통하여 위의 사례와 같은 의미전달 실패를
가장 빈번히 경험하는 사람은 귀국반 교사이다. 때문에 교사는 수업 장면에
서 혹은 일상적인 장면에서 공식적·비공식적으로 아동에게 한국 학교에서
허용가능한 의사소통 방식을 가르친다. 다음은 아동들의 언어습관이 문화적
맥락을 가지고 있는 것이기 때문에 하루빨리 한국적 언어습관을 익혀야 한
다고 주장하는 교사의 이야기이다.

　　〈11〉
　　장 교사: 선생님이 부르면 '네! 선생님'이 아니고 '왜요?'예요. '왜요'. 그리고
　　　　이리 오라고 부르면 세 번 네 번 불러도 안 와요. 진짜예요. 꼼짝도
　　　　안하고. 그래서 홍 선생님한테 몇 번 혼났어요. 몇 번 혼나고 좀 낫
　　　　기는 한데 그래도 여전히……. 물론 미국 같은 데에서 아이들이 습
　　　　관적으로 '왜?'라고 한다지만 여기서는 그렇게 받아들이지 않잖아요.
　　　　여기서는 여기 식을 따라야지요.

　　아동의 "왜?"라는 언어습관은 교사의 맥락에서 '무반응' 내지 '불손'으로
인식되는 경향이 있기 때문에 아동과 교사는 의사소통을 하면서 자주 충돌
하게 된다. 귀국반 교사는 아동과 생활의 장을 공유하기 때문에 곧 그것이

교사에 대한 도전이라기보다는 아동들의 언어적 습관임을 알게 된다. 그럼에도 불구하고 교사는 지속적으로 아동들에게 그러한 습관을 바꾸라고 요구하는데, 이는 장차 아동들의 원만한 한국 학교생활을 준비시키는 것이 귀국반의 주요 과제라고 인식하고 있기 때문이다.

이러한 의도적인 시도와 더불어 아동들에게 현실적인 생활의 맥락을 제공하고 있는 한국 학교 역시 아동들에게 점진적으로 한국적 의사소통 방식을 습득할 수 있도록 하는 환경이 되고 있다. 아동들은 일상생활을 영위하면서 말이나 문자를 통한 의사소통뿐만 아니라 얼굴표정, 목소리의 고저, 몸짓, 침묵 등이 내포하고 있는 상징적 의사소통 방식을 습득한다. 이러한 방식은 형식적으로 규정되어 있지 않으며 극히 함축적인 형태를 띠고 있어서 이 가운데 어느 부분은 의식되지 않는 경우도 있다. 다음은 교사와 아동이 침묵을 통하여 의사를 전달하는 장면을 관찰한 바이다.

〈12〉

홍 교사와 마주 앉아 있는 인선이는 교사에게 영어로 농담을 건넨다. 교사는 이를 무리 없이 받아낸다. 고학년 아동들은 각기 책상위에 다른 과목의 교과서를 펴놓고 있다. 선영이와 교사가 말하는 사이에 인선이가 끼어든다. 이 교사가 아무 말 하지 않고 인선을 바라보자 인선이가 자신의 책을 들여다보면서 빠른 목소리로 "아니, 아니, 공부할게요. 공부할게요"라고 이야기한다.

이처럼 일상적인 삶 속에서 반복적으로 이루어지는 구성원 간의 상호 작용은 아동으로 하여금 비언어적인 표현과 언어적인 표현사이의 관련성 및 그 관련성을 토대로 한 언어의 맥락적 의미를 파악하도록 돕는다.

언어학습은 일상생활의 맥락에서 폭넓게 이루어질 뿐만 아니라 수업 장면에서도 집중적으로 이루어지며 특히 저학년 아동들이 많이 모여 있는 귀국1반의 경우는 더욱 그러하다. 귀국반에서는 한국어학습과 한글학습을 위하여 자체적으로 편성한 '총체적 학습자료'를 사용한다. '총체적 학습자료'는 'ㄱ, ㄴ, ㄷ, ㄹ' 등의 철자를 읽고 쓰는 것부터, 초등학교 정규 국어 교과서에

실린 예문을 편집하여 제시하고 그 내용을 파악하도록 하는 활동에 이르기
까지 단계적으로 구성된 교재로서 아동들은 이 교재를 사용하여 읽고, 쓰
고, 말하기 학습을 한다. 귀국반에서 이처럼 한국어학습과 한글학습에 중점
을 두는 이유는 그것이 한국 학교 학생으로서 일상생활을 영위하고 교과성
취도를 높이는 데 기초를 제공하기 때문이다. 다음은 한글학습의 중요성에
대한 장 교사의 언급이다.

〈13〉

    장 교사: 전체 아이들이 공통적으로 하는 것은 게임하고 노래밖에 없어요. 교
          과는 국어, 수학, 종합 이렇게 짰어요. 요즘 수학책이 국어를 모르
          면 수학을 할 수 없도록 되어 있어요. 말로 된 문제가 얼마나 많은
          지…… (장 교사는 수학책을 넘겨보며 짚어준다) 이렇게 나오니까
          한글이 안 되면 이해를 못하는 거예요.

한글학습의 필요성은 귀국반의 수업형태를 결정한다. 아동들은 한글학습
을 하는 시간에 무엇을, 어떻게 해야 하는지 그리고 학습이 어떤 순서로 진
행될 것인지에 대하여 파악해 간다. 즉 아동들은 한글학습 시간이 교사가
내주는 과제를 해결하기, 교사의 개별 지도 받기, 받아쓰기로 구성된다는
것을 알고 있다. 이처럼 아동들은 하루 단위로 이루어지는 수업의 커다란
흐름을 인지하고 있으며 학교의 공식적인 시간운영 계획에 큰 영향을 받지
않고 교사와의 암묵적인 합의를 통하여 스스로 학습 상황을 구성하기도 하
고 해체하기도 한다. 귀국반이 제한적으로나마 탄력적인 시간운영을 할 수
있는 것은 제2장에서 살펴본 바 있듯이 귀국반의 공간적 특징과 일반학급에
비하여 상대적으로 자율적인 운영체제 때문이다.
    한편 '귀국2반'에서는 주로 고학년 아동을 대상으로 교과학습을 실시한다.
저학년 아동에 비하여 교과부담을 많이 가지고 있는 고학년 아동들은 한글
학습을 따로 할 시간적 여유가 없다. 때문에 교사는 한글학습이 필요한 고

학년 아동들에게 직접적인 한글학습을 시키는 대신 교과학습과 한글학습이 동시에 이루어지도록 수업을 운영한다. 다음은 5학년 아동인 연주와 재희에게 한글학습과 교과학습을 동시에 시키기 위하여 교사가 시도하는 방법을 설명한 내용이다.

〈14〉

　　한 교사: 연주하고 재희하고 작년부터 교과시간에는 올려 보냈다가 올해는 완전히 '거기 가서 공부를 해라' 했는데 안 되겠어요. 교과 진도 따라 가는 것도 어렵고 그리고 '맞춤법쓰기 지도'를 좀 소홀히 했다고 그럴까 그런데 그럴 수밖에 없는 것이 애들이 고학년이 일학년처럼 쓰기 연습을 많이 시키면 싫어한다고. 그러니까 아예 처음부터 그걸 강조 안 해도 실은 문법구조에 대한 것은 교과를 배우면서 알 것이라고 생각했는데 (어조를 달리하며) 그렇게 판단을 했는데 그런데 걔네들이 어제 부진아 판정을 받았어요. 받침하나 획 하나 틀려서 부진아가 되어 가지고 내려 온 거야. 그러니 걔네는 얼마나 속상하겠어요. 그래서 다시 데려다가 가르치려고 해요. 얘네들이 제일 어려워하는 것이 사회교과의 용어 5학년이면 사회과가 굉장히 어려워져요. 산업에 대해서 나오는데 생산에 관한 것은 거기(일반학급)서 배운 아이들도 어려운데 처음 가서 한 아이들이 뭐 어렵지요. 아예 사회공부를 사회교과서를 가지고 다시 사회용어와 함께 국어까지 같이 가르치려고요. 그래서 생각한 방법이 '사회책을 읽으면서 모르는 낱말을 찾아 적어라. 그리고 뜻을 내가 불러주면 받아 적어라' 하는 거야. 그러면 받아쓰기 공부도 하고 사회공부도 하고 그래서 오늘 해봤거든요.

　　'귀국2반'의 수업은 일정한 단위시간 동안 다양한 교과에 대한 학습이 개별적으로 이루어진다는 특징을 가지고 있다. 한글학습에 비하여 교과학습은 각 아동이 가지고 있는 학습능력, 교과선호도 등이 수업운영에 많은 영향을 미치기 때문이다. 단위시간 동안 여러 교과를 가르치는 교사는 순서를 정하여 일대일 상호 작용을 통하여 교과를 가르치고 개별 과제를 내준다. 이러한 수업운영 체제는 아동의 행동통제에도 영향을 미쳐 교사는 개별 아동과의 상호 작용에 다른 아동이 개입하는 것을 금지시키고 있다. 그럼에도 불구하고 아동들은 교사와 다른 아동이 상호 작용하는 장면에 빈번히 개입하거나 지켜보면서 다른 교과의 수업내용 및 교사의 교과별 수업패턴 등에 관한 다양한 정보를 얻는다. 이는 개별 수업 역시 다른 구성원들과의 지속적인 상호 작용 속에서 이루어지는 것임을 나타내는 것이다. 고학년 아동들 위주로 구성된 '귀국2반'의 단위시간 주기는 '1반'의 그것에 비하여 짧고 학습 상황의 구성과 해체도 공식적인 학교의 시간계획표를 준거로 하여 이루어지는 경우가 많다. 이는 한국 학교의 교과학습 과정이 연속적이기보다는 분절적으로 구성되어 있다는 것을 의미하는 것이기도 하다.

한편 학습의 중점을 무엇에 두느냐에 따라 개별화 수업형태가 약간의 차이를 나타내지만 귀국반의 개별화 수업은 공통적으로 수업의 내적 맥락을 중요시하는 특징을 가지고 있다. 귀국반에서 이루어지는 일련의 수업은 시작도 끝도 개별적으로 이루어진다. 때문에 학급 전체 단위에서 관찰한 귀국반의 수업진행은 매우 느슨하고 혼잡하나 개별 아동을 중심으로 관찰한 수업진행은 밀도 있고 엄격하다. 개별 아동의 수업은 단위시간에 의해 종료되는 것이 아니라 과제해결 여부와 그 성취도 정도에 따라 종료되기 때문이다. 이는 학습 상황이 수업 외적인 요인보다는 수업 내적인 맥락에 의해서 구성되고 있음을 의미하는 것이다.

한편 이러한 외면적 형식의 개별화 수업은 주로 개념학습 방식으로 구체화된다. 개념은 인간이 주변의 생활환경에서 경험하는 다양한 사물, 상황 및 사상을 범주화한 것이다. 그러므로 다른 문화권에서 다른 언어로 사물과 상황을 범주화해 온 귀국반 아동에게 개념의 구성체인 교과가 어렵게 느껴지는 것은 당연한 일이다. 귀국반 아동들의 개념학습은 다양한 형태로 이루어지며 종종 통합교과의 형식으로 이루어진다. 아동의 개념학습이 이루어지는 맥락은 크게 '일상생활'과 '수업'으로 나누어 볼 수 있다. 일상적인 학교생활은 아동에게 중층적인 학습의 장으로서 의미를 가지고 있다. 일상생활에서 아동들이 경험하는 또래 간 혹은 교사와의 상호 작용은 자신이 가지고 있던 대상이나 상황에 대한 의미를 확인하거나 변환 또는 확장하는 기회를 제공한다. 일상생활 속에서 의사소통을 하는 가운데 이루어지는 이러한 일련의 과정은 경험세계를 범주화하고 이를 공유하는 과정이라는 점에서 개념학습의 의미를 지닌다. 일상생활을 매개로 하여 이루어지는 개념학습과 수업시간에 교과서나 교재를 매개로 하여 이루어지는 개념학습은 상호보완작용을 통하여 아동으로 하여금 한국 학교에서 '학생'으로 생활을 할 수 있는 인지적 기반을 마련하도록 한다.

한편 '비디오 보기'는 귀국반에서 이루어지는 전반적인 수업에서 모두 사용되는 유용한 수업방식이라고 할 수 있다. 이는 시청각교재의 특성상 아동으로 하여금 맥락 속에서 내용과 개념을 파악할 수 있도록 하는 데 효과적이기 때문이다. 비디오 선정은 주로 아동의 수준, 흥미, 내용의 적합성 등을 고려하여 이루어지며 특히 만화영화가 선호된다. 다음은 만화영화를 보고 난 후 진행되는 수업의 한 부분을 관찰한 바이다.

〈15〉

'귀국1반' 아동들과 '귀국2반' 아동들이 모두 한 곳에 모여 만화로 된 한국전래동화 비디오를 보았다. 비디오 시청이 끝나고 교사가 비디오 내용에 대한 설명을 시작하자 아이들이 웅성거리기 시작한다.

장 교사: (칠판에 "서당"이라고 쓰며) 옛날에도 학교가 있었는데 그런 학교를 뭐라고 했느냐고 하면?
아이들: (큰 소리로 다함께) 서당.
장 교사: 서당이라고 했지! 그리고 그때의 선생님을 뭐라고 불렀느냐 하면 '훈장 선생님'이라고 불렀어요. 요즘 학교하고 옛날 학교하고 다르다 그치? 요즘 학교에서는 국어, 수학, 사회, 자연, 음악, 미술 뭐 이렇게 공부하는데 옛날 서당에서는 뭐만 가르쳐 주느냐 하면 한자만 가르

쳤어요. 읽고 쓰고, 읽고 쓰고만 했어.

아이들: 글씨를 뭐로 썼어요?

장 교사: 그때는 붓으로 썼어요. 먹물을 가지고. 너희들 먹물 잘 못하면 온통 다 묻는 것 알지? 그리고 지금은 잘 못쓰면 지우개로 지울 수 있잖아. 그런데 먹물로 쓴 글씨는 지울 수가 없어요.

- (중략) -

홍정안: 저요. 시골 갔었는데요. 아빠네 할머니가요.

장 교사: 아빠네 할머니가 아니고 할머니!

홍정안: 할머니네 시골인데요. 화장실에 오리가 들어왔었어요.

장 교사: 그랬어?

홍정안: 그런데 밤에 화장실에 가는 것 무서워서 병에 오줌 누었어요.

장 교사: 병에다가? 하하하.

홍정안: 그게 아니고요. 할머니가 꽃 넣는데다가 오줌 누라고 해서 거기다 누었어요.(칠판으로 나와서 그림을 그리며 설명을 하려고 한다)

장 교사: 그건 꽃병이 아니라 '요강'이라고 하는 거예요.

- (중략) -

장 교사: 자 그리고 두 번째 아까 비디오에서 나오는 사람이 많았는데 주인공이 누구였지?

아이들: 할아버지.

장 교사: 그렇지! 할아버지. 비가 많이 오는 것을 무엇이라고 하지? '홍수'라고 해요. 비가 많이 오면 물이 넘쳐서 물바다가 되었어. 이럴 때 할아버지는 누구누구를 구해 주었을까?

아이들: 아이, 뱀, 사슴……

- (중략) -

장 교사: 자 그럼 오늘 여기까지 비디오 봤지! 내일도 비디오 하나 보고 이야기하고 그 다음 날도 또 하나 보고 이야기하고……비디오만 보는 게 아니고 비디오를 어떻게 해야 한다?

아이들: 얘기!

장 교사: 그렇지 비디오를 보고 내용을 알아야 하는 거야. 자 정안아 나와서 선생님이 이야기하는 것 한번 써봐. 자 배에다가 'ㅁ' 붙이면 무슨 글자가 될까? 다른 아이들은 가만히 있어. 정안이가 하도록 나둬.

(정안이가 화이트보드에 최 교사가 말한 글씨를 쓴다)

홍정안: 뱀!

장 교사: 그렇지! 잘 했어. '뱀'이지. 비디오에서 나온 '뱀'이란 글자야. 그럼
　　　　 다같이 머릿속으로 선생님이 부르는 글자를 써보고 알아맞혀봐. '나'
　　　　 에다가 'ㄴ'을 붙이면 무슨 글자일까?

아이들: 난!

세원이: 아이 되게 쉬워.

　　비디오를 활용한 수업의 맥락을 파악하기 위하여 다소 길게 인용하였는데
여기에서 본 바처럼 귀국반에서 비디오는 아동들의 흥미를 유발하고 지속시
킴으로써 교사가 활용하기에 편안하며, 교사가 한글지도와 개념지도를 자연
스럽게 통합시킬 수 있도록 해주는 매우 유용한 교재로 인식되고 있다. 교
사들은 비디오의 활용성을 높이기 위하여 아동의 흥미와 교재로서의 효용성
을 모두 만족시키는 비디오를 선정하는 데 신중을 기한다. 교사들이 일차적
으로 중요시하는 선정기준은 '한국적 정서를 긍정적으로 전달할 수 있는가'
하는 것이다. 다음은 비디오를 교재로 선정하는 이유와 선정의 기준이 잘
드러나 있는 장 교사와 홍 교사의 대화내용이다.

　　　　〈16〉

　　홍 교사는 한국의 장례절차를 지도하는 과정의 일부로서 아동들에게 "유세
차(維歲次)~"로 시작되는 축문(祝文)이 쓰인 유인물을 아동들에게 나눠주고
읽게 하였다. 아동들이 축문을 읽는 소리를 들으면서 홍 교사는 서둘러 수업을
끝마쳤다. 쉬는시간에 홍 교사는 장 교사와 수업시간 중 자신이 당황했던 이유
를 이야기한다.

홍 교사: 어휴 참 내가 읽을 때는 이상한 걸 모르겠더니 아이들이 읽으니까
　　　　 무지하게 이상하네.

장 교사: 애들이 어버버버 하고 읽으니까 그래요. 선생님 아이들 비디오를 보
　　　　 여주는 것이 어떨까요? 그 뭐야 '학생부군신위' 같은 것 또 뭐가 있

더라? 뭐가 있는데…….

연구자: 아 '축제'요.

장 교사: 맞아 맞아. 축제요.

홍 교사: 그거 애들 보여줘도 될까요? 이상한 내용 있으면 어떻게 해요?

장 교사: 아니에요. 내가 보았는데 이상한 내용 없어요. 재미있어요. 내가 경
　　　　 상도라서 좀 아는데 그 영화가 아마 경상도를 배경으로 해서 찍은
　　　　 거 같아요. 제법 잘 만들었더라고요. 경상도에서는 빈 상여 놓고 그
　　　　 위에 사람을 올려서 죽은 고인하고 맺힌 것을 풀게 하는데 그런 것
　　　　 도 있고 하여튼 재미있어요.

－(중략)－

홍 교사: 애들한테 그것을 가르쳐도 되는 건지……아유 모르겠어요.

장 교사: 아유 필요해요. 선생님. 내일 공원에만 갈 거면 남는 시간에 비디오
　　　　 보게 내가 빌려오지요. 뭐.

위 내용에는 아동에게 한국적인 것을 긍정적으로 가르쳐야 한다는 교사의
신념이 강하게 나타나 있다. 이러한 교육내용에 대한 교사의 신념에는 그가
귀국반의 목표를 어떻게 인식하고 있는가가 잘 나타나 있다. 교사에게 귀국
반은 '한국 사람으로서의 자긍심을 가지도록 조력하는 곳'이어야 하는 것이
다. 교사의 그러한 신념은 교실 내에서 이루어지는 거의 모든 활동에서 포
착되며, 특히 전통적인 내용, 역사적인 내용, 한국적 정서가 드러나는 내용
을 지도할 때 더욱 부각된다. 다음은 한국적인 정서를 아동에게 이해시키고
서정적 풍경의 이미지를 개념화시키고자 하는 교사의 노력이 부각되는 국어
수업 장면이다.

〈17〉

한 교사: 눈 감으세요. 지금부터 선생님이 읽는 동시를 듣고 어떤 생각이 떠오
　　　　 르는지 해보겠어요.

한 교사: '엄마야 누나야 강변살자. 뜰에는 반짝이는 금모래 빛 뒷문 밖에는
　　　　 갈잎의 노래 엄마야 누나야 강변 살자.' 어떤 장면이 떠오르는지 생

　　　　　각해봐.
한 교사: (조금 더 빨리 시를 한번 다시 읊는다)
김준우: 생각됐어요.
한 교사: 생각했어요?
김준우: 생각이요 빛이 저를 도는 것 같았어요.
- (중략) -
한 교사: 강변이 어디라고 했지? 강물의 가장자리라고 했지? (기존의 그림주
　　　　　변에 그림을 더 그리면서) 이게 무슨 집이야?
아동들: 초가집.
한 교사: (초가집 그림을 그리면서) 강 가장자리에다 초가집을 짓고 '엄마야
　　　　　누나야 강변 살자'(교사는 그림을 계속 그리면서) 이 집에는 뭐가
　　　　　있냐 하면 이게 뭐야?
아동들: 둥그런 거요.
한 교사: (집을 둘러싼 타원에 세로로 빗금을 치면서) 이걸 뭐라고 해?
김준우: 아! 아! 울타리
서상원: (아동 1과 동시에) 펜스!
한 교사: 뭐로 만든 울타리일까?
김준우: 싸리!
- (중략) -
한 교사: 강가에 있는 금모래는 무슨 색깔일까?
서상원: 밤색.
한 교사: 무슨 색?
아동들: 검은 색 노란 색 흰색.
한 교사: 그건 나라마다 달라요. 제주도에 가면 제주도 바닷가의 모래는 검은
　　　　　색이야.
박찬우: 나 제주도 가봤어요.
송은영: 하와이도 그래요.
주진미: 우리 집에도 그런 모래 있어요.
한 교사: 선생님이 다른 나라에 가보니까 산호가 부서져서 된 모래는 무슨 색깔?
김준우: 하얀 색깔.
한 교사: ('흰색'이라고 칠판에 쓰면서) 흰색. 제주도에도 조개가 부서져 된 모

　　　　　　래는 하얀 모래가 있어요. 그런데 우리나라의 강모래들은 대부분 다?
서상원: 옐로우.
한 교사: (아동의 발음을 따라하며) 옐로우. 노란색에 가까워요. 그래서 골드,
　　　　　금 색깔이 이라고 해요.
　－(중략)－
한 교사: 지금 노래를 듣고 설명을 듣고 이야기를 나누었지? (이미 나누어 준
　　　　　종이를 가리키며)그러면 여기 종이가 있지? 여기 종이에다가 자기가
　　　　　자기 머릿속에 떠오르는 자기 머릿속에 떠오르는 우리나라 이런 강변
　　　　　강이 있고 집이 있고 갈대숲이 둘러싸여 있는 아름다운 집을 그리고
　　　　　앞뜰에는 뭐가 있어야 할까? 응? 앞뜰에는 뭐가 있어야 할까? 앞뜰
　　　　　에는 금빛 모래가 있어야 하겠지요?

위 수업 예에서 살펴볼 수 있듯이 교사는 아동에게 한국적 정서를 표현
할 수 있는 개념을 지도하면서 아동으로 하여금 수차례 각 개념이 가지고
있는 이미지를 정련하도록 안내한다. 이때 생소한 낱말은 영어로 번역하거
나 그림으로 구체화하여 아동의 이해를 돕고 있으며 이해한 바를 최종적으
로는 그림으로 표현하게 함으로써 개념의 정착화를 도모하고 있다.

귀국반에서 이루어지는 한국어수업과 한글수업은 별도의 교재를 사용할
뿐만 아니라 위에서 살펴본 바처럼 일반 교과의 개념학습과 통합하여 이루
어지기도 한다. 귀국반의 교사와 아동이 수업에 참여하는 과정은 〈교사의
지시적 안내→아동의 질문→교사의 설명→교사의 확인 질문→아동의 대
답→교사의 보충 설명〉과 같은 일련의 패턴을 가지고 있다. 귀국반의 핵심
적인 수업형태는 교과의 특성을 막론하고 '설명식'인데 이는 한국의 교육과
정에서 특히 탐구수업을 강조하고 있는 사회과의 경우에 더욱 두드러지게
나타난다. 사회과 탐구학습은 아동이 호기심을 바탕으로 자신의 문제를 형
성하여 이를 해결하기 위해 잠정적인 가설을 세우고 가설을 증명하기 위한
자료의 수집·분석을 통해 일반화를 확보해 가는 과정이다(안 천, 1993:
33). 이러한 탐구수업은 우선 아동이 자신의 주위환경을 파악하는 개념 틀

을 가지고 있을 때 가능한 것이기 때문에 귀국반 아동에게 용이하게 적용할 수 있는 수업방식은 아니다. 귀국아동을 위한 적절한 교육과정이 마련되어 있지 않은 상황에서 다양한 수준차를 가지고 있는 개별 아동에게 제 학령의 교과학습을 시켜야 하는 교사는 교육과정에서 추구하고 있는 탐구수업방식을 포기하고 설명식 수업을 진행한다. 다음은 4학년 아동인 장안성과 방윤수를 대상으로 홍 교사가 사회과 수업을 진행하는 장면이다. 수업의 전반적인 윤곽을 파악하기 위하여 다소 인용문을 길게 제시하고자 한다. 이 수업에서 교사는 완전한 탐구수업도 아니고 완전한 설명식 수업도 아닌 절충적 수업방식을 택하고 있음을 살펴볼 수 있다.

〈18〉

　홍 교사는 안성과 윤수에게는 사회책을 펴라고 이야기하고 영서에게는 수학책을 펴라고 이야기한다. 영서는 안성과 윤수가 앉아 있는 자리로부터 좀 떨어진 자리에 앉아 교사가 내준 개별 과제를 해결하기 시작하고 안성과 윤수는 교사 옆에서 사회책을 펴 놓는다.

장안성: (책을 보며) 이게 뭐예요?
홍 교사: 광산표시!

　홍 교사는 윤수에게 단원의 제목을 읽게 한 후 책의 내용과 관련하여 윤수에게 여러 가지 질문을 한다.

－(중략)－
홍 교사: (아이들에게서 기대하는 답을 얻고자 좀더 구체적으로 물어보는 듯하다) 곡식을 기르고 추수를 하고 하는데 어떤 곡식이 나오지?
장안성: (홍 교사를 쳐다보며) 쌀, 배추.
홍 교사: 배추는 야채니까.
장안성: 아! 쌀하고요. 어, 벼.
홍 교사: 벼가 쌀이 되는 거지? 벼를 껍데기 벗기면 쌀이 되는 거잖아. 곡식

은 쌀하고 비슷한 것들. 밥할 때 섞어먹는 것들이야.

－(중략)－

홍 교사: 도시에서 할 수 있는 것은?

방윤수: 공장!

홍 교사: 도시에서는 뭘 하면서 살지?

방윤수: 일! 직장!

홍 교사: 직장이 있는데 주로 무슨 일을 하는 곳이지?

장안성: 회사!

홍 교사: 어떤 회사?

방윤수: '공' 자 들어가요? 몇 글자예요?

홍 교사: 연기 나고…….

장안성: (소리 높여) 공장!

방윤수: (웃으며 안성을 향해) 내가 먼저 맞추려고 했다. 이 녀석아!

홍 교사: 공장 말고 또 뭐가 있지?

장안성: 시장!

홍 교사: 우리 주변에 굉장히 뭐가 많지! 식당, pc방, 미용실, 뭐 굉장히 많
　　　　지? 이런 곳에서는 주인이 뭐하는 거야? 뭘 사람들한테 해주는 거
　　　　야? 이발소 가면 머리 깎아주지? 머리 감겨주지? 그런 걸 뭐 한다
　　　　고 하지?

장안성: 서비스!

홍 교사: 그렇지! 그런 것을 서비스업이라고 하지!

(윤수는 안성이가 '서비스'라고 하자 때리는 듯한 시늉을 한다)

홍 교사: 도시에는 공장보다는 서비스업이 더 많지! 너희가 살고 있는 이 도
　　　　시 말이야. 사람들이 왜 도시로 왔을까?

방윤수: 살라고. 밥 먹을라고.

장안성: 편안하게 살려고.

홍 교사: 농촌이나 산촌이나 어촌과는 무엇이 달라서 사람들이 이렇게 많이 살지?

방윤수: 차 있으니까요.

홍 교사: 요새 차 없는 사람이 어디 있어?

장안성: (대답하면서 의자에 팔을 걸친다) 일해야 되니까.

홍 교사: 일해야 되니까. 누가?

(아이들 말이 없다)

홍 교사: 니네 집에서 누가 일해?

방윤수: 아빠가요.

홍 교사: 아빠가 일하러 왜 도시로 왔지?

장안성: 돈 벌려고! (손짓을 하며)도시로!

홍 교사: 아빠의 직장이 어디 있는 거야?

장안성: 회사요.

(윤수는 안성이 교사의 말에 자꾸 대답을 하는 것이 싫은 눈치이다)

홍 교사: 그러니까 아빠의 회사가 어디 있는 거야? 도시에 있어? 농촌에 있
 어? 어촌에 있어? 산촌에 있어?

장안성: 도시에 있지요.

홍 교사: 그러니까 너희들이 도시에 사는 거야. 그거 말고 도시에 사는 이유가
 또 있어요. 농촌에 살면 불편한 것 이야기해봐.

(아동들이 교사의 물음에 각기 여러 가지 이야기를 한다)

홍 교사: (천천히 또박또박) 도시가 살기가 편하니까. 아빠 직장 때문에 오고 또?

방윤수: 학교!

홍 교사: (대답이 대견하다는 듯한 어조로) 야! 너 금방 나오네.

(윤수는 기분 좋은 듯 웃는다)

홍 교사: 그럼 도시에 사람이 많아서 일어날 수 있는 일도 있을 텐데.

장안성: 버스.

홍 교사: 그런 거 말고.

(아이들 저마다 자신이 생각하는 것을 말한다)

홍 교사: (아이들을 쳐다보며) 다음 시간에는 다음 사회시간에는 도시에서 일
 어날 수 있는 일들에 대해서 이야기해 볼 거예요.

　　일반학급의 수업을 마친 아동들이 교실로 들어오고 수업에 참여했던 아이들
은 흩어진다.

　　위 수업 장면에 볼 수 있듯이 귀국반의 사회과 수업은 개념형성에 높은
비중을 두어 이루어지고 있다. 그런 이유에서 어떤 장면에서는 국어과 수업

의 특성을 드러내기도 한다. 배추는 야채의 범주로 구분하고, 쌀과 콩은 곡식의 범주로 구분하는 과정, 또 '개'와 '게'를 발음상으로 구분하는 것이 그 예이다. 또 위 수업은 처음부터 끝까지 교사가 수업을 주도하고 있으며 교사에 대한 의존도가 매우 높다는 점에서 학습자 중심의 탐구수업형태를 실현하고 있다고 볼 수는 없다. 그럼에도 불구하고 위 수업은 아동에게 사회 현상을 다루고 있는 방식을 이해하고 개념화하는 데 필요한 수준별 정보를 생생하게 제공함으로써 학습자 중심의 수업을 위한 기초를 제공하고 있다고 볼 수 있다.

귀국반의 '설명식 개별화 학습'이 현행 교육과정의 이념을 그대로 구현하고 있다고 할 수는 없으며 수업환경 역시 아동들로 하여금 자신만의 독특한 학습방식을 발견하고 실현할 수 있도록 조성되어 있다고 보기도 어렵다. 그럼에도 불구하고 아동은 귀국반에서 한국 학교의 보편적 학습방식을 접하고 그 속에 내재한 문화적 메시지를 인식함으로써 교과학습을 시도하고 성취도를 높일 수 있는 방법에 대한 대략의 윤곽을 얻게 된다. 이러한 점에서 귀국반은 아동에게 '무엇을 어떻게 공부할 것인가'를 안내하고 준비하도록 하는 적응적 수업형태를 제공하고 있다고 볼 수 있다.

귀국반 아동들의 일반학급 참여는 단계적으로 이루어진다. 〈그림 4〉에 제시한 바처럼 귀국 직후 아동들은 귀국반에서만 생활하다가 점차 일반학급의 수업에 부분적으로 참여하며, 이후 아동의 일상생활 능력이나 교과 능력에 따라 수업참여의 범위를 확대하게 된다. 귀국반과 협력학급의 수업공조체제는 아동으로 하여금 한국 학교에서 각 교과가 가지고 있는 가치를 인식하게 하는 역할을 한다. 귀국반 아동들이 초기에 협력학급에서 수업을 받는 과목은 미술, 음악, 체육 등 예체능 교과이다. 교사는 다른 교과에 비하여 진도나 수업형식에 대한 상대적 자율성을 가지고 있는 예체능 교과 수업에 아동을 참여시킴으로써 일반학급의 분위기를 익히게 한다. 이러한 점에서 초기 협력학급 수업 참여는 교과성취도 함양이 아니라 전반적인 분위기를 익히는 일을 목적으로 하고 있다고 볼 수 있다. 다음은 아동을 협력학급의 예체능 수업에 우선 참여시키고 있는 이유에 대한 교사의 설명이다.

〈19〉

홍 교사: 아이들이 우선 일반학급에 가서 말을 잘 못 알아들어요. 그래서 처음에 와서 굉장히 어려워해요. 그렇다고 마냥 아이들을 몇 년씩 데리고 있을 수는 없는 사정이고. 새로 온 애들 들어와서 기본적인 것을 가르쳐서 올려 보내고 나머지는 거기서 적응해야 하는데 사회, 역사 이런 거 무지하게 어려워하니까 우선 미술, 체육 이런 교과부터 보내요. 그나마 아이들한테 좀 수월하고 진도 걱정 안 해도 되니까 우선 그런 과목부터 보내는 거죠. 좀더 지나면 수학도 보내고. 그렇게 보내서 그쪽 애들하고 친해지고 그 학습환경에 익숙해져서 어렴풋하게나마 따라가게 만들어야지 처음부터 완벽하게 그 학급에 맞는 수준이 다 이렇게 만들어서 보낼 수는 없는 거예요.

이처럼 귀국반 아동에게 예체능 교과는 그 교과 자체의 성취도를 달성하는 것이 중요시되기보다는 좀더 수월하게 협력학급의 수업에 참여할 기회를 제공하는 교과로서의 의미를 지닌다. 다른 교과에 비하여 학습 계열의 유연성을 지니고 있는 예체능 교과 수업은 귀국반 아동으로 하여금 다른 아동들과 동등한 위치에서 수업에 참여할 수 있는 기회를 제공한다. 이러한 기회를 통하여 일반학급의 수업에 대한 거부감과 두려움을 경감할 수 있도록 하는 것이 교사의 의도이다.

한편 국어, 수학, 사회와 같은 교과 수업은 아동들이 수업의 전반적 과정에 대한 이해를 할 수 있는 정도의 수준에 이를 때까지 귀국반에서 집중적으로 이루어진다. 이러한 교과의 경우 아동의 성취도에 따라 협력학급 수업 참여 시기가 조정되며 그동안 아동은 귀국반에서 해당교과에 대한 수업을 받는데, 이러한 수업은 보충학습의 성격을 가지며 경우에 따라서는 예습의 성격을 가지기도 한다.

이와 같은 교과별 수업참여 시기와 비중은 한국 학교를 중심으로 보편적으로 인식되고 있는 주지교과와 비주지교과의 구분을 그대로 반영하고 있다. 이러한 구분은 아동에게도 암묵적으로 전달되며 나아가 '공부'의 개념을 형성하는 데에도 영향을 미친다. 아동은 주지교과 시간의 수업 상황을 통해서 '공부하는 행위'의 전형적인 상황을 인식하기 때문이다. 다음은 학교현장의 교과분류체계를 기준으로 '공부'와 '공부 아님'을 구분하고 있는 아동들의 대화내용이다.

〈20〉
점심시간이 끝난 후 귀국반에 머물고 있는 아동들과 나눈 대화이다.

연구자: 진우야 너 이번 시간에 일반학급 안 가니?
고진우: 네. 안 가도 돼요.
연구자: 왜?
고진우: 학급회의예요.
연구자: 학급회의는 선생님이 안 가도 된다고 하셨어?
고진우: 아니요.
연구자: 그런데 왜 안가?
방윤수: (옆에서 듣고 있다가) 공부하는 건 꼭 가야 하지만 그런 건 안 가도 돼요. (장난스러운 표정으로) 그러다가 걸리면…….
연구자: 걸리면 어떻게 되는데?
장안성: 걸리면 혼나지요.
박민성: 그 시간은 원래 공부 안 해요. 20분밖에 안 하고요.
연구자: 어떻게 하는 것이 공부인데?
최호진: 몰라요.
박민성: (호진의 말이 끝나기 전에) 뭐 국어, 수학, 자연 이런 거요.

위 대화에서 볼 수 있듯이 아동들은 협력학급에서 이루어지는 활동을 '공부'와 '공부 아닌 것'으로 범주화하고 있다. 여기서 아동들이 '공부'로 인식하는 것은 '정규교과' 나아가 '주지교과'이다. 아동들의 이러한 인식은 한국 교실의 맥락 속에서 형성된 것이라는 점에서 학교의 다른 구성원들의 인식과 깊은 관련을 가진다고 볼 수 있다. 이종각(1995)은 '주지교과'와 '비주지교과'가 대학입시에서 차지하는 비중에 의하여 구분되며 각각의 수업방식이 교과내용이 아닌 각 교과가 확보하고 있는 배점에 따라 구분된다고 지적한 바 있다. 초등학교의 수업방식이 입시와 직접적으로 관련이 되어 있지는 않지만 단선적인 진학체제를 고려할 때 그 영향권으로부터 완전히 벗어나 있다고도 볼 수 없다. 위에서 아동들이 학급회의를 '공부 아닌 것'으로 범주화시키는 것도 평가체제가 주지교과에 부여하고 있는 중요성을 인식하고 주지교과 시간의 수업방식을 학습방식의 전형으로 받아들임으로써 나타나는 현상이라고 할 수 있다.

한국 학교에서 학업성취도 평가는 학습과정의 피드백 기제로서보다는 아동의 전반적인 생활을 범주화하는 기제로서 작용한다. 때문에 '공부 잘하는 아동'에 대해 높은 가치를 부여하는 한국 학교에서 적응하는 일은 학업성취도를 높이는 일과 밀접하게 관련되어 있다. 귀국반에서 아동을 대상으로 치르는 공식적인 학업성취도 평가는 두 차례에 걸쳐 이루어진다. 입학할 때 아동의 수준을 파악하기 위하여 치르는 진단평가와 환급여부를 결정하기 위하여 치르는 환급시험이 그것이다. 귀국아동이 귀국반에서 치르는 진단평가와 환급평가는 모두 형식적인 의미를 가질 뿐 평가의 결과가 아동에게 큰 영향을 미치고 있지는 않다. 다음 교사의 답변에서 환급시험이 실제로 가지고 있는 의미를 짐작할 수 있다.

〈21〉

연구자: 환급 기준은 어떻게 정하시나요?
홍 교사: 시험을 봐서 80점 이상이면 (일반학급에) 보내지요. 그리고 시험문제를 낼 때 80점 받을 만큼 내지요.

이처럼 환급시험은 교사의 환급결정을 뒷받침해 주는 보조자료로서 형식적인 의미를 지닐 뿐 범주화의 준거를 제공하는 평가라고 할 수는 없다. 귀국반 아동들이 실제로 한국 학교의 평가체제를 접하는 것은 일반학급에서 다른 아동과 함께 치르는 시험을 통해서이다. 귀국반 아동들은 협력학급의 수업에 참여하는 동안 일반아동들과 동일한 내용의 과제를 부여받고 동일한 수준의 시험을 치르게 된다. 이는 아동들로 하여금 일반학급에서 이루어지는 수업활동과 평가의 형식에 미리 익숙하게 하는 것이 아동의 현실인식에 도움이 될 것이라는 교사의 판단에 의해 이루어진다. 다음은 귀국반 아동의 협력학급 참여 원칙에 대한 교사의 생각이다.

〈22〉
　한 교사: 우리가 협력학급 선생님에게 부탁하는 것도 귀국반 아이들에 대해서 지나치게 신경을 쓰지 마라 이거예요. 왜냐하면 애들도 특별대접을 받아서 이로울 게 없어요. '왕따'당하기 십상이고. '걔들만 이뻐한다구'. 그리고 그게 일반학급에 가서 공부하는 것은 그 학급의 일원으로서 그냥 포함되는 것이지 특별대우받으러 가는 것은 아니지. 특별대우는 여기서 받고.

이처럼 귀국반 교사와 학부모들은 아동에 대한 학교 구성원들의 특별한 배려가 아동으로 하여금 현실인식을 하지 못하게 하는 결과를 가져 올 수도 있다고 생각한다. 귀국반 교사와 학부모는 일상생활과 관련한 부분에 대해서는 학교 구성원들의 배려와 이해를 요청하는 반면 교과적응과 관련한 부분에 대해서는 현실인식을 위해 일반학급 아동들에게 부여하는 것과 동일한 수준의 기대를 부여해 줄 것을 요청하고 있다. 다음은 그러한 학부모들의 요구가 드러나는 대화 장면이다.

〈23〉
　미하母: 그냥 똑같이 대해 주었으면 좋겠는데 협력학급 선생님은 숙제 안 해 와도 뭐라고 안 한대.

소은母: 아이들이 숙제 안 해가도 된다고 하면 그거 참 그렇더라고.
승준母: 선생님이 애들을 그렇게 열외시키면 거기 협력학급 애들도 또 그럴 거 아니에요.
미하母: 시험을 못 봐도 귀국반이니까 그냥 넘어가고.
승준母: 그런 게 플러스가 될 수도 있지만 마이너스가 될 수도 있잖아.
미하母: 아니 그런데 그게 플러스가 되지는 않아. 여기서 살 건데 승준이 엄마 같은 경우는 또 나갈 계획이 있지만 우리는 또 나갈 계획이 없잖아? 그러니까 빨리 적응해서 살아야 하는데 시험을 못 봐도 '재는 귀국반이니까 못 보는 거고' 이러면 안 좋지.
소은母: 우리 큰 아이들도 가만히 보니까 쟤네는 외국에 갔다 왔다니까 아직 뭐……선생님도 봐주고 애들도 봐주고 해서 '너 힘든 거 있니?' 하고 물어보면 없다는 거예요. (웃으며) 그런데 결과는 엉망이 되는 거야. 그런데 그러면 자신이 지금 '너무 못하고 있다. 따라 가야 하겠다' 하는 현실인식을 못하는 계기가 될 수도 있어요.
미하母: 뭣 좀 해가라고 하면 '엄마 나 그거 안 해가도 돼. 나는 안 혼내키니까' 이런다니까.
승준母: 그럼 어떻게 해야지?
미하母: 아니 혼내켜야지.
승준母: 그런데 또 막 혼내키고 강압적으로 그러면 애가 튕겨 나가니까. 그러니까 이게 문제야.
미하母: 혼내자니 너무 그렇고 안 혼내자니 너무 느슨해지고.

　귀국반 아동이나 학부모들은 학교에서 제공되는 배려에 만족감을 느끼면서도 한편으로는 그러한 배려가 현실인식을 둔화시키고 일반학급 아동들과의 격차를 증대시키지 않을까 하는 우려를 가지고 있는 것이다. 학부모의 이러한 이중적 태도는 어떤 경우에도 한국 학교의 경쟁체제에서 예외를 적용받을 수는 없다는 현실인식을 기초로 하고 있다. 때문에 학부모들은 이질적인 문화를 경험한 아동들에 대하여 체계적인 배려가 필요하다는 것에는 동의하지만 그러한 배려가 자칫 경쟁체제에서 수월성을 발휘하는 데 장애요인이 될 수 있다는 것에 대해서는 우려를 나타내는 것이다.

(2) 수업 외 활동

귀국반 아동들의 수업 외 활동은 크게 '행사 참여'와 '놀이'로 구분할 수 있으며, 그 외 아동들이 학급에 봉사해야 할 필요가 있음을 알게 하기 위해 교사가 부여하는 '당번활동'이 있다.

학교에서 수시로 열리는 크고 작은 행사는 학교가 지향하는 바의 성격을 단적으로 드러내고 있는 경우가 많다. 이러한 행사나 의식의 의미는 사회의 가치규범과 밀접한 관련을 가지기 마련이어서 외국의 가치규범을 내면화하고 있는 상태의 귀국아동에게 매우 낯설게 느껴지곤 한다. 귀국아동들은 매주 월요일 아침에 실시하는 '애국조회'나 가끔 '극기훈련' 형식으로 이루어지는 '현장학습'에 참여하는 것을 매우 싫어한다. 전교생 혹은 학년 단위의 대집단활동으로 이루어지는 학교행사는 다소 강제적인 성격을 띠게 되고 그러한 학교활동은 학부모와 아동으로 하여금 거부반응을 일으킨다. 교사는 이에 대하여, 애국조회에 참여하는 것을 강요하지 않되 현장학습참여는 적극적으로 권장한다는 나름대로의 원칙을 가지고 있다. 다음은 귀국반 아동의 애국조회 불참을 암묵적으로 허용하는 이유에 대한 교사의 설명이다.

〈24〉

   홍 교사: 처음에는 나갔어요. 그런데 이건 동물원의 원숭이가 되더라고요. 다른 애들은 쳐다보지 애들은 10명 남짓 세워놓고 교사 두 명이 서 있으려니까 우리도 우습더라고요. 애들도 몸을 비비 틀고 힘들어하고 그래서……. 안 해본 것 하려니까 힘든가 봐요. 갑자기 억지로 시킬 수는 없는 일이고 해서 천천히 시키려고요.

교사는 비록 이러한 내적인 지침을 세워놓고 있으나 이것을 아동들에게 직접적으로 전달하지는 않는다. 표면상으로는 여전히 학교의 규칙은 준수해야 하는 것이며 그 일환으로 애국조회에 참여해야 함을 아동들에게 이야기한다. 그러나 교사와 빈번한 상호 작용을 하는 아동들은 교사가 허용하는 규칙이탈의 내용과 수준을 간파할 뿐만 아니라 그것을 보상할 수 있는 대안으로 무엇이 적당한지에 대해서도 간파하고 있다. 그러한 대안으로 교사가 제시하고 아동들이 받아들이는 조건은 "조회시간에 복도에서 뛰지 않기", "유리창 내다보고 소리 지르지 않기", "책읽기"처럼 그들의 규칙으로부터의 집단적 이탈이 학교의 다른 구성원들에게 포착되지 않으면서도 명분을 가지고 있어야 한다. 이처럼 아동들이 집단적인 차원에서 갖는 전략은 대개 교사의 묵인이나 동조가 뒷받침되어야 하며 특정한 보상행위를 요구한다.

한편 교사들은 '현장학습'이 아동들에게 유의미한 경험을 가져다 줄 것이라 생각하며, 가능한 한 현장학습에 많이 참여하는 것을 권장한다. 교실 외 활동의 성격을 갖는 현장학습은 아동들에게 기대감을 갖게 함으로써 대부분 아동들의 적극적으로 참여를 유도하지만, 일부 아동들은 일반학급의 현장학습에는 참여하지 않으려고 하는 경향을 보이기도 한다. 그 이유는 다음 학부모들 간의 대화내용에서 간접적으로 확인할 수 있다.

〈25〉
성미母: 아이가 현장학습만 다녀오면 힘들다고 그래요.
수지母: 우리 수지도 "걸어 다니느라고 힘들었어요" 그러더라고요.
성미母: 지난번 인천대공원 갔을 때가 벚꽃이 한창 피었을 때예요. 명목이 극기훈련을 한다고 간 것이고 아이들이 힘들게 산꼭대기까지 가는 과정에서 무엇을 얻었는지는 모르지만 저는 아이들이 그 좋은 계절에 산에 올라가면서 새싹도 보고 꽃도 좀 감상하고 이러는 게 더 좋지 않나 싶은 생각이 들었어요. 그리고 '극기훈련의 의미전달이 아이들한테 제대로 되지 않은 상태에서 아이들이 얼마나 마음으로 무엇을 느낄 수 있었을까'에 대해서도 좀 그렇고요. 성미의 경우 아이가 기억하는 것은 그거 하나밖에 없더라고요. '꼭대기까지 올라갔다'라는 것.

학교에서 이러한 행사를 기획하고 추진하는 것은 아동들의 협동심과 인내심을 함양하고자 하는 데 그 목적이 있으나 다른 덕목에 더 중요성을 두고 있는 환경 속에서 생활한 아동들은 쉽사리 그 취지를 이해하지 못한다. 위성미엄마의 이야기에 나타난 바처럼 '무엇을 소중한 체험으로 생각하는가'에 대한 차이로 인하여 학교 측에서 제공하는 프로그램은 귀국반 아동들과 학부모들에게 무의미한 활동으로 인식되거나 오히려 갈등을 유발하곤 한다.

아동들은 학교 차원의 행사에 대해서와는 달리 귀국반 차원에서 이루어지는 '생일파티', '쫑파티', '김장담그기', '송편만들기' 등 '귀국반 행사'에 매우 적극적으로 참여한다. 이 중 '김장담그기'나 '송편만들기'는 한국의 주요 절기나 계절을 중심으로 이루어지는 독특한 연례행사를 체험시키고자 시도하는 것이다. 귀국반 행사는 공통적으로 학부모들의 적극적인 지원과 참여를 토대로 하여 이루어지기 때문에 아동이나 교사가 큰 부담 없이 그 활동 자체를 즐길 수 있는 것이 특징이다. 이 밖의 귀국반 행사에 대해서는 이 책의 제2장에서 자세히 살펴본 바 있다.

아동들은 수업이 이루어지는 시간과 활동을 각각 '공부시간'과 '공부'로, 그리고 이 외의 시간을 각각 '쉬는시간'과 '놀이'로 인식한다. 현실적으로 한국의 제도교육 체제에 소속되어 있는 귀국반은 '수업시간'과 '쉬는시간'의 경계를 지키는 것에 대하여 일반학급과 마찬가지로 체제의 압력을 받는다. 때문에 귀국반 교사는 실제 수업활동이 단위시간인 '수업시간'과 일치하지 않을 때에도 아동들에게 '공부시간'임을 강조하게 되며, 이러한 상황을 반복적으로 경험하는 아동은 학교의 시간적 규칙이 경험을 분절시키는 축임을 인식하게 된다. 다음은 '수업시간'과 '쉬는시간'이 시간적 규칙에 의해 전환되는 과정을 관찰한 장면이다.

〈26〉

홍 교사는 아이들에게 원탁에 모여 앉을 것을 이야기하면서 교실 한 쪽에 있는 지구본을 가져온다. 지구본을 원탁 책상위에 올려놓고 화이트보드 한 쪽에 붙어 있는 협력학급의 시간표를 자세히 들여다본다. 그리고는 협력학급으로 가야 할 아동들에게 준비물을 제대로 가지고 가도록 한 명씩 호명하면서 이야기해 준다. 협력학급에 가야 할 아동들이 행동을 빨리 하지 않자 교사가 "너희들 빨리 안가? 자, 하나, 둘, 셋 센다. 셋 셀 동안 안 가면 알아서 해" 하고 소리친다. 아동들은 그때서야 움직이기 시작한다. 협력학급에 가야 할 아동들이 가고 난 후 교사는 칠판 앞에 서서 책을 넘긴다. 아동들은 교사에게 시선을 집중시키고 교사는 아동들에게 학습준비물을 이야기한다.

홍 교사: '총체적 학습자료'가지고 와.
(아동들은 교사의 말에 따라 각자의 책꽂이에서 제본한 형태의 책 한 권씩을 들고 원탁으로 모인다)
홍 교사: (여전히 책꽂이에서 무언가를 찾고 있는 정은이에게) 정은아 빨리 와. 아이구 이렇게 몇 번씩을 불러야 와요.
(교실이 조용해진다)
아동들: (하품을 하면서) 선생님 쉬는 시간 아니에요?
장안성: (기지개를 펴며) '쉬는시간'이다!
홍 교사: 쉬는시간 아니야. 아직 10분 남았어.
장안성: 왜요?
홍 교사: 야, 시간은 지켜야지. 10분 남았어.

애니가 다른 아동들의 행동을 보고 있는 것을 본 교사가 애니에게 "아, 야, 어, 여, 오, 요, 우, 유, 으, 이"를 계속 하라고 이야기한다. 안성이는 교사에게 화장실을 다녀오겠다고 이야기한다.

홍 교사: (안성을 향해) 너는 도대체 화장실을 몇 번 가냐? 화장실 두 번 물 먹으러 두 번…….
(안성은 교사의 말을 뒤로하고 출입문으로 나갔다가 금방 들어온다)
장안성: 선생님 물이 시원해요.

그때 1반쪽에서 어린 아이들이 공기를 하자고 저희들끼리 하는 소리가 들린다.

장안성: (그 소리를 듣고) 나도 공기하고 싶다.

이 교사는 말을 더 이상 하지 않고 안성과 민성에게 애니쪽을 가리키면서 "너희도 해" 하면서 "아, 야, 어, 여, 오, 요, 우, 유, 으, 이"를 하게 한다. 아이들은 재미있다는 듯이 따라한다. 잠시 후 교사가 자리에서 일어나서 1반쪽으로 걸어가자 아동들 역시 움직이기 시작한다.

아동들은 교사가 명시적, 암시적으로 '쉬는시간'임을 공표하는 시점부터 다시 수업시간임을 공표하는 시점까지를, 그리고 점심식사 후 수업이 시작되기 이전까지를 '노는시간'으로 생각한다. '노는시간'에 하는 활동은 공간에 따라 '교실놀이'와 '실외놀이'로 구분되며, 이 각각은 다양한 활동들로 구성된다. 귀국 초기의 아동들은 낯선 학교공간에서 자신의 행동반경을 귀국반에 국한하는 경우가 많기 때문에 실내에서 할 수 있는 놀이를 주로 한다. 이에 비하여 귀국 후 시간이 경과하여 한국 학교의 공간에 친숙해진 아동들이나 일반학급 수업에 참여하여 교우관계가 넓어진 아동들은 상황에 따라 실내놀이와 실외놀이를 자유로이 선택한다. 실내놀이도 여러 아동들이 함께 해야 하는 활동과 혼자 하는 활동으로 구분할 수 있는데 아동들의 놀이참여 양상은 그들의 교우관계를 짐작할 수 있는 근거가 되기도 한다.

2) 관계 양상

인간은 자신의 경험을 하나의 구체적 사실로 받아들이고 그것을 토대로 상황을 규정하며 이러한 개별 인간의 상황규정은 사회 속의 다른 구성원들과 상호 작용을 하는 과정에서 타협되고 절충된다. 때문에 한 개인의 관계망 구축은 다른 구성원들과의 활발한 상호 작용 속에서 자신의 위치를 정립해 가는 과정이라고도 할 수 있다. 귀국반 아동은 학교생활을 하는 동안 중요 타자인 교사, 다른 아동들, 학부모, 그리고 학교의 다른 구성원들과 지속적인 상호 작용을 하며 그 과정에서 다양한 관계를 형성해 간다.

(1) 교사와의 관계

교사는 아동에게 한국 학교생활을 안내하고 조력하는 역할을 한다는 점에서 그리고 그가 아동과 관계 맺는 방식이 이후 아동의 학교생활에 많은 영향을 미친다는 점에서 중요한 존재이다. 귀국반 교사와 아동의 관계는 일반학급의 그것에 비하여 좀더 중층적인 양상을 보인다. 그들은 공식적으로 교사와 학생의 관계를 형성하기도 하지만 한편으로는 이질적인 문화의 담지자로 만나기도 한다. 때로 아동이 교사가 수용할 수 있는 범위를 벗어나는 태도를 보이거나 행동할 경우가 있는데 이때 교사와 학생이 교실 안에서 갖는 전형적인 관계는 파기되고 정면대립의 양상이 나타나기도 한다. 다음은 귀국반 담임을 처음 맡은 교사가 아동과 대립하는 장면을 드러낸 예이다.

〈27〉

홍 교사: 한번은 조그만 자식이 와서 이러는 거예요. ‘실직 안 당하려면 잘하셔야 되요’ 이러는 거예요. (중략) ‘귀국반은 처음 해보는데 처음인 내가 참아야지 하고 참자! 참자!’ 그랬지요. 그런데 다음번에 와서 또 그러더라고요. ‘한 번만 더 그러면 맞는다! 이제 그냥 안 둘 거야’ 했더니 그 다음부터 안 그러는데……아이, 뭐 우리나라 애들 보통 오만불손한 것하고는 차원이 달라요. 보통 와 가지고 이야기하면 완전히 선생을 아래로 보고 얘기하는 거예요. 얘기 할 때마다. 뭐 어쩌구저쩌구 하면서. 그리고 영어로 막 욕을 하고 가요. 욕은 알아듣지요. 그래서 (손가락으로 부르는 형태를 취하며) ‘이리 와! 뭐라고 그랬어? 다시 얘기해 봐’ 그러면 얘기를 못하지요. ‘욕 정도는 알아들어!’ (중략) 그러더니 한 번은 와 가지고 ‘선생님 나 일반학급 안 보내실 거지요?’ 그러더라고요. 그래서 ‘임마 보낼 거야!’ 그랬더니 ‘나 없으면 귀국반 없어진다면서요! 우리 엄마가 그러던데요!’ 그러기에 ‘걱정 마 너 없어도 귀국반 다 돼!’ 그리고는 얼마나 열 받던지…… 그 다음에는 내 주변에 발길을 뜸하게 하더라고요. (웃으며) 지금 3개월 적응과정에 와 있지요. 뭐.

교사가 아동과 대립적 관계를 형성하는 장면은 주로 귀국반을 처음 담당하는 교사에게서 찾아볼 수 있다. 한국 학교의 생활에 익숙하지 않은 아동이 문화적 충격을 경험하는 것과 마찬가지로 교사 역시 아동의 태도로 인하여 문화적 충격을 경험한다. 초기에 정면충돌의 형식으로 표현되는 양자간의 문화적 충격은 일면 교사와 아동이 공통적으로 가지고 있는 서구의 교육제도에 대한 이중적 편견에 기인하기도 한다. 서구의 교육제도에 대한 무조건적인 선망과 이질적인 맥락에 대한 비판의식이 미묘하게 혼합된 양상으로 나타나는 이러한 이중적 편견은 갈등사태의 책임을 서로에게 전가하는 방식으로 표현된다. 그러나 시간이 흐르면서 교사는 독특한 문화적 경험을 한 '학생'에 대하여 가지고 있던 막연한 기대를 구체적인 맥락 속에서 만나는 '개별 아동'에 대한 이해로 바꾸어간다. 다음은 귀국아동에 대한 교사의 초기 기대가 어떤 형태로 변화하며 교사와 아동 간의 상호 작용이 어떤 맥락에서 이루어지는지를 보여주는 면담 내용이다.

〈28〉

연구자: 선생님은 왜 귀국반 교사를 지원하셨어요?

홍 교사: 얘네들이 다른 나라에서 적응과정을 거치고 또 거기서 배우고 왔으니까 문화적인 능력이라든지 그런 것을 가지고 있으니까 가르치는 데 있어서 좀 낫지 않겠느냐 생각을 했는데 그건 아닌 것 같아요. 엄마들은 아이들이 거기에서는 참 잘했다고들 하시는데……. 물론 잘 하는 아이들도 있지만 영 그렇지 않은 아이들도 있거든요. 애들은 애들이에요.

연구자: 선생님이 기대하신 바하고 많이 다르던가요?

홍 교사: 예. 특히 홍준이 같은 경우 걔네 엄마 말씀이 애는 어떤 합리적인 설명이 뒤따르면 인정을 한다고 들었거든요. 저도 그렇게 알고 있었고요. 그런데 그게 아니더라고요. 프라이드가 강해서인지 자기 잘못을 인정을 안 하려고 해요. 걔가 처음 왔을 때 내가 가졌던 인상하고 지내면서 갖게 되는 인상하고 다른 것 같아요. 여러 가지 일을 겪고

나니까 그런 생각이 들더라고요. 역시 '애는 애일 수밖에 없구나' 하
는 생각이 들더라고요.

연구자: 아이들이 선생님의 기대대로 안 따라 줄 때 어떻게 지도하세요?

이 교사: 좀 시간이 지나면 아이의 특성을 알게 되고 그 아이에게 어필할 수
있는 방법을 찾아내는 거지요. 홍준이 같은 경우 굉장히 논리적인
사고력을 가지고 있고 프라이드도 강해요. 그래서 걔는 집요하게 이
야기로 풀어야 되요. 오늘도 아이 하나를 때려 놓고 계속 안 했다고
잡아떼기에 불러서 그랬어요. '내가 누차 이야기하지만 내가 너랑 상
관없는 사람이라면 이렇게 하지 않는다. 안 보면 그만이니까. 그런데
선생님은 너를 가르쳐야 되고 네가 나중에 훌륭한 사람이 될 것이라
고 믿고 있기 때문에 네가 잘못을 인정하기를 바란다'그랬더니 '잘못
했어요. 선생님' 그러더라고요. '뭘 잘못했어?' 그랬더니 '자기 잘못
인정 안하고 거짓말 한 것' 잘못했대요. 애들 대할 때에는 대화가 최
고인 것 같아요. 홍준이 같은 경우는 세게 나가면 부러지니까 살살
달래야지요.

교사의 아동에 대한 이해는 개별 아동과의 적절한 상호 작용 방식을 모
색하는 데 도움을 준다. 귀국반 아동과 교사의 상호 작용 방식은 일반학급
의 그것에 비하여 개별적이고 비공식적으로 이루어지는 경향이 있다. 교사
와 아동사이의 친밀한 관계형성은 귀국 초기의 아동으로 하여금 심리적 안
정을 도모하게 하며 다른 사람과의 상호 작용에 대하여 적극적이고 긍정적
인 태도를 갖게 하는 역할을 한다. 다음은 귀국반 교사와 아동이 형성하고
있는 관계의 양상을 보여주는 대화 장면이다.

〈29〉

장 교사: (테이블에서 나원이, 우원이, 현수, 상운이가 막대사탕을 빨고 있는
것을 보고 장난기 어린 목소리로 이야기한다) 야 누군 먹고 누군 안
먹냐? 누가 돈 내서 샀어?

정나원: 박현수가 사탕 사줬어요.

홍 교사: 그래? 많이 먹어!
정나원: (엄지 손가락을 세워보이며) 와 홍민수 선생님 최고다! (꼬마 손가락
     을 아래로 해보이며) 장현수 선생님은 이거다.(웃음)
홍 교사: 뭐 임마? (웃음)
장 교사: (나에게 눈짓을 해보이며 나원을 향해 이야기한다) 알았어 나중에
     사탕 생기면 절대로 안 줄거야.
아이들: 아니예요. (손가락을 들어올리며) 장현수 선생님도 최고!
장 교사: 안 돼. 이제.
홍 교사: (앞머리를 염색한 나원과 우원을 보고) 야 어제 너희들 불장난 했지?
아이들: 아니요.
홍 교사: 그런데 머리가 왜 끄슬렀지?
아이들: (홍교가 말하는 의도를 알아들은 듯 머리를 만지며) 에이. 선생님!
(모두 웃는다)

위와 같은 경우 교사와 아동은 존칭어 사용을 통하여 표면적으로 서로의 위치를 구분하고 있는 듯 보이지만 실제로는 동등한 위치에서 대화를 나누고 있다. 이러한 대화의 양식은 일반적으로 교사와 학생 간에 이루어질 수 있는 전형적인 대화형식이라고 할 수는 없다. 그럼에도 불구하고 교사와 아동은 이러한 언어적 상호 작용을 통하여 친밀감을 형성하게 되며 그러한 친밀감은 교사와 아동이 다른 장면에서 야기되는 갈등을 해소할 수 있는 토대가 된다.

이처럼 교사와 아동은 생활세계를 공유함으로써 서로에 대한 이해를 깊이 해간다. 특히 교사의 아동에 대한 인식 변화는 교수 내용과 방법에도 영향을 주어 '무엇을 가르치는가'보다는 '어떻게 가르칠 것인가'에 관심을 갖게 한다. 이는 앞에서도 언급하였듯이 교사가 아동을 '귀국학생'이라는 집단 범주의 구성원으로서만이 아닌 개별 아동 자체로 이해하게 됨을 의미한다. 교사가 나타내는 일련의 변화는 아동과의 지속적인 상호 작용 속에서 일어나는 것으로서 그가 귀국반 교사로서의 정체성을 형성해 가는 과정이라고 할 수 있다.

(2) 또래와의 관계

교사와 더불어 귀국아동들의 학교생활에 큰 영향을 미치는 존재는 또래이다. 아동들이 귀국과 관련하여 가지게 되는 두려움 중 가장 많은 비중을 차지하는 것이 기존의 친구관계를 상실하는 것이다. 이는 역설적으로 또래관계를 형성하고 이를 확장하는 것이 한국 학교적응에 큰 영향을 줄 수 있음을 시사한다. 아동들의 또래관계는 인위적이고 의도적인 노력에 의해서보다는 생활의 맥락에서 자연스럽게 형성된다. 아동들의 또래관계형성을 촉진시키고 또 반영하는 활동으로서 놀이가 있다. 다음은 아동의 놀이활동에 대한 관찰내용과 놀이에 참여하는 아동들과의 대화내용이다.

〈30〉

점심시간에 점심식사를 마친 남자 아동들 중 일부는 교실의 놀이판에서 잠시 '알까기'와 같은 게임을 하다가 운동장으로 나간다. 홍준이만 혼자 놀이판에 엎드려서 책을 읽고 있다. 잠시 후 경수, 윤수, 영서가 교실로 들어와 교구를 가지고 게임을 시작하여도 홍준이는 그 곳에 합류하지 않는다.

운동장에 나간 아동들을 뒤따라 나가 보았지만 아동들의 모습은 쉽게 눈에 띄지 않았다. 운동장 중앙에서는 아동들이 축구를 하고 있었는데 그 멤버 중에 귀국반 아동들은 한 명도 끼어있지 않았다. 학교 건물로부터 운동장 주변부로 갈수록 귀국반 아동들이 한두 명씩 눈에 띄기 시작하였다. 운동장 한 모퉁이에서 귀국반 아동들이 옹기종기 모여 앉아 무엇인가에 열중하고 있는 모습이 보인다. 민성이와 호진이는 미끄럼대 옆에 앉아 돌을 하나씩 손에 들고 땅을 파고 있다. 두 아이는 큰 벽돌 한 장을 땅 속에 묻기 위해 땅을 파고 있다고 이야기한다. 잠시 후 운동장의 놀이기구 근처에 있던 진성이가 와서 땅을 파는 일에 합류한다.

최호진: (진성이가 하는 행동을 보고) 아 하지 마. 이거 드릴이야. 위이잉 위
　　　　이잉.
박진성: 이거 왜 파?
최호진: (벽돌을 가리키며) 이거 보관하려고.
(호진이, 진성이, 민성이가 각각의 방향에서 땅을 파는데 호진이가 제안을 한다)

최호진: 이렇게 해서 합쳐가지고 넓게 해버려.
연구자: 그래 이렇게 세 방향에서 파고 들어오면 나중에 합쳐지겠다.
박진성: (벽돌을 가리키며) 이게 들어가야 돼.
최호진: 맞아 그게 제일 중요한 돌이야.
(아동들은 각 방향에서 땅을 파 가는 일이 쉽지 않자 벽돌의 크기를 재어 그 크기만큼만 집중적으로 파기로 한다)
연구자: (민성이가 들고 있는 흙 파는 돌을 보며) 민성아 이거 정말 잘 파진다.
박민성: 깎아가지고……
연구자: 이거 깎은 거야?
박민성: 네.
연구자: 이걸 어떻게 깎았어? 원래 이런 돌 아니야?
박민성: 이거 때려가지고 부쉈어요.
연구자: 정말이야?
박민성: (그 돌에서 떨어져 나온 조각을 옆에서 들어 맞추어 보이며) 이거 봐
　　　　요. 딱 맞잖아요.
연구자: 그러네.
최호진: 정말 얘가 이렇게 만들었어요.
(아이들은 돌을 묻을 만한 공간이 확보되자 어떻게 묻을 것인가에 대하여 서로 이야기한다)
박진성: 이거 딴 사람한테 보여주기 없기다.
최호진: 사람들이 뻔히 다 알 거 같아.
박민성: 맞아, 맞아. 표시 나지 않게 더 파자. 다시 파.
(아이들은 계속 땅을 판다)

　위 놀이장면에서 볼 수 있듯이 놀이에 누가, 어떤 방식으로 참여하는가 혹은 참여하지 않는가는 아동들의 또래관계를 단적으로 반영해주는 지표이다. 아동들은 사회적 상호 작용의 한 방식인 놀이를 통하여 또래의 관점을 받아들이고 서로 다른 역할들을 조정하며 놀이의 내용을 논의하고 때로는 분쟁을 협상하기도 한다. 놀이는 아동들에게 성장을 위한 의무적인 과업수행을 요구하지 않는 대신 그들만의 의미, 이해, 언어 등을 공유하고 발전시

키도록 함으로써 독특한 의미세계를 창출한다. 놀이를 통하여 창조되는 의미세계와 아동 간의 결속력은 귀국반 아동으로 하여금 낯선 물리적 환경을 친숙한 심리적 환경으로 바꾸어 나갈 수 있도록 한다.

　아동들의 또래관계형성은 생활의 맥락을 공유함으로써 이루어지는 것이고 누군가와 생활의 맥락을 공유한다는 것은 새로운 환경에 적극적으로 참여할 수 있는 조건이 된다. 아동들 중에는 때로 독특한 상호 작용 방식을 고수함으로써 또래아동들과의 관계형성에 실패하는 경우가 있는데 다음은 그러한 성향을 가지고 있는 홍준이와의 대화내용이다. 홍준이는 독일에서 귀국한 지 두 달된 4학년 아동이다.

〈31〉
　현장학습을 하기 위하여 산에 오르는 동안 홍준이는 내내 수첩과 연필을 들고 홍 교사에게 계속 무엇인가를 물어본다. 홍 교사는 홍준의 물음에 자세히 답을 해주고 있다.

연구자: 홍준아 너는 다른 친구들하고 같이 안 가니?
유홍준: 선생님 옆에 있는 것이 더 좋아요.
연구자: 왜 그렇게 좋은데?
유홍준: 선생님 옆에 있어야 많은 것을 배우죠.
연구자: 그래……. (수첩을 가리키며) 그런데 뭘 그렇게 적었어?
유홍준: 이런 데서 관찰한 거요.
연구자: 어디 좀 보여 줄래?
(홍준은 내 앞으로 자랑스럽게 수첩을 내민다. 수첩에 적은 내용들은 매우 자
　　　세하고 체계적으로 정돈되어 있었다)
연구자: 정말 잘 정리를 했구나!
유홍준: 예. 그런데요 다른 아이들은 이 수첩을 그림 그리는 데나 쓰고 그래요.
연구자: (웃으며) 그러면 안 되는데?
유홍준: 안 되지요. 수첩은 이렇게 공부하는 데 쓰는 것이지 그림 그리는 것이
　　　아니잖아요.

유홍준 아동은 자신의 행동을 이해하지 못하는 또래들보다는 자신의 능력을 인정하고 관심을 가지는 교사에게 의지한다. 또래아동들이 가지고 있는 관점이나 태도를 공유하지 못함으로써 학교생활적응에 애로를 겪는다. 원만한 또래관계형성에 실패한 아동들이 직면하는 문제 상황은 귀국반보다 일반학급에서 더 뚜렷하게 표출된다. 귀국반은 특성상 아동의 행동에 대한 용인의 폭이 큼으로써 아동 간의 갈등 상황이 첨예하게 대립되지 않는 데 비하여 일반학급에서 귀국반 아동의 존재는 그 자체가 이질적으로 받아들여지기 때문이다. 게다가 다른 아동과 적극적으로 관계를 형성하고자 하는 의지를 보이지 않는 홍준과 같은 경우는 시간이 갈수록 또래들로부터 더 고립되는 경향을 보인다.

귀국반 소속이라는 사실은 일반학급 아동들과의 또래관계를 형성하는 데 영향을 준다. 위에서 살펴본 것처럼 유홍준 아동의 경우 귀국반 소속이라는 "딱지"는 또래관계를 형성하는 데 긍정적으로 작용하지 않았다. 그러나 한편으로는 귀국반 아동이 가지고 있는 문화적 경험과 언어능력이 또래관계를 형성하는 데 매개역할을 하는 경우도 있다. 다음은 일반학급에 환급하여 무난한 생활을 하고 있는 민성이의 이야기이다.

〈32〉

연구자: 민성이는 친구들하고 잘 지내지?

박민성: 네.

연구자: 친구들이 민성이하고 편안하게 잘 지낼 수 있는 이유가 뭐라고 생각해?

박민성: 먼저 귀국반에서 왔기 때문이고요.

연구자: 민성이가 귀국반에서 왔다는 것을 친구들이 좋아하는구나!

박민성: 예. 그리고요 4학년 때 친구들이 있어서 걔네 하고 잘 지내고요. 그 친구들 중 한 명이 같은 반이 되어서 잘 지내니까 걔 친구들이 또 제 친구가 되고 그래서 친구가 많아요.

연구자: 그런데 민성이가 영어만 잘하고 한국어를 못하면 아이들이 민성이하고

　　　노는 것을 좋아할까?
박민성: 몰라요.
연구자: 그건 모르고……
박민성: 걔네들이 저를 좋아하는 이유는 딱 두 가지예요.
연구자: 그게 뭔데?
박민성: 그림 잘 그리는 것하고 영어 잘 하는 거요. 외국이랑 똑 같아요.

　위 아동의 설명에서 알 수 있듯이 아동들의 또래관계형성은 양방향적으로 이루어진다. 귀국반 아동이 가지고 있는 조건은 아동의 태도에 따라서 또래관계형성에 긍정적으로 작용하기도 하고 때로는 부정적으로 작용하기도 한다. 또래관계형성은 또한 아동 스스로 상호 작용을 통하여 이루어 가는 것이기 때문에 적응하는 데 있어 가장 자율적인 경로가 된다. 그러나 한편으로는 성인의 개입으로 조정될 수 있는 여지가 적기 때문에 적응을 난제로 남길 수 있는 요인이 되기도 한다.

　또래관계형성 여부는 아동이 학교생활을 인식하는 데 중대한 영향을 미친다. 아동에게 중요한 것은 다른 아동들과 특정 활동을 하는 것 자체보다는 자신과 그러한 활동을 공유할만한 친구를 가지고 있다는 사실이기 때문이다. 이처럼 또래들과의 활동은 아동으로 하여금 자신을 한국 학교의 중요한 구성원으로 인식하도록 하며 이때 아동은 스스로를 소외시키지 않고 능동적인 참여자로서의 위치를 가지도록 한다. 또래관계의 형성 과정은 주변 환경에 대한 새로운 이해를 지속적으로 촉구하는 과정으로서, 이는 넓은 맥락에서 한국 학교에 대한 아동의 시각이 변화하는 과정이라고도 볼 수 있다.

(3) 학부모와의 관계

　귀국아동들이 한국 학교생활에 대하여 가지고 있는 초기인식은 아동들의 마음가짐에 영향을 준다는 점에서 중요한데 이때 중요한 영향을 미치는 존재가 부모이다. 귀국 학부모들은 아동들과 마찬가지로 한국사회의 맥락에서

장시간 격리되어 있었기 때문에 귀국 후 역시 일련의 적응과정을 거치게 된다. 부모들이 한국사회에 재적응하면서 겪는 애로점들은 흔히 일상적인 담화의 형식으로 표현되며 아동은 부모의 한국사회에 대한 인식을 자신의 것으로 받아들인다. 부모 또한 아동이 학교생활을 하면서 겪는 어려움을 동일시함으로써 양자의 관계는 '온정적 동반자'의 관계 양상을 띤다. 한국 교육제도와 현실에 대하여 비판적 시각을 가지고 있는 대부분의 학부모들은 학교의 요구에 자녀들이 부응하도록 독려하는 대신 학교에 대한 변화의 요구를 갖는다. 부모들이 학교에 대하여 가지고 있는 요구 이면에는 자녀들이 가지고 있는 문화적 경험이 적응을 통하여 얻는 것보다 큰 가치를 가지고 있다는 생각이 내재해 있다.

부모의 이러한 사고방식에 기인하는 '온정적 동반자' 관계는 부모의 현실인식 변화와 더불어 점차 다른 양상을 띠게 된다. 부모들은 그들이 경험했던 외국과 한국이 다른 사회 문화적인 토대를 가지고 있음을 인식함으로써 그들 스스로 한국사회에 대하여 새로이 이해하고자 하며 그를 바탕으로 자녀지원 방향을 모색하게 된다. 다음은 자녀의 지원방향에 대한 학부모들의 생각이 왜, 어떻게 변화하는지를 보여주는 한 사례이다.

〈33〉

승준母: 처음에는 '나도 이렇게 힘든데 아이들은 오죽 하랴' 그렇게 생각하고 그냥 놔두었어요. 그런데 그러면 안 되겠더라고요. 로마에 가면 로마법을 따르랬다고 어차피 아이들이 여기서 살 건데 빨리 적응해서 살도록 하는 것이 중요하겠더라고요.

소은母: 아이들이 낯선 환경에서 힘들어하는 것이 안타깝기는 하지만 그래도 너무 봐주다 보면 현실인식을 못하는 계기가 될 수도 있잖아요. 어디 가서나 그 환경에서 잘하는 것은 중요해요. 미국 아이들은 숙제도 없고 학교를 놀면서 다니는 줄 아는데 그건 아니에요. 미국도 잘 사는 지역에 있는 좋은 학교에서는 많이 시키더라고요. 내 주는 과제 자체가 달라요.

  한국에 정착할 계획을 가지고 있는 대부분의 학부모들은 귀국 후 시간이 지남에 따라 위 학부모처럼 자녀와의 '온정적 동반자' 관계를 파기하고 대신 '적극적인 안내자' 역할을 자임한다. 부모의 한국 학교에 대한 적극적 태도는 아동의 현실인식에 영향을 미침으로써 아동의 태도변화를 자극한다. 이러한 과정에서 때로 부모와 자녀 간에 갈등이 표출되기도 한다. 다음은 환경의 변화가 가져온 아동의 태도변화와 잘못된 습관을 고쳐주기 위한 부모의 애로점에 관한 이야기이다.

〈34〉

승준母: 얘가 승준이가 괌에서는 돈을 몰랐어요. 돈을. 돈이 있었어도 쓸 데가 없었잖아요. 그래서 돈에 대해서 관심이 없다가 여기 와 가지고 지네 아빠한테 '천 원만……' 하더니……. 마켓에 가서 뭘 사는 재미가 들렸어요. 그러니까 보는 사람마다 돈을 달라는 거예요 돈을. 무슨 행사 있는 날 같은 때 손님들 보잖아요. 그러면 돈 달라고 해서, 오천 원이고 만 원이고 이 애, 저 애 다 퍼 먹이고……. 어저께도 지네 아빠가 천 원을 줬대요. 걔는 이제 지가 혼자 사 먹는 것이 아니라 퍼줘요. 주스 같은 거도 동생들 거 일주일치씩 이렇게 상자로 사다 놓잖아요? 어저께는 글쎄 그 천 원을 다 쓰고 모자라서 지네 할머니 지갑에서 또 천 원을 꺼내다 쓴 거야. 그래 가지고 '너 이거 나쁜 거다. 엄마 아빠 모르게 돈 가져가는 거 나쁜 거다. 필요한 거 있으면 엄마 아빠한테 이야기하면 사다줄 텐데 이렇게 네가 남의 돈을 가지고 가서 뭘 사는 거는 나쁜 거다' 그리고 '나쁜 짓을 했으니 벌을 받아야 한다'고 하고 엉덩이를 열 대 때렸어요. (눈물을 글썽거리며) 그런데 더 중요한 건 뭐냐 하면 지가 잘못했으면 잘못했다는 것을 인정해야 하는데 엄마가 열 대를 때린다고 해놓고서 열두 대를 때렸다는 거야(허탈한 웃음)? 열 대 맞을 걸 두 대 더 맞은 것만 억울해서……. 도대체 이걸 어떻게 해야 하는 거야! 이해를 못 하는 것 같아. 영어로 설명할 수도 없고. 한국말로 하면 '그게 무슨 소리야' 하는 것처럼 눈을 멀뚱멀뚱 뜨고……. 그리고 열두 대 맞은 것만 억울해서 그러니 이 일을 어쩌냐고, 글쎄.

위 경우는 한국 상황에서 적절하게 행동해야 할 바를 가르치려는 부모와 그러한 요구를 공감적으로 이해하거나 받아들이지 못하는 자녀 사이에 흔히 일어나는 의사소통 실패의 예이다. 특히 '돈'을 사용하는 방법에 대해서 부모와 아동의 갈등이 많이 나타나는데 그 이유는 '돈'을 획득하고 사용하는 방법에 문화 간 차이가 존재하기 때문이다. 귀국아동들은 귀국 후 명절이나 특별한 행사 때 만나는 친지들이 자신들에게 '돈'을 주는 것에 대하여 처음에는 의아하게 생각한다. 그러나 아동들은 그러한 기회를 자주 접함으로써 어른들이 일종의 관심과 격려의 표현으로서 돈을 준다는 사실을 깨닫게 된다. 그렇지만 아동들은 한국에서 어른들이 그러한 방식으로 주는 '돈'을 어떻게 사용해야 하는 것인지에 대해서는 이해하지 못함으로써 "과자 사 먹어라", "공책 사서 써라"라는 의례적인 말을 곧이곧대로 받아들인다. 부모들은 '돈'의 사용에 관해서 뿐만 아니라 어떤 금지사항에 대하여 이야기해야 할 경우 자녀들을 이해시킬 수 있는 적절한 언어를 선택하기가 힘들다는 점에 대하여 공감한다. 이러한 사례는 아동들에게 한 사회의 규범적 가치를 깨닫게 하는 일이 말을 통해서가 아니라 다른 사람과의 관계 속에서 서서히 이루어질 수 있는 일임을 다시 한번 확인시켜 준다. 부모에게 이러한 경험은 자녀교육에 대한 일종의 위기의식을 갖게 하며 아동의 제반 생활에 적극적으로 개입하도록 하는 계기가 된다. 부모들의 이러한 경험은 한국 학교에서 교사들의 역할을 재인식하고 교사의 입장을 이해하는 계기가 되기도 한다. 다음은 학부모 모임에서 학부모들의 귀국반 교사의 애로에 대하여 이해하고 있는 바를 이야기하는 내용이다.

〈35〉

승준母: 처음에는 이런 거 저런 거 생각 못했는데 가만히 보니까 귀국반 선생님들도 애로가 많겠더라고요. 사람들은 아이들도 적고 하니까 귀국반

> 선생님들이 편한 줄 아는 모양인데 그것도 아닌 것 같아요.
> 미하母: 그래, 얼굴 좀 익힐 만하면 가고, 익힐 만하면 가고 하니까.
> 승준母: 그래 있던 엄마들은 일반학급 간다고 안 나타나지, 새로운 엄마들은
> 서먹서먹하니까 안 나타나지.
> 미하母: 그래, 진짜 애로사항이 많을 것 같아. 일반학급은 환경미화한다고 하
> 면 엄마들이 청소도 해주고 커튼도 해주고 다 해주는데…….
> 나원母: 아니 커튼도 해줘요?
> 미하母: 커튼도 해주더라고요. 하여튼 애로사항이 많을 것 같아. 애들도 선생
> 님 말씀이라고 딱 듣고 그런 것이 아니라 그냥……. 그러니까 애들 때
> 문에도 힘들고, 엄마들이 해주어야 하는 것도 안 해주니까 힘들고. 지
> 난번에 장 선생님이 전화하셔서 '견학 가는데……' 뭐라 뭐라 하시는데
> 난 금시초문인거야. 그래서 '어머 견학을 언제 가는데요?' 하면 '내가
> 못 살아. 미하가 얘기 안 했어요?' 그러신다고. 내일 견학을 가면 오
> 늘까지 견학비를 내야 되는데 엄마는 모르고 있는 거야.

귀국반 학부모들은 다른 학부모들이 자녀들의 학교생활을 어떻게 지원하
며, 학교에 어떤 방식으로 협조하는가를 보면서 자신의 역할과 교사에 대하
여 달리 인식하게 된다. 학부모들의 이러한 인식 전환이 곧 한국 학교에 대
한 그들의 불만 해소를 의미하는 것은 아니다. 그들은 여전히 한국 학교의
교육체제에 대하여 비판적 시각을 가지고 있으며 자녀에게 좀더 좋은 교육
환경을 제공해 주어야 한다는 압박감을 가지고 있는 것이 사실이다. 그럼에
도 불구하고 그들은 한국 학교의 일상을 자신들의 시각으로만 이해하는 것
이 적절한 방식은 아니며 학교나 교사와 협동관계 속에서 자녀교육에 대한
새로운 시도를 할 수 있을 것이라는 것을 인식해 나간다.

(4) 학교의 다른 구성원들과의 관계

일반학급의 구성원들에게 귀국반은 한국어가 아닌 다른 언어를 사용하는
아동들이 모여 있으며, 일반적인 교실환경과는 다른 환경을 구성하고 있는

이질적인 집단으로 인식된다. 일반학급 구성원들은 귀국반 아동들을 개별적으로 인식하기보다는 이질적인 집단의 구성원으로 인식하며 이에 대하여 양가감정을 느낀다. 다음 홍 교사의 이야기는 학교의 다른 구성원들의 귀국반에 대한 시각이 어떠한지를 보여준다.

〈36〉

홍 교사: 일반학급 선생님들 입장에서는 (귀국반이) 교실도 크고, 시설도 자기네들과 비교가 안 되고 하니까 좀 그런가 봐요. 하긴 아이들을 일반학급에 수업 보내 놓고 나면 진짜 한두 명 남을 때도 있으니까 공평하지 않다고 생각할 수 있지요. 학부모들 사이에서도 이 반에 대해서 그렇게 곱게 보지를 않아요. '귀국반'이 아니라 '귀족반'이라고 해요. 그래서 학기초에 무슨 일이 있었느냐 하면, 5학년이 지금 교실이 부족하거든요. 그래서 교실 공사가 끝날 때까지 여기에서 우리를 다목적실로 쫓아내고…… 거긴 환경이 아주 열악하거든요. 그래서 얘기가 구구하게 나왔어요. 그랬다가 5학년이 과학실로 가기로 했거든요. 그런데 거기서 한 학부모가 전화를 해서 '거기는 무슨 귀족반이냐? 애들 몇 명도 안 되는데……' 하면서. 그래서 우리가 다시 쫓겨날 위기에 놓였었는데, 선생님이 거기 애들한테 설문을 했어요. 그랬더니 98%가 과학실이 좋다고 나온 거예요. 그래서 말이 쏙 들어갔지요.

일반학급 아동들은 귀국아동들의 문화적 경험과 언어적 능력에 대한 부러움을 한국 학교의 중심적 구성원으로서 가지는 기득권을 주장함으로써 보상받고자 한다. 이러한 감정은 매우 복잡한 방식으로 귀국반 아동들에게 영향을 미치며 귀국반의 개별 아동에게 각기 다른 양상으로 전달된다. 어떤 아동은 '따돌림'의 대상이 되기도 하고 또 다른 아동은 친구로 사귀고 싶은 아동 중 1순위에 뽑히기도 한다. 앞에서 살펴보았던 유홍준 아동의 경우가 전자에 해당한다면 박민성 아동의 경우는 후자에 해당한다. 이러한 다양한 관계 양상은 개별 아동의 성격에 기인하기도 하고, '차이' 혹은 '다름'을 받아

들이는 것에 익숙하지 않은 일반학급 아동들의 일반적인 성향에 기인하기도
한다. 그 이유가 무엇이건 일반학급 아동과의 관계 양상은 귀국반 아동들의
한국 학교적응에 중대한 영향을 미치는 요인임에는 분명하다. 다음 박민성
아동의 이야기에서 그러한 사실을 확인할 수 있다.

〈37〉
　　연구자: 일반학급에 가서 공부하는 것이 이제 괜찮아?
　　박민성: (활짝 웃는 얼굴로) 이제 친구가 많이 생겨서 괜찮아요. 친구가 얼마
　　　　　　나 많은데요.
　　연구자: 친구가 많아서 공부하는 것도 안 힘들어?
　　박민성: (큰 소리로) 예.
　　연구자: 공부시간에는 친구들하고 못 놀잖아?
　　박민성: 공부시간에도 아이들하고 쪽지 주고받아요. 되게 재미있어요.
　　연구자: 공부시간에 친구들이랑 쪽지 주고받는 일이 그렇게 재미있어?
　　박민성: 예.

　아동들은 또래관계의 폭이 넓고 깊을수록 일반학급을 자신의 삶의 공간으
로 받아들이며 그 중심에서 일상생활에 참여하게 된다. 귀국반 아동들의 학
교생활적응이 일반학급 구성원들과의 관계 양상과 밀접한 관련이 있는 것처
럼 일반학급 구성원들 역시 귀국반 아동의 존재로 인하여 모종의 변화를 경
험한다. 그러한 변화는 귀국반 아동을 이질적인 집단의 한 구성원으로서가
아니라 생활의 장을 공유하는 개별 아동으로 대면하면서 이루어지는 것이
다. 그 변화의 주요 내용은 그동안 다르기만 할 것이라고 생각한 귀국아동
들도 일반적인 학생 혹은 또래와 별로 다를 것이 없다는 동질성의 확인이라
고 할 수 있다. 이러한 동질성의 확인은 막연한 오해나 동경의 대상이었던
귀국아동들에 대한 선입견을 개별적 아동 혹은 또래로 이해하도록 한다. 물
론 서로를 이해하는 과정이 아무 갈등 없이 이루어지거나 긍정적인 이해로
만 귀결되는 것은 아니다. 그러나 그들이 일상적인 생활세계를 공유한다는

사실은 상호이해의 가능성을 높여 준다. 이질적인 존재들이 서로 관계를 형성하고 유지하는 일에는 반드시 상호이해가 전제되어야 하기 때문이다. 다음은 일반학급 교사가 관찰한 귀국반 아동과 일반학급 아동들이 상호 작용 장면으로서 아동들의 직접 대면을 통하여 상호이해해 가는 모습을 보여준다.

〈38〉

"깡마른 체구에 보기 드물게 까만 피부, 주눅이 든 듯한 당황한 표정" 아마도 주식이를 처음 본 느낌은 대략 이렇게 정리될 듯싶다.

- (중략) -

나는 걱정스러움과 동시에 놀라움을 가까스로 숨기며 그를 맞았다. 귀국반 아이가 우리 반으로 온다는 예고를 미리 해서일까? 아이들은 주식이를 처음 보자마자 대번에 다른 전학생과 구별해 냈다.

김철수: 선생님 귀국반 아이이죠? 어디서 왔대요?
박교사: 저~기 먼 탄자니아라는 곳이야. 아주 더운 곳이지!
(마침 사회시간에 보던 지도책을 펴고 아이들은 신나게 그 '탄자니아'를 찾아냈다)
박수영: 정말 더운 곳이네.
이주미: 와! 아프리카에서 왔다……정말 신기해.
박종민: 그래서 저렇게 까맣구나. 하하하.

나는 주식이와 우리 반 아이들 간의 첫 만남이 이렇게 시작되었던 걸로 기억한다. 아마도 주식이에게 아주 유쾌한 시간이지는 않았으리라. 주식이의 별로 튼튼해 보이지 않던 체구는 그의 어색해 하는 몸짓으로 인해 더욱 왜소해 보이기만 했고 그 점이 나를 더욱 걱정스럽게 만들었다. '잘 적응해 낼 수 있을까?' 하지만 이런 나의 생각들은 쓸 데 없는 걱정이었나 보다. 아이들끼리는 마음의 벽도 없다던 말이 실감나도록 반 아이들은 쉽고도 활짝 주식이에 대해 마음을 열기 시작하였다. 스스로 짝꿍을 자청하는 아이, 국어수업시간에 주식의 공부를 도와주겠다고 도우미로 나선 아이, 학교 구경을 시켜 주는 아이들……언제부턴가 자신들의 그러한 도움이 주식이의 얼굴에 독특한 웃음과 미소가 번지게 한다는 것을 아이들도 알았을까?

이처럼 일반학급 아동들은 귀국반 아동과의 직접적인 상호 작용을 통하여 외모, 거주국, 첫인상에 대한 선입견을 이해로 바꾸어 간다. 이러한 아동들의 이해는 어른들의 경우처럼 의도적인 노력의 개입을 통해서 획득하는 것이 아니라 자신도 모르는 사이에 부지불식간에 이루어지는 것이라는 점에서 더욱 의미가 있다. 위 사례에서 본 것처럼 일반학급 아동들은 자신들과 귀국반 아동이 어떤 지점에서 만나고 이해할 수 있는지를 직접 체험함으로써 이질적인 존재에 대한 편견을 해소하는 경험을 하게 된다.

이러한 경험을 하는 것은 비단 아동들뿐만이 아니다. 귀국반 아동들의 일반학급 수업을 담당하고 있는 협력학급 교사 역시 인식의 변화를 경험한다. 예 〈2〉에서 제시하였듯이 협력학급 교사는 학급의 분위기를 구성하는 데 큰 영향력을 발휘한다는 점에서 귀국반 아동의 학급생활에 중대한 영향을 미칠 수 있는 존재이다. 다음은 협력학급 교사가 쓴 귀국아동 지도수기의 한 부분으로서 일반학급에서 귀국아동들이 겪고 있는 어려움과 그에 대한 일반학급 구성원들의 태도를 반성적으로 고찰하는 내용이다.

〈39〉

하늘초등학교에 처음 부임하면서 귀국반이라는 특별학급이 대한민국에 존재한다는 사실을 처음 알았다. 흔히들 처음 부임한 이들은 외국에 나갔다 왔다는 이유만으로 '귀족반'이라고들 불렀고 이 학교에서 오래 근무한 분들은 그렇지 않다고 누누이 역설하곤 하였다. (중략) 나는 지난 3년간 하늘초등학교에 근무하며 귀국반이라는 특별학급 소속의 아이들을 맡아보고 싶다는 생각을 가진 적이 있다. 어쩌면 나 자신 겪어보지 못한 사회에 대한 동경을 그런 식으로 마음속에 접어두고 있었는지 모르겠다. (중략) 학교 근무 고참이 되어 스스로 귀국학생을 거부할 의사가 별로 없던 나는 협력학급을 희망하였고 드디어 6학년 학급에 배정된 최종 적응과정에 있는 '고진우'의 담임이 되었다. 고백컨대 나는 사실 고진우에 대해 큰 관심을 쏟지 못한 것 같다. 그 아이는 특별한 천재도 대단한 부진도 아니었기에 때로는 내가 귀국반에 속한 어느 아이를 지도하고 있다는 생각조차 잊어버리고 살았다.

그러던 어느 날이었다. 그 날은 교내 사생대회가 열리는 날이었고 어린이날 체육대회를 대신하여 열리는 이 행사에 모든 어린이가 참여하기로 되어 있었다. 그런데 그 날 고진우는 학교에 오지 않았다. 처음에는 아이들을 위한 이벤트 생각을 하느라 자리 하나가 비어 있다는 의식조차 못하고 있다가 1교시가 끝날 무렵에야 그 녀석이 보이지 않는다는 것을 알게 되었다. 남자아이들에게 고진우가 오지 않은 이유를 아느냐고 물었더니 "진우는 어제 자기가 그림 잘 못 그린다고 학교 안 온댔어요"라는 황당한 대답을 한다. 정말이냐고 다그치던 나는 정말일지도 모른다고 생각했다. 그와 동시에 우리와는 다른 환경에서 살아 온 그 녀석에 대한 나의 배려가 몹시도 부족했음을 부끄러워하며 내가 그 녀석에 대하여 알고 있는 사실을 되뇌어 보았다.

"체류국가는 인도, 한국 말 구사 능력은 보통, 특별한 사고는 없었으며 친구 간에도 몇몇 아이들과는 잘 지내고 있으나 운동 기능이 뛰어나지 못해 남자아이들의 축구 경기에서 주전은 차지하지 못함, 그리기를 썩 좋아하지 않음, 형은 중국에 유학중". 이상이 내가 그 녀석에 대해 알고 있는 전부였고 그 녀석을 통해 본 귀국학생들의 일반적인 모습이었다. (중략) 그 다음날 귀국반 선생님을 통해 진우가 엄마에게 야단을 크게 듣고도 끝까지 그림을 못 그리기 때문에 결코 학교에 가지 않겠다고 버텼다는 말을 전해 들었다. 나는 진우를 불러 조용히 야단치며 이유를 물었다. 그러나 그는 "미안합니다"라는 말 이외에는 그저 고개를 떨어뜨리고 있었고 그저 평범한 아이가 야단맞는 표정으로 서 있었다. 그들 돌려보낸 후 나는 곰곰이 생각했다. 우리 반 아이들 모두가 서로 같지 않은 환경에서 자라고 있는데 유독 진우의 환경에 대해서만 내가 선입견을 가진 것은 아닌가 하고……. 나는 이제 그를 귀국반 학생이라기보다는 생활 환경이 조금 다른 곳에서 자란 사춘기의 소년으로 인정하려고 한다.

대부분의 협력학급 교사들은 위 수기를 쓴 교사처럼 특정한 사건을 계기로 하여 귀국반 아동에 대한 자기 인식을 반성하는 기회를 갖는 경험을 한다. 일상적이지 않은 사건은 교사로 하여금 그가 아동에게 가지고 있는 선입견의 실체가 '무관심'과 '선입견' 사이에 존재하는 미묘한 편견이었다는 것을 깨닫게 한다. 교사의 이러한 자기 성찰은 귀국반 아동의 존재 자체를 통해서 이루어지기도 하고 위 경우처럼 귀국반 아동의 문제행동을 통해서 이루어지기도 한다. 어느 경우이든 이는 아동과 교사의 상호 작용을 통해서 이루어지는 상호 인식의 변화과정이라고 할 수 있다.

귀국반 아동의 존재는 이처럼 일반학급 아동들과 교사, 그리고 그 외 학교 구성원들의 인식을 새로이 하는 데 영향을 미치며 나아가 일반학급 운영과 학교운영에 영향을 미친다. 일반학급 교사에게 귀국반과 일반학급을 오가며 양자를 비교하는 귀국반 아동의 존재는 일반학급 교사에게 부담스럽기도 하지만 학급의 획일적 운영에 대한 반성적 태도를 갖게 함으로써 학급의 분위기를 개선하는 데 자극을 주기도 한다. 그러나 귀국반의 존재나 아동에 대한 학교의 배려가 모든 학교 구성원들의 합의에 기초한 것이 아니라는 점은 단기적으로 학교운영에 여러 가지 어려움을 초래한다. "모든 학생이 동질적이다"라는 암묵적인 전제하에 단일한 학교운영 방침을 갖는 일반학교와는 달리 귀국반을 설치한 학교에서는 귀국반을 위한 이원화된 운영체계로 인하여 학교 차원의 업무가 과중되기도 한다. 대개의 귀국반 설치 학교는 시범학교로 지정된 상태이기 때문에 정기적으로 대외적인 보고발표회를 가져야 하고 그것은 곧 대대적인 학교행사를 의미하기 때문에 일반교사들은 이 과정에서 주어지는 업무에 대하여 큰 불만을 갖기도 한다. 일반 교사들의 이러한 불만은 환급 아동의 지속적 안내에 대한 교사들 간의 공조체제가 잘 이루어지지 않는 맥락을 제공하기도 한다. 한편 귀국반 아동을 개별적으로 대면할 기회가 없는 일반학급의 학부모들은 여전히 '귀국반'을 '귀족반'이라 인식하고, 귀국반 아동들에 대한 특별한 지원을 역차별이라 인식하고 있다.

이처럼 귀국반 설치는 여전히 전체 학교 구성원들로부터 적극적인 지지를 받고 있지는 못하고 있으며, 갈등 양상도 많이 표출되고 있다. 그러나 그럼에도 불구하고 귀국반을 설치하는 학교가 늘어나는 것은 그들의 불만보다 귀국반 설치에 대한 요구가 강하기 때문일 것이며 이러한 상황에서 귀국반에 대한 인식도 서서히 변화할 것이다.

3. 환급과 그 이후

대부분의 귀국반 아동들은 비슷한 단계를 거쳐 환급하게 된다. 환급은 귀국반에서 이루어지는 일련의 다양한 활동들을 일단락 지어주는 장치라고 볼 수 있지만 이것이 모든 개별 아동들을 만족시킬 수 있는 것은 아니다. 대부분의 아동들은 좀더 오래 귀국반에 소속되고 싶어 하며 일반학급으로의 환급에 대하여 거부반응을 보인다. 이러한 경향은 비단 아동들뿐만 아니라 학부모들에게서도 찾아볼 수 있다. 때로 자녀를 계속 귀국반 소속으로 두고 싶어 하는 학부모들과 소정의 기준에 비추어 아동들을 환급시키고자 하는 교사들 사이에 갈등이 빚어지기도 한다. 다음은 귀국반 소속으로 계속 남기를 원하는 수지 엄마의 요구에 대한 교사의 생각이다.

〈40〉

홍 교사: 수지하고 준성이가 미국에 다시 갔다 온 다음부터 마음을 못 잡고 붕 떴어요. 가기 전에 그 아이들은 일반학급으로 거의 다 간 상태였잖아요. 물론 준성이 엄마는 안 보냈으면 좋겠다고 했지만 규정이 있는데 그렇게 할 수는 없어서 보내는 과정에서 거의 싸우다시피 했어요. 수지엄마 말은 '공부 안 해도 좋으니 귀국반에 다니게 해달라'는 거였어요. 그러니까 '귀국반이라는 타이틀을 걸고 학교만 다니게 하면 공부는 집에서 시키겠다'는 거 같았어요. 그런데 우리가 그렇게 개인의 사정을 다 받아들일 수 있는 입장도 아니고 규정대로 해야 하는 것이기 때문에 그럴 수 없다고 했더니 많이 섭섭해 하더라고요.

이러한 요청을 하는 학부모들은 대개 한국 학교에서 자녀를 키우는 것에 대하여 불안감을 가지고 있으며, 다른 대안을 모색하고 있거나 출국계획을 가지고 있는 경우가 많다. 그러나 귀국반은 한국 학교에의 적응이 아닌 다른 방식을 모색하는 아동들에게 적합하도록 구안된 제도가 아니기 때문에 그러한 학부모들의 요구를 만족시켜 줄 수 있는 상황에 있지 않다.

　아동들 역시 환급이 한국 학교적응의 일차적 지표라는 것을 은연중 인식하고 있으면서도 귀국반 생활 속에 안주하고자 하는 욕구를 가지고 있다. 다음은 아동의 일반학급에 대한 인식을 보여주는 대화내용이다. 정나원 아동은 미국에서 귀국한 지 한 달 정도 된 3학년 아동으로서 동생인 정우원보다 더디게 교과적응을 해나가고 있다는 평가를 받고 있다.

〈41〉
연구자: (나원에게) 우원이 어디 갔어?
정나원: 일반학급에 갔어요.
연구자: 동생은 갔는데 너는 왜 안 갔어?
정나원: 나는 공부가 덜 되어서 안 갔어요.
연구자: 그럼 열심히 해야 되겠구나!
정나원: 예.
연구자: 나원이는 일반학급에 언제쯤 가고 싶어?
정나원: 나는 여기 계속 있을 거예요. 일반학급은 공부를 많이 해야 되지만 여기는 쉬는 시간이 많아요.
최 교사: (옆에서 나원이가 이야기하는 것을 듣고 있다가) 쉬는 시간이 많아~. 이제 나원이 숙제 좀 많이 내 줘야 되겠구나. 쉬는 시간이 많으니…….

　아동들은 협력학급의 교환수업에 참여하면서 일반학급에서의 생활이 귀국반에서의 생활보다 훨씬 힘들다는 것을 알게 되며 그 주요한 이유로 공부량이 많다는 것을 지적한다. 교사들은 때로 아동들이 보편적으로 보이는 이러한 현상을 역으로 이용하여 귀국반 수업분위기를 환기시키기도 하는데 이때 아동들이 보이는 반응은 거의 유사하다. 다음은 귀국반에서 가장 장난꾸러기로 통하는 박현수 아동이 교사의 '환급예고'를 심각하게 받아들이는 장면에 대한 설명으로서 아동들의 환급에 대한 생각을 확인할 수 있는 장면이다.

〈42〉

　　교사의 말에 의하면 평소 장난을 많이 치는 현수를 혼내주는 과정에서 "너 선생님 말을 이렇게 안 들으니 당장 일반학급으로 가서 거기 선생님한테 배워야 할 것 같다. 어서 가방 싸 가지고 가"라고 이야기했더니 그 다음부터 현수의 행동이 다소 바뀌었다고 한다.

연구자: 현수야 요새 공부 열심히 한다며?
박현수: 예.
연구자: 현수 갑자기 공부를 열심히 하는 이유가 뭔데?
박현수: 귀국반이 좋아요. 일반학급은 중학교 가서 갈 거야.
(현수의 말을 들은 홍 교사가 뒤를 돌아보며 이야기를 한다)
홍 교사: 누구 맘대로? 이제 조금 있다가 가야지!
박현수: 안가요.
홍 교사: (현수의 맞은편 자리로 옮겨와 앉으며) 왜 안 가?
박현수: 일반학급은 공부 많이 해서 짜증나고 귀국반은 음······.
홍 교사: 현수야 일반학급은 짜증나고 귀국반은 짜증 안 난다고?
박현수: 예. 삼학년 삼반은 짜증나서 여기가 좋아요.

　　예 〈41〉, 〈42〉는 아동들이 귀국반에 대한 애착을 보이는 공통적인 이유가 일반학급에서 이루어지는 교과학습 위주의 학교생활에 대한 부담 때문이라는 것을 보여주고 있다. 일반학급 생활이 교과학습으로만 구성되는 것이 아님에도 불구하고 대부분의 귀국반 아동들은 과중한 학습부담과 관련하여 일반학급 생활을 인식한다. 이는 한편으로는 외부자적인 시각을 어느 정도 유지하고 있는 아동들에 의해 포착된 모습이라는 점에서 한국 학교 교실의 특징이라고 할 수도 있다. 아동들은 일반학급이 귀국반에 비하여 상대적으로 엄격한 규범준수를 요구하고 그러한 요구가 교과학습과 관련하여 이루어지는 것이라고 인식한다. 예를 들면 '바른 자세로 앉기', '이야기하지 않기', '선생님에게 순종하기', '시간경계의 준수' 등 아동들이 일반학급에 가서 생활하는 동안 반드시 지켜야 하는 규칙은 모두 '공부를 잘하기 위함'이라고 생각하는 것이다. 이러한 인식은 아동의 일반학급에 대한 관점에 지속적으로 영향을 미침으로써 귀국반에 대한 애착과 일반학급에 대한 거부감을 한 동안 지속시킨다.

환급 후 아동들의 학교생활 모습은 귀국반과 관계를 유지하고 변화시켜 나가는 양상을 통하여 그 안정성의 여부를 일부 확인할 수 있다. 대부분의 아동들은 환급 이후에도 일정 기간 동안 귀국반 교사와의 교류를 통하여 혹은 귀국반을 놀이공간으로 활용하면서 귀국반에 대한 소속감을 확인한다. 등하교때 귀국반에 들어와 교실을 한 바퀴 둘러보고 가는 것, 점심시간에 귀국반에서 시간을 보내다 가는 것, 힘든 일이 있으면 귀국반에 와서 교사에게 하소연하다 가는 것 등이 그 예이다. 고학년 아동일수록 환급 후에도 귀국반을 심리적으로 자신의 준거집단으로 여기고 자주 찾아오지만 귀국반 교사가 환급한 아동의 문제를 파악할 수 있는 경우는 아동이 스스로 상담을 청하거나, 일반학급 교사가 심각한 문제 상황으로 규정하여 협조를 요청했을 때에만 가능하다. 한국 학교에서 교사의 영향력은 담당 학급 아동에 국한되는 경향이 있으며 그러한 불문율을 어기는 것은 월권행위로 인식되기도 한다. 때문에 귀국반 교사가 먼저 일반학급 교사에게 문제제기를 하거나 문제해결을 위하여 앞장서는 일은 잘 이루어지지 않는 것이 보통이다. 이러한 이유로 환급 직후라 하더라도 이미 환급한 아동들과 그들이 직면한 어려움에 대하여 귀국반 교사가 개입할 여지는 많지 않다.

박선영 아동의 경우가 그 한 예이다. 박선영은 5학년 여름방학 무렵에 귀국반에 입학하여 6학년으로 진급하면서 환급한 아동으로서 환급 후 일부 학급 아동들로부터 심한 따돌림을 당하였다. 이에 학교생활에 대한 심한 두려움을 가지고 등교를 거부하는 일까지 생기게 되었고 귀국반 교사는 학부모 상담을 통해서 그러한 상황을 알게 되었다. 그때까지 박선영 아동의 상황에 대해 전혀 알지 못하고 있었던 귀국반 교사들은 일반학급 교사와 공조체제를 이루어 따돌림에 참여한 아동들을 크게 꾸짖고 타이르는 등 직접적인 개입을 하였다. 그러나 다른 아동들에 대한 심한 두려움을 극복하지 못한 박선영 아동은 학부모의 결정에 따라 다른 학교로 전학을 가게 되었다. 박선영 아동의 예는 제도적인 환급과 귀국반과의 단절이 동일시됨으로써 귀국반 교사가 아동의 적응을 지속적으로 안내할 수 없는 상황에서 발생할 수 있는 문제의 한 단면이라고 할 수 있다.

한편 일반학급의 맥락 속에서 생활하는 시간이 많아지면서 아동들이 점차 스스로를 귀국반으로부터 분리시키는 것은 일반적인 현상이다. 이는 곧 준거집단의 이동을 의미하는 것으로서 이러한 이동과정은 주요 생활공간의 분리 형태로 뚜렷하게 표출된다. 홍 교사는 그와 같은 현상에 대하여 다음과 같이 이야기한다.

〈43〉

홍 교사: 아이들을 일반학급에 보내는 것도 단계가 있는데 처음에는 교과, 그 다음에 밥 밥만 일단 거기서 먹으면……. 그리고 나서 한 6개월 정도는 여기에 와요. 6개월은 왔다 갔다 하다가 그 다음에는 발을 뚝 끊어버려요. 안성이 아시죠? 처음에 와서 많이 힘들었던 아이, 걔는 이제 여기 발도 안 디뎌요. 자기가 귀국반이 아니라는 사실을 알고부터는 아예 오질 않아요.

귀국반 아동의 환급 후 생활은 현실적 삶의 맥락과 준거집단을 일치시켜 가는 과정이라고 볼 수 있다. 이러한 과정은 일반학급 구성원들과 의사소통 방식을 공유하고, 관계를 확장하며 나아가 준거집단을 재형성하는 과정이다. 이 과정에서 박선영 아동의 경우처럼 심각한 갈등 상황이 표출되기도 하는데 그러한 상황을 어떻게 해결하는가는 이후 아동의 일반학급 생활을 가름하는 요인이 된다. 귀국반 교사는 환급 한 아동들 중 일부 아동들에 대하여 "아직도 적응을 하지 못하고 있는 아이"라고 분류한다. 그 대표적인 예가 김경수 아동이다. 그는 2학년 때 귀국하여 4학년 때 환급하였으나 2001년 9월 현재까지도 점심시간에 귀국반에서 시간을 보내다 가며, 귀국반에 와서도 다른 아동들과 집단적으로 어울리기보다는 책을 읽거나 자신과 비슷한 경험을 하고 있는 고진우 아동과 교구를 가지고 논다. 김경수 아동과 같은 학급에서 수업을 받는 아동은 그의 일반학급 생활에 대하여 "개는 책만 봐요. 그래서 벌 많이 서요. 책 빼앗기고 그래요"라고 이야기한다. 교사에 의하면 그는 일반학급에서 수학 성적은 항상 최상위권이며 다른 교과도 만족스러울 만큼의 성취도를 올리고 있지만, 다른 아동과 적절한 관계를 형성하는 데 어려움을 겪고 있다. 이러한 점에서 환급 후의 생활에서 가장 중요한 것은 다른 구성원들과의 친밀한 관계형성이라고 할 수 있다.

지금까지 귀국반 아동의 한국 학교 적응과정을 세 국면으로 나누어 살펴보았다. 개별 아동의 입장에서 '귀국', '귀국반 입학', '환급'이라는 전환적 사건은 그들에게 다양한 문제사태를 제시하며 그것을 해결할 것을 요구한다. 이 과정에서 아동들, 그리고 그들의 중요 타자들은 다양한 방향으로 시각의 전환과 경험의 전환을 이루어나간다. 아동들은 한국 학교 경험을 통하여 외국 학교에서 경험한 바를 재구조화하고 그 과정에서 새로운 시각을 형성해 나간다. 그들의 중요 타자들 또한 귀국반 아동들과 삶의 장을 공유하면서 교사로서, 부모로서, 또래로서 이전과는 다른 시각을 가지게 된다. 이처럼 귀국반 아동들과 학교 구성원들은 구체적인 생활사태에서 지속적이고 역동적으로 상호 작용하면서 경험을 재구조화하고 시각을 전환하는 체험을 해나간다.

Ⅳ 적응의 준거와 유형

'적응'은 귀국반의 제반 활동을 구성하는 데 근거를 제공하는 개념이며, 이때 귀국반이 가지고 있는 '환급'이라는 목표는 '적응'의 개념을 좀더 구체적이고 가시적으로 설정할 것을 요구한다. 이 절에서는 귀국반에서 통용되는 '성공적인 적응'이 어떤 준거에 의하여 판정되는지, 그리고 그러한 준거는 실제로 귀국반 아동들을 어떤 유형으로 범주화하고 있는지에 대하여 살펴보고자 한다.

1. 적응의 준거

귀국반에서 아동들의 적응여부를 판별하는 데 사용되는 준거는 영역에 대한 준거와 효율성에 대한 준거로 구분할 수 있다. 적응의 영역은 한국 학교에서 생활세계를 구분하는 방식을 따라 '생활'과 '교과'로 나누어진다. 각각의 영역에서 아동들이 나타내는 성취도는 효율성의 준거, 즉 '시간'과 '수준'에 의해 평가된다. 귀국반에서 성공적인 적응여부의 판별은 이러한 네 가지 요소의 조합 양상에 의해 이루어진다고 할 수 있다.

1) '생활'과 '교과'

귀국반에서 일상적으로 기획되고 수행되는 활동에는 다양한 적응현상에 대한 독특한 설명방식이 내재되어 있다. 우선 귀국반의 교육과정은 '적응'의 영역을 크게 '생활'과 '교과'로 구분하고 있으며 구성원들 역시 그러한 구분을 하나의 구체적 사실로 받아들이고 있다. 귀국반 아동들이 협력학급에서의 전반적인 생활을 평가하는 '일반학급 적응분석표'는 그 틀을 구성하는 '생활적응 영역'과 '교과적응 영역'의 하위범주에 각기 '질서', '예절', '교우'와 '국어', '수학', '과학', '사회', '예체능', '특활'을 포함시키고 있다. 이러한 영역의 범주화는 귀국반에서 '생활'과 '교과'가 각기 '일상생활'과 '공부'의 의미로 사용되고 있음을 짐작하게 한다. 귀국반에서 아동의 적응이 생활의 영역과 교과의 영역으로 구분되는 가장 큰 이유는 그 두 차원이 귀국반이 소속하고 있는 하늘초등학교 나아가서는 한국의 초등학교에서 아동의 활동을 범주화하고 평가하는 준거로 작동하여 왔기 때문이다. 한국 학교에서 생활 세계가 어떤 방식으로 범주화되는지를 단적으로 드러내 주는 것은 '생활통지표'이다. '생활통지표'는 학교에서 아동의 학교생활을 어떤 방식으로 포착하고 있는가를 매우 압축적으로 표현하고 있는 기록물이다. '생활통지표'에는 각 학생의 생활태도, 건강상태, 학업성적, 출결사항 등이 기록되는데 각 항목을 기록하는 방식에 대한 세부지침은 계속 변화해 왔지만 아동의 학교생활을 '생활'과 '교과'의 영역으로 구분하여 평가하는 방식은 지금껏 변함이 없다. 이와 같이 학교생활 영역을 '교과'와 '생활'로 구분하는 전통은 아동들의 학교생활을 그 두 영역으로 수렴시키는 데 강력한 기제로 작용해 왔으며, 귀국반에서 이루어지고 있는 '적응'의 범주 구분 역시 그러한 맥락을 따르고 있다고 할 수 있다. 다음은 귀국반 교사들이 '적응'을 파악하는 방식과 그 하위범주인 '생활적응'과 '교과적응'의 관계를 규정하는 방식을 살펴볼 수 있는 대화의 내용이다.

〈44〉

연구자: 교과적응하고 생활적응이 어떤 관련을 가지고 있나요?

장 교사: 대개의 경우는 같이 가고 또 그것이 바람직하지요. 뒤집어지는 경우
는 미하 경우인데 그런 경우는 교과적응이 되어도 일반학급에 못 보
내는 거예요. 상운이는 생활적응하고 교과적응하고 같이 가기는 하는
데 그래도 생활적응이 빨리 가는 셈이고요. 윤수는 교과도 안 되고
생활도 안 되고. 다 안 되고 있어요. 소은이 같은 경우도 다 안 되
고 있는 거지요.

연구자: 교과적응하고 생활적응하고 차이가 있을 때 한 측면에서 잘 되는 것이
다른 측면을 끌어올리기도 하나요?

장 교사: 그렇죠. 따라가지요. 서훈이 같은 경우는 교과는 안 되지만 생활적응
이 잘 되어 있으니까 좀 나아질 거예요.

위 교사의 설명에 의하면 '생활적응'과 '교과적응'이 대개 상보적으로 작용
하고 특히 생활적응이 교과적응보다 상대적으로 빨리 이루어지는 것이 일반
적이다. 간혹 교과성취도가 높음에도 불구하고 일반학급에서 생활하는 것에
어려움을 겪는 아동들이 있는데 이러한 경우는 특별한 사례로 분류된다.

귀국반에서 아동의 적응 영역을 '생활적응'과 '교과적응'으로 나누고 '생활
적응'의 중요성을 상대적으로 강조하는 것은 적응의 전제조건이 되는 아동의
관점 전환과 경험의 재구조화가 일차적으로 일상생활 속에서 이루어진다고
생각하기 때문이다.

귀국반 아동의 적응 활동은 한국어 습득과 다른 사람들과의 관계형성,
즉 일상생활을 가능하게 할 수 있는 기본적인 토대를 형성하는 일에서 시
작된다. 이는 생활적응 활동의 핵심이 일상생활을 영위하는 것, 특히 '다른
사람들과의 조화로운 관계형성'에 있다는 것을 의미하는 것이다. 귀국반 아
동들에게 관계형성의 능력이 특히 강조되는 이유는 그 방식이 문화적 환경
에 따라 다양하게 존재하며 그 다양성은 단순히 외형적인 차이가 아니라
세상을 바라보고 이해하는 관점의 다양성에 기초하기 때문이다. 이러한 측

면에서 볼 때 귀국반 아동이 가지고 있는 '생활적응'의 과제는 그들이 외국에서 생활하는 동안 갖게 된 사람이나 사물에 대한 독특한 인식을 변화시키는 경험의 재구조화 과정이라고 할 수 있다. 즉 귀국반 아동에게 부과되는 생활적응의 과제는 교사를 인식하는 방식, 교사와 상호 작용하는 방식, 갈등을 타협하는 방식, 자기주장을 하는 방식 등 아동의 학교생활 전반에서 이루어져야 하는 폭넓은 과제인 것이다. 아동의 생활적응은 타인과의 상호 작용 속에서 이루어지는 내적인 과정이기 때문에 이를 판별하는 기준을 정하는 일은 매우 어려운 일이다. 귀국반에서 심각한 생활 부적응아로 분류되는 아동이 극히 적은 것은 특별히 눈에 띄는 문제를 노출시키는 경우를 제외하고 생활적응 정도를 판별하는 기준을 설정하는 일이 힘들기 때문이기도 하다.

한편 일반적으로 귀국반 아동들의 경우, 생활적응이 교과적응에 우선하거나 더 중요한 것으로 인식되지만, 귀국 후 시간이 지날수록 교과적응의 비중이 점차 커지고 나아가 아동의 전반적인 학교적응에 영향을 미치는 현상이 나타나기도 한다. 다음은 귀국한 지 일년이 지난 4학년 장안성 아동의 학업성취도에 대하여 두 교사가 걱정을 하는 장면이다.

〈45〉

장 교사: 1, 2 학년들은 글만 알면 생활적응은 오히려 잘 되는 편이에요. 고학년이 힘들지.

연구자: 아까 안성이도 수학책을 풀면서 힘들어하는 것 같던데…….

홍 교사: 안성이는 처음 여기 올 때는 '학습부적응아'였는데 지금은 '학습부진아'로 분류할 정도예요. 이제 '학습부진아'예요.

연구자: '부적응'이 누적되면 '부진'으로 갈 수도 있나요?

홍 교사: 그럼요. 얘네들 이제 11월쯤 되면 일반학급으로 가야 다음 학년도 반 배정을 받거든요. 그래서 가야 하긴 가야 하는데 일반학급 아이들이 하는 것만큼 준비가 안 되어 있으면 '부진'이 되는 거지요.

위 장안성 아동의 경우 교우관계와 일상적인 태도는 교사에게 신뢰를 받고 있지만 환급을 앞두고 제 학령에 맞는 학년의 교과 수준을 따라가지 못함으로써 부진아로 분류되고 있다. 이는 귀국 초기에는 교과 부적응이 어느 정도 당연한 것으로 여겨지지만, 그것이 적절한 시간 내에 해소되지 않으면 환급해야 하는 시기와 관련하여 심각한 문제 상황으로 부각되기 때문이다. 특히 한국 학교에서 일상적으로 이루어지는 '공부', '학업성취도'를 중요시하는 담화는 아동들의 현실을 구성하는 힘을 가지며, 교과성취도를 통한 아동들의 자기 인식에 큰 영향을 준다. 교사가 수업 상황에서 높은 교과성취도를 달성한 아동에 대하여 선택적으로 칭찬하는 행위는 해당 아동과 다른 아동으로 하여금 학습경쟁의 상황 속에 처한 현실을 인식하게 한다. 아동이 학습경쟁의 상황 속에 처한 현실을 인식하는 것은 '공부'에 대한 교사의 직접적인 언급이나 점수를 통해서 뿐만 아니라 수업의 형식을 통해서도 이루어진다.

수업 장면에서 교사는 불특정 다수 아동 혹은 특정 아동을 대상으로 한 질문을 하고 아동의 반응에 따라 긍정적인 강화와 오류교정을 하게 된다. 수업과정에서 교사의 질문과 아동의 대답 그리고 교사의 반응은 반복적이고 지속적으로 일어남으로써 교사가 의도했건 의도하지 않았건 교과학습의 성취도를 통하여 아동의 범주화를 표면화하게 한다. 이와 같이 수업 장면에서 부수적으로 이루어지는 교사의 아동 범주화는 아동으로 하여금 '공부를 잘하는 것'이 학급이라는 소집단 사회에서 가지게 되는 의미를 인식하게 하는 계기가 되며 이러한 인식은 곧 경쟁에서 우위를 획득하기 위한 전략을 획득하기 위한 방법을 모색하도록 한다. 때로 그것이 여의치 않을 경우에 아동은 자존감을 유지하기 위한 방어기제로서 경쟁의 대상을 귀국반 소속 아동으로 한정하기도 한다.

귀국반에서 교과적응을 판정하는 준거는 아동들의 귀국 후 경과한 시간에 따라 달라진다. 귀국 초기의 아동은 한글습득 여부에 의하여 교과적응의 여부를 판정받으며, 일반학급에 수업참여를 하기 시작하면서부터는 일반학급 아동들과 똑같은 방식으로 평가를 받는다. 아동들에 대한 대표적인 교과성취도 평가 방식은 공식적·비공식적 시험이다.

아동의 적응을 판별하는 준거로서 생활적응과 교과적응은 그 각각이 '일상생활에 대한 적응'과 '공부에 대한 적응'으로 뚜렷이 구분되는 듯이 보인다. 그러나 아동들의 실제 생활에서 이 양자가 뚜렷이 구분되는 경우는 극히 드물며 대개는 양자가 매우 밀접하게 관련되어 있는 양상을 보인다. 다른 사람들과 원만한 관계 유지는 아동들이 학교생활에 능동적으로 참여할 수 있는 상황을 형성함으로써 곧 한국 학교생활에서 매우 중요시되는 교과성취도를 높이는 일에도 영향을 미치곤 한다. 교과성취도 또한 아동의 자아감을 형성하는 중요한 요인으로 작동함으로써 아동의 학교생활 전반에 영향을 미치게 된다. 이처럼 귀국반 아동들의 적응현상을 범주화하는 준거로 작동하고 있는 '생활'과 '교과'는 개념적으로 구분되지만 실제 생활에서는 혼용되어 있거나 혹은 접합되어 있는 것으로 나타난다.

2) '시간'과 '수준'

생활적응과 교과적응이 적응의 영역을 구분하는 준거라면, '시간'과 '수준'은 적응의 효율성을 구분하는 준거이다. '시간'과 '수준'은 모두 아동들의 환급시기를 결정하는 것과 밀접한 준거이다. 귀국반 아동들의 적응에 대한 제도적인 지표인 '환급'은 '시간'과 '수준'에 대한 공식적 혹은 비공식적 지침을 가지고 있다. 제2장에서 살펴본 바 있듯이 귀국아동들은 규정상 귀국반에 입학한 지 2년 이내에 환급하도록 되어 있으며 실제로도 몇몇 예외적인 아동을 제외하고 대부분의 아동들이 6개월에서 1년 사이에 환급을 하게 된다. 환급시기의 결정은 일반학급 아동들의 평균수준과 비교하여 아동들의 적응 정도가 얼마나 되는가를 참조한다. 다음은 교사들이 아동들의 적응도와 관련하여 가지고 있는 잠정적인 지침을 나타내는 내용이다.

〈46〉

> 최 교사: 아이들이 처음부터 말귀를 잘 알아듣는 것은 아니에요. 어찌어찌하다
> 보면 조금만 돌려서 이야기해도 알아듣는 때가 있더라고요. 완벽하게
> 알아듣겠다 싶은 것은 아니고, 한 70%정도만 넘으면 일반학급에 갔
> 을 때 중하(中下)정도 되지요. 중하정도 말귀만 알아들으면 가는 거
> 예요. 그러면 본인이 알아서 헤치고 나아가는 거지요. 거기 가서도
> 부대끼는 것이 있거든요. 그런데 너무 쳐지면 못 견디니까 중하정도
> 만 되면 되는 거지요. 그래도 '귀국반'에 미련이 남으니까 점심은 나
> 중에 가서 먹게 하지요.

교사들이 가능하면 빨리 환급시키려고 하는 이유는 위 예에 나타난 것처
럼 "본격적인 적응은 일반학급에서 이루어진다"는 잠정적인 생각과 그들에게
충분한 시간을 허용하지 않는 한국의 학교제도, 특히 '학령제'와 밀접한 관
련이 있다. 학령에 따라 환급해야 하는 상황에서 아동이 한국 학교로부터
분리된 시간은 곧 그가 극복해야 할 공백기로 인식된다. 이러한 이유 때문
에 아동들은 귀국시기에 따라 서로 다른 적응 활동에 참여하게 된다. 다음
은 환급시기에 대한 교사의 의견을 이야기하는 내용이다.

〈47〉

> 홍 교사: 일학년은, 경험으로 봐서 입학할 당시 언어만 통하면 일반학급으로
> 바로 입학시키는 것이 나아요. 유치원 과정을 밟고 온 아이들을 전
> 제로 해서 받거든요. 유치원 과정을 외국교육과정으로 받은 아이들,
> 그런 아이들을 전제로 하는데 그런 아이들은 우리나라의 일학년 초
> 기 적응 활동하고, 문자의 초기 지도 과정만 거치면 일반 교실에서
> 공부하는 것이 훨씬 나아요.

위 교사의 말은 환급에 걸리는 시간을 가능한 한 단축하는 것이 아동들
로 하여금 일반학급 생활에 좀더 빨리 익숙해 질 수 있도록 돕는 것이라는
생각을 내포하고 있다. 이러한 생각에는 적응하는 데 걸리는 시간과 환급하

는 데 걸리는 시간이 동일하다는 전제가 내포되어 있다. 이러한 상황에서 아동들이 환급하는 데 걸리는 시간은 생활 영역과 교과 영역에서 각기 "얼마나 빨리 다른 아동들과 화합하는가?"와 "얼마나 빨리 교과내용을 습득하는가?"에 대한 평가와 밀접한 관련이 있다. 또 이러한 과정에 영향을 줄 수 있는 아동의 성격, 인지능력, 귀국시기, 부모의 태도, 귀국의 성격 및 출국 계획, 출국 전 한국 학교 경험 등은 귀국반에서 적응의 중요한 요인으로 인식되고 있다.

한편 앞에서도 언급한 것처럼 귀국반 아동의 적응도는 절대적인 기준을 갖기보다는 상대적인 기준을 가지며 그것은 일반학급 아동들의 일반적인 수준에 맞추어진다. 아동들의 적응도를 생활적응과 교과적응의 영역으로 나누어 살펴보면, 생활적응 영역에서는 '일반학급 아동들과 얼마나 잘 화합할 수 있는가'를 중시하며, 교과적응 영역에서는 '일반학급 아동들에 비하여 그 성취도 수준이 중간 이상인가 혹은 그 이하인가'를 기준으로 삼는다. 시간과 수준을 고려하는 효율성의 준거는 이처럼 생활적응 영역과 교과적응 영역 모두에 작동하지만, 양자 간에는 약간의 차이가 있다. 생활적응의 경우 일상생활의 맥락에서 다양한 요인들이 개입하기 때문에 적응에 걸리는 시간과 수준이 반드시 일치하는 것은 아니다. 아동들 중에는 처음에는 학교생활을 매우 힘들어하고 그러한 상황을 극복하는 데 걸리는 시간도 길지만 일단 그 단계를 거치고 나서는 매우 적극적이고 능동적으로 학교생활에 참여하는 경우도 있고, 그와 반대로 처음에는 큰 문제를 드러내지 않지만 계속 소극적인 태도로 학교생활을 하는 경우도 있다. 이에 비하여 교과 영역의 경우 적응하는 데 걸리는 시간과 수준은 분리하여 생각하기 어렵다. 교과의 경우 그 성취도는 선수학습의 여부에 따라 누적되어 나타나기 때문에 수준의 준거와 시간의 준거는 매우 강한 정도로 결합되어 있다고 할 수 있다. 영역에 따라 시간과 수준의 결합 정도는 다소 차이가 있으나 생활과 교과 영역이 실제 생활 속에서 결합되어 있는 양상으로 나타나기 때문에 아동들의 적응 양상은 대체로 통합적으로 이루어지는 것이 일반적이다. 그럼에도 불구하고

귀국반 교사들은 영역별 준거와 효율성의 준거를 결합시켜 아동의 적응 양
상을 유형화하고 있는데 이러한 준거들은 주어진 것이 아니라 귀국반 아동
들의 총체적인 삶을 모종의 준거에 의해 판별해야 할 필요를 가지고 있는
학교나 귀국반 교사에 의해 채택된 것이다. 그리고 다른 가능한 준거들 중
위에서 언급한 네 가지 준거가 채택되었다는 것은 그것이 한국 학교에서 특
별한 의미를 지니고 있는 것임을 의미하는 것이기도 하다. 환급결정과 밀접
한 관련을 가지는 네 가지 준거는 한국 학교 학생으로서 살아가는 데 갖추
어야 할 조건이 무엇인가를 드러내는 것이라고 할 수 있다.

<표 3> 적응의 요인과 범주화 준거

범주화 준거	적응요인	성격	인지적 능력	귀국시기	부모의 태도	귀국의 성격 및 출국계획	출국 전 한국 학교 경험
생활 적응	시간	○	△	○	△	○	○
	수준	○	△	△	○	○	○
교과 적응	시간／ 수준	△	○	○	△	△	△

* ○: 직접적인 영향　　　　△: 간접적인 영향

　　지금까지 살펴본 것처럼 다양한 특성을 지닌 아동들로 구성된 귀국반 아
동들의 적응과정은 크게 '교과'와 '생활', 그리고 '시간'과 '수준'의 준거에 의
해 판별된다. 그러나 이 각각은 귀국반 현장에서 분리되지 않고 복합적으로
결합되어 아동의 적응을 판별하는 준거로 작동하며, 다양한 개별 아동의 특
성에 의해 영향을 받는다. 아동의 적응을 판별하는 복합적인 준거들과 아동
의 적응에 영향을 미치는 다양한 요인들 간의 관계를 표로 제시하면 <표 3>
과 같다.

2. 적응의 유형

귀국반에서 아동들의 적응유형은 대체로 '생활'과 '교과' 중심의 범주화를 통하여 이루어진다. 생활적응과 교과적응의 여부는 위에서 살펴보았던 시간과 수준이라는 준거에 의해 판별되며, 이에 개입하는 아동의 특성들은 적응의 유형을 다양화한다.

〈표 4〉 '생활'과 '교과'를 중심으로 한 아동 적응유형

교과 \ 생활	생활적응이 잘 된 아동		생활적응이 안 된 아동
교과적응이 잘 된 아동	I		II
	I-1	I-2	
	"모범생"	"무난한 아동"	"부적응아"
교과적응이 안 된 아동	III		IV
	"부진아"		"문제아"

〈표 4〉에서 제시한 적응의 다섯 가지 유형은 시간과 수준의 준거, 아동의 다양한 특성들이 이루어내는 복합적인 양상의 외적 표현이라고 할 수 있다. 제I-1유형, 제I-2유형, 제II유형, 제III유형, 제IV유형은 각기 '생활적응과 교과적응을 매우 잘하는 아동들', '생활적응과 교과적응을 하고 있는 아이들', '교과적응은 잘하지만 생활적응이 안 되는 아동들', '생활적응은 잘하는데 교과적응을 잘 못하는 아동들', 그리고 '생활적응도 못하고 교과적응도 못하는 아동들'의 양상을 유형화한 것이다.

〈표 4〉에서 제시한 각 적응유형에 속하는 아동들은 시간이 흐름에 따라 다른 유형을 거쳐 환급, 상급학교 진학에 이르기도 하며 때로는 재출국이나 외국 학교로의 전학을 통하여 한국 학교의 맥락으로부터 벗어나기도 한다.

그 포괄적인 흐름을 그림으로 제시하면 〈그림 5〉와 같다.

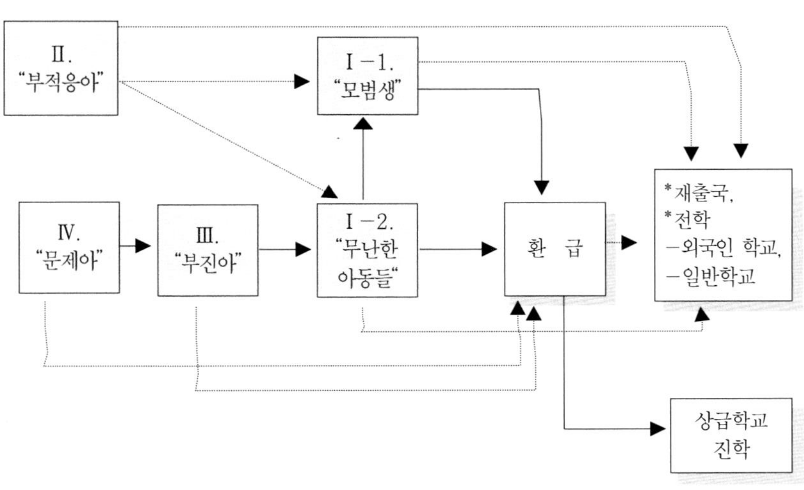

〈그림 5〉 아동들의 학교 적응과정

1) "모범생"과 "무난한 아동":
생활적응과 교과적응이 모두 잘 되는 아동

제Ⅰ-1유형은 '교과'와 '생활' 영역에서 일반학급으로 환급할 만한 정도의 태도와 능력을 갖춘 아동들의 집단이다. 거의 모든 아동들이 일정 시간 후에는 일반학급으로 환급하지만 귀국반의 모든 아동들이 제Ⅰ-1유형의 범주에 소속되어 있다가 환급하는 것은 아니다. 그만큼 제Ⅰ-1유형의 범주화 기준은 까다롭다고 볼 수 있다. 이 집단에 속하는 아동들의 공통점은 교사로부터 '좋은 성격'과 '높은 학업성취도' 혹은 '높은 학습열의'를 동시에 가지고 있다고 평가받고 있다는 것이다. 실제로 이들은 폭넓은 친구관계를 유지하고 있으며 교사나 다른 아동들과의 갈등장면도 좀처럼 노출시키지 않는다.

제Ⅰ-1유형에 속한 아동들은 다른 사람들과 소극적인 의미에서 조화롭게 생활하는 것을 넘어서 적극적인 태도를 가지고 대인관계를 확장해 나가는 경향이 있다. 다른 유형들에는 어느 한 유형으로 분류하기에 애매한 아동들이 유동적으로 소속되기도 하지만 제Ⅰ-1유형에 소속한 아동들은 학교 구성원에 의하여 확연하게 다른 부류의 아동으로 인식된다. 제Ⅰ-1유형에 속하는 아동들은 대개 다른 아동들보다 환급하는 데 걸리는 시간이 짧으며 일반학급에서도 "모범생"으로 간주되는 아동들이다. 모범생은 특정 사회의 가치를 토대로 성립되는 개념이라고 할 때 이 유형에 속한 아동들은 적어도 한국 학교에서 중요시하는 가치와 규범에 대하여 어떻게 반응해야 하는가를 파악한 아동이라고 볼 수 있다. 그러한 점에서 이 유형은 귀국반에서 공식적으로 목표하는 '적응'의 이 상태에 가장 근접한 모델이라고 볼 수 있다.

한편 최호진은 가장 오랫동안 귀국반 소속으로 남아있지만 "모범생" 집단으로 분류된다. 그것은 아동이 미국시민권자로서 언젠가는 외국인 학교로 전학을 하거나 출국을 할 것임에도 불구하고 학교생활에 열심히 참여하며 친화력과 교과성취도도 다른 아동들에 비하여 매우 높기 때문이다. 최호진은 2001년 8월까지 귀국반 소속으로 있다가 9월에 외국인 학교로 전학을 갔다. 외국인 학교로의 전학결정에 대하여 최호진은 부모에게 "언제는 한국말 배워야 한다고 한국 학교에 입학시키더니 이제 전학 가기 싫은데 왜 또 외국인 학교로 가라고 해요?"라고 이의를 표시했지만, 교사는 이 아동에 대하여 "걔는 잘 할 거예요. 보니까 적응하는 것도 자꾸 해본 아이들이 잘하는 것 같아요"라고 이야기한다. 최호진과 교사와의 관계는 매우 우호적이었는데 그 이유 중의 하나는 이들의 관계가 한국 학교의 제도적 규정으로부터 자유로운 상태에서 이루어질 수 있었기 때문이다.

박민성은 출국 전 한국 학교에 다닌 경험이 있으며 한국 학교가 어떤 규칙을 가지고 있으며 제도적으로 요구하는 것이 무엇인지를 잘 알고 있는 아동이다. 이 아동은 거주국이었던 캐나다의 학교체제를 한국의 그것보다 우월한 것으로 여기고 있으며 잠정적으로 재출국계획을 가지고 있다. 그럼에도 불구하고 '공부'가 중요한 것이며, 자신의 영어능력을 높이 평가하는 일반학급 아동들과 깊은 유대관계를 유지하면서 학교생활을 영위하고 있다.

　교사들은 이 유형에 속한 아동들에 대하여 종종 강한 신뢰를 표현하는데 이는 개별 아동의 고유한 내적 요인이 적응에 중요한 영향을 미칠 것이라는 믿음의 또 다른 표현이기도 하다. 여기에서 아동의 고유한 내적 요인은 주로 '성격'과 '인지적 능력'을 일컫는다. 특히 아동들과 생활의 장을 공유하는 귀국 반 교사들이 가장 중요시하는 것은 아동의 '성격'이다. 다음은 교사가 제Ⅰ-1 유형에 속한 이세원 아동과 이형석 아동을 다른 유형에 속하는 아동들과 비교 하면서 '성격'과 '인지적 능력'이 매우 중요한 요인임을 언급하는 장면이다.

〈48〉

장 교사: 송우가 성격은 좋아요. 그런데 인생살기 힘들지 지가. 그러니 몰라서 당하는 일이 많겠지요. 답답한 일이 많겠지요. 몰라도 너무 모르니 까. 송우가 제 나이또래 아이들이 아는 것 1%나 알까? '기' 하고 '가'를 구분을 못해요. 완전히 반대인 아이가 형석이에요. 형석이는 개학하는 날 왔는데 9월말에 갔으니까 한 달 만에 갔어요. 쟤는 하 나를 가르치면 두 개 세 개를 알아요. 그러니까 쟤는 가르칠 게 없 어요. 그래서 한 달 만에 가버렸어요. (승준과 수빈을 줄로 이으며) 그리고 비슷한 또래 아이들이 승준이하고 수빈인데 이 아이들은 이 상태로 나가면 ㄱ, ㄴ부터 나가서 한 달 이상 나가거든요. 그런데 형 석이는 이거 이틀 사흘 만에 다 끝냈어요. (중략) 세원이는 밝고 야 무지고 그런데 요즘 와서 공부가 조금 지겨운가 봐요. '받아쓰기 안 했으면 좋겠다'는 둥 하는 걸 보니까. 그래도 얘는 적응하는 데 문제 없을 것 같아요. (미하 이름을 가리키면서) 얘는 일반학급 이수지하 고 같은 케이스예요. 얘 같은 경우는 생활적응이 문제지. (다시 세원 이 이름을 짚으며) 성격이 이래야 돼요. 너무 밝아요. 저러면 금방 따라 해요. 송우는 온지 일년이 넘어도 아직도 '가갸거겨' 하잖아요. 다 성격 나름이더라고요. 세원이처럼 일반학급 선생님한테 훌륭한 학 생 보내줘서 고맙다는 소리를 들어야 하는데…….

또 예 〈48〉에 나타난 교사의 언급에서 간접적으로 시사 받을 수 있는 것처럼 활발한 성격을 가지고 있으며 교과성취도가 높은 아동들에 대하여 교사는 애정을 가지고 있다. 교사와 이 아동들 간의 상호 작용은 다른 아동들과의 그것에 비하여 상대적으로 더 활발하게 일어나며 그로 인해 형성되는 양자간의 신뢰감은 아동의 긍정적인 자아형성에 커다란 영향을 미치게 된다.

한편 이 유형의 아동들 중 환급이 빠른 시일 내에 이루어진 이세원과 이형석은 모두 2학년으로서 출국 전 학교 경험은 없으며 영구 귀국한 아동들이다. 이들의 빠른 환급은 원만하고 적극적인 성격을 가지고 있으며 다른 아동들에 비하여 학습 진전이 매우 빨랐기 때문에 이루어졌다. 그러나 이세원이 환급 후에도 생활적응과 교과적응 영역에서 교사의 기대를 만족시키고 있지만 이형석은 기대했던 빠른 변화와 수월성을 드러내지 않고 있으며, 오히려 환급을 기점으로 하여 답보상태에 있는 형편이다. 다음은 환급 후 이형석이 보인 변화에 대하여 귀국반 교사들이 나누는 대화이다.

〈49〉

방학을 며칠 앞둔 어느 날 홍 교사와 장 교사는 테이블에 앉아 무엇인가를 열심히 기록하고 있다. 자세히 살펴보니 아동의 통지표 작성을 하고 있는 중이다. 아동의 행동발달 상황을 평가하는 항목에 문장으로 풀어서 쓰거나 동그라미 세모로 표시하면서 평가의 기준을 맞추어가고 있다. 통지표 중에는 이미 환급한 아동의 것도 포함되어 있다.

장 교사: 이제 거의 다 했네. 이것만하면. (책상위에 쌓여 있는 수상대장을 살펴보며) 세원이만 상을 두 번 타고 다른 아이들은 없구나. 그런데 이상해요. 형석이요. 형석이는 여기 있을 때 너무 잘 했잖아요. 하나를 가르쳐 주면 열을 하는 아이였는데 일반학급에 가서는 영 힘을 못 쓰고 너무 평범한 아이가 되어 버린 거예요.

홍 교사: 그러게. 참. 아니 여기 있을 때 형석이 아버지는 월반까지도 생각하고 있을 정도였는데…….

환급을 기점으로 하여 나타난 이형석의 변화는 그가 최단기간 안에 환급한 아동이라는 점과 관련하여 생각해 볼 수 있다. 물론 이형석에게서 나타나고 있는 현상은 환급시기뿐 아니라 다른 상황이나 요인에 의한 것일 수도 있지만 그럼에도 불구하고, 그의 변화를 설명할 수 있는 중요한 요인이 환급하는 데 걸린 시간일 수 있다는 것은 부인하기 어렵다. 이렇게 볼 때 "저학년 아동의 환급시기는 빠르면 빠를수록 좋다"는 일반적인 환급지침이 모든 아동들에게 적절한 것은 아니라고 할 수 있다.

이상에서 살펴본 것처럼 제Ⅰ-1유형에 속한 아동들은 생활적응과 교과적응 영역에서 수월성을 보이며 특히 교사, 또래와 우호적인 관계를 유지하고 있다. 이들의 또 하나의 특징은 교사와 학부모가 서로에게 우호적인 감정을 가지고 있으며 협조적 관계를 유지하고 있다는 것이다. 귀국반에서 "모범생"으로 유형화되는 이 아동들이 귀국반에서의 생활을 전후하여 거치는 경로를 그림으로 나타내면 〈그림 6〉과 같다.

한편 제Ⅰ-2유형에 속하는 아동들은 무난한 적응과정을 거치고 있는 아동들이라는 점에서 제Ⅰ-1유형의 아동들과 공통점을 가지고 있다. 이 유형에 속하는 아동들의 공통적인 특징은 대체로 조용한 성격을 지녔으며 대인관계가 원만하되 주도적인 역할을 하기보다는 다른 아동들의 요구를 많이 수용하는 입장을 취한다는 것이다. 또 이 아동들은 교과 영역에서 아직 수월성을 발휘하고 있지는 못하지만 교과학습에 대한 성실한 태도가 교과성취도 향상에 긍정적인 영향을 미칠 것이라는 기대를 가지게 한다. 제Ⅰ-1유형이 수월성을 그 특징으로 하고 있다면, 제Ⅰ-2유형은 무리 없는 한국 학교적응에 대한 기대감을 갖게 한다는 것을 특징으로 하고 있다. 즉 제Ⅰ-1유형의 아동들이 수월성의 준거에 의해 범주화되었다면 제Ⅰ-2유형의 아동들은 가능성의 준거에 의해 범주화되었다고 볼 수 있다.

<그림 6> 제Ⅰ-1유형 아동들의 환급경로

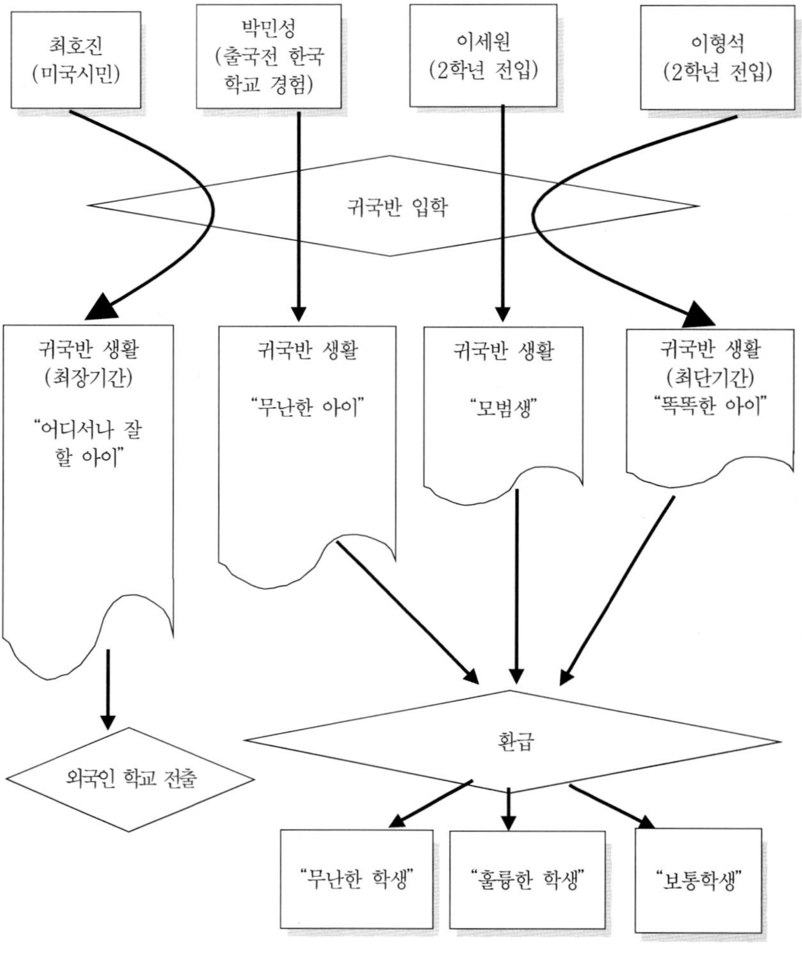

이 유형에 속한 아동들은 대부분은 3학년 이하의 아동들로서 출국 전 한국 학교 경험은 없는 상태이다. 〈표 3〉에서 제시한 적응 요인을 기준으로 하여 볼 때 이 유형의 개별 아동들은 두드러진 특징을 나타내고 있지 않다. 이러한 상황에서 부모의 태도와 재출국계획 여부는 아동들의 특성을 이해하

는 데 주요 근거를 제공할 수 있다.

아동에게 가장 중요한 일차적 환경은 가정이고 가정의 다양한 요인 즉 부모와의 안정적 관계, 부모의 태도, 형제 관계, 부모의 직업, 경제 상태, 그리고 미래계획 등은 아동의 학교적응에 직·간접적으로 영향을 미친다. 이 가운데 부모의 태도와 미래의 계획 특히 재출국계획은 아동이 한국 학교 생활을 인식하는 데 특히 중대한 영향을 미친다.

재출국계획은 부모의 태도와 일상적인 담화를 통하여 아동의 적응에 영향을 미친다. 외국생활을 경험하고 온 학부모들의 대부분은 다시 출국하고자 하는 바람을 가지고 있으며 그러한 경우 재출국계획은 가정에서 이루어지는 대화의 중심 주제가 되곤 한다. 아동들은 그러한 대화를 통하여 한국 학교생활에 적극 적으로 참여하는 일이 큰 의미가 없음을 암묵적으로 깨닫게 된다. 교사는 부모 가 '출국계획'을 아동에게 노출하는 것이 아동의 적응을 위하여 적절하지 못한 처사임을 지적한다. 다음은 그러한 경우에 대한 교사의 구체적인 지적내용이다.

〈50〉
　　홍 교사: 아이들 적응을 부모들이 막는 경우가 있어요. '언젠가는 미국에 갈 건데' 하는 생각 때문에 벌써 마음이 둥 떠 있는 거예요. 엄마들의 생각이 아이들한테 그대로 전달이 되요. 그런 아이들의 경우 스스로 어디 한 군데 집중할 상황이 아니라고 생각하는 것 같아요. 부모님 들이 대개 집에서 교육을 시킬 때 적응하게끔 이야기를 하는데 다시 외국으로 나갈 아이 같은 경우는 그렇지가 않거든요.

교사가 지적한 바에 의하면 학부모의 적응에 대한 태도는 일상생활 속에 서 비공식적이고 비의도적인 방식으로 아동에게 전달되며 그것은 아동이 학 교생활에 참여하는 심리적 출발점이 된다는 점에서 매우 중요하다. 귀국반 교사들이 아동의 적응에 부모의 역할이 크다는 지적을 종종 하는 것도 이러 한 맥락에서이다. 제Ⅰ-2유형에 속하는 아동들 중 안영서, 안재원, 그리고 최승준은 재출국할 계획을 가지고 있다. 그럼에도 불구하고 이들의 학부모

들은 한국 학교에 적응하는 것이 매우 중요한 일이라는 것을 자녀들에게 주
지시킨다. 안영서와 안재원은 형제로서 선교사의 자녀이다. 이미 그들은 부
모를 따라 뉴질랜드, 오스트레일리아, 남태평양의 피지에서 생활한 경험이
있으며 조만간 다시 재출국할 계획이라고 한다. 그들의 어머니에 의하면 잦
은 거주지의 이동이 가져다줄지도 모르는 정체성의 혼동 때문에 오히려 자
녀들로 하여금 한국 사람임을 잊지 않도록 인식시키고자 한다고 이야기한
다. 다음은 영서 엄마와의 대화이다.

〈51〉

연구자: 그렇게 자주 거주지를 옮기시면 아이들 교육시키는 데 힘든 일도 있으시죠?
영서母: 아무래도 그렇기는 한데 그래서 저는 일부러 아이들한테 자꾸 강조해요. '우
　　　리가 이렇게 여러 나라에 살아 보는 것은 좋은 일인데 그래도 우리는 한국
　　　사람이고 언젠가는 한국에서 계속 살 것이기 때문에 한국 공부 열심히 해야
　　　한다' 자꾸 이야기해요. 다행히도 아이들도 우리 뜻을 잘 받아들이는 것 같
　　　고……. 아이들이 그렇게 안 해주면 우리가 이렇게 (선교사업을) 못하지요.

위 예는 아동의 학교적응에 영향을 미치는 것이 재출국 자체가 아니라
재출국이 가지고 있는 의미를 해석하고 대응하는 방식이라는 것을 보여 준
다. 최승준의 부모 역시 외국 생활의 난점을 이야기하면서 자녀에게 무조건
외국 생활을 동경하게 해서는 안 된다는 생각을 가지고 있다. 다음은 최승
준 엄마의 이야기이다.

〈52〉

승준母: 다들 나갈 때 애들 때문에 나간다는 목적을 가지고 나가지만 막상 갔을
　　　때 아이들이 적응하기 쉽지 않다는 거지요. 어른들도 나가서 적응하는
　　　데 한 이년이 걸린 것 같은 데 뭐, 승준이처럼 갓난쟁이 때 간 아이들
　　　이야 '그게 원래 그런 건가' 보다 하고 지내지만, 큰 애들은 얼마나 힘
　　　들겠어요. 그리고 외국생활이 힘들잖아요. 정말 열심히 해야 먹고 살

수 있잖아요. 승준이가 어렸을 때는 괌에 살다가 본토에 이주할 계획을 가지고 있었는데 아이가 킨더가튼에 가고, 일학년 가고 이러는데, 조카 아이들 보니까 안 되겠더라고요. 조카아이들이 일학년, 이학년 커가니까 대화가 안 되더라고요. '밥 먹었니? 어쨌니?' 하는 일상적인 대화만 할 뿐이지 그 이상은 안 되는 거예요. 걔네는 학교에 가서 더 영어에 익숙하게 되고 어른들은 아직도 그게 그 수준을 못 벗어나니까.

이처럼 외국 생활에 대한 해석은 개인의 구체적인 경험을 토대로 하여 이루어지기 때문에 재출국계획을 가진 모든 학부모들 혹은 아동들이 재출국 계획으로 인하여 한국 학교적응에 소극적으로 임하는 것은 아니다. 제Ⅰ-2 유형의 재출국계획이 있는 학부모들이 가진 성향은 아동들이 학교생활에 열심히 참여해야 한다는 인식을 갖도록 하는 데 영향을 미친다.

제Ⅰ-2유형에 속한 아동들이 보이고 있는 적응 양상은 귀국반에서 가장 일반적인 형태의 적응 양상이라고 할 수 있다. 교사들은 이 아이들을 "무난한 아이들"이라 평가하며 귀국반 아동들을 위한 적응 교육과정을 수립할 때에도 대체로 이 유형에 속하는 아동들의 적응과정을 참고로 하게 된다.

2) "부적응아": 교과적응은 잘 하지만 생활적응이 안 되는 아동들

제Ⅱ유형에 속하는 아동들은 귀국반에서 특별한 사례로 분류되는 집단이다. 이 유형은 교과적응이 생활적응보다 앞서가는 경우로서 이 아동들에게는 '생활적응이 잘 되면 교과적응은 그에 수반된다'는 귀국반의 일반적인 원칙이 적용되지 않는다. 일반 아동들이 최종적으로 도달하는 교과적응을 하고서도 생활적응을 하지 못하는 이 유형의 아동들은 높은 교과성취도에도 불구하고 앞으로도 학교생활을 하는 데 어려움을 겪을 것이라 우려되는 경우이다. 이 유형에 속하는 아동들의 공통적인 특징은 교과성취도는 매우 뛰어나지만 친구관계가 거의 형성되어 있지 않다는 것이다. 교사들은 아동들의 이러한 생활 부적응현상이 '성격'에 기인한다고 믿으며 아동들의 부적응에 대한 책임도 일차적으로 아동 당사자에게 있다고 생각한다.

귀국반에서는 성격을 적응의 중요한 개입 요인이라고 보는데 이것은 심리학적 설명방식에 가깝다. 올포트(Allport, 1961)는 성격을 "환경에 대한 독특한 적응을 결정짓는 심리적·신체적 체계들을 지닌 개인의 역동적인 조직"이라고 정의한 바 있다(Lazarus, 1963: 49, 재인용). 이러한 올포트의 견해는 다양한 성격만큼이나 다양한 적응 양상이 있을 수 있다는 주장을 포함함으로써 제Ⅱ유형에 속하는 아동들의 적응 양상을 이해하는 데 아동의 개별적인 상황을 고려해야 할 필요성이 있음을 지적한다.

제Ⅱ유형에 속하는 김미하와 유홍준은 귀국 당시 각기 3학년과 4학년이었으며, 러시아와 독일에서 살다가 귀국한 아동들이다. 김미하의 경우, 귀국반에 입학할 당시부터 거의 일년 동안 학교에서는 전혀 말을 하지 않았다. 다음은 김미하의 부적응 양상을 걱정하는 장 교사의 이야기이다.

〈53〉

장 교사: 미하는 공부는 잘 해요. 거의 완벽해요. 얘는 일반학급……. 얘 같은 경우는 생활적응이 문제지. 미하는 영어로 말하는 것도 안 좋아하더라고요. 난 미하가 영어 쓰는 것 한번도 못 봤어요. 하긴 영어뿐 아니라 한국말도 안 하지. 요즘은 더 안 해요. 지난번에 뭘 물어봤더니 손가락을 펴서 대답하더라고요. 엄마는 집에서는 그렇게 말을 잘한다고 하던데 그게 그럴 수가 있는 건지…….

귀국반 아동들의 학교적응에 가장 큰 영향을 미치는 것이 대인관계의 형성과 확장이고 그것을 가능하게 하는 것은 활발한 상호 작용인데 김미하의 경우 그 통로를 스스로 차단하고 있었다. 그럼에도 불구하고 김미하의 엄마의 자녀에 대한 다음 이야기는 미하 역시 또래관계형성에 대한 욕구를 가지고 있음을 보여준다.

〈54〉

미하母: 미하가 지난번에는 와서 그러더라고요. '엄마, 엄마, 오늘 기분 좋은 일이
있었다' 그래요. 그래서 뭐냐고 물어보니까 일반학급 선생님이 현장학습
갈 때 자기가 좋아하는 친구랑 앉아도 된다고 하셨는데 어떤 여자아이가
미하한테 자기랑 앉자고 한 거예요. 그러면서 하는 말이 '엄마, 걔가 나를
좋아 하나봐' 그러더라고요. 그 날 아이가 기분이 좋아서 재잘재잘하더라
고요. 그런 걸 보니까 아직은 좀 부족해도 마음이 좀 놓이기도 하네요.

실제로 김미하는 4학년이 되면서 아주 가끔씩이나마 학교 구성원들과 상
호 작용을 하는 모습을 보이기 시작하였다. 한 번은 귀국반에서 가장 장난꾸
러기로 통하는 박현수가 김미하의 발에 차여 우는 일이 생기기도 하였다. 김
미하의 변화와 그 지도 방식에 대하여 홍 교사는 다음과 같이 이야기한다.

〈55〉

연구자: (아동들의 사진을 보여주며)공부시간이랑, 아이들 점심시간에 밖에서
노는 것 좀 찍었어요. (미하의 사진을 보며) 미하는 아직은 그래도 혼
자 있는 시간이 많은 것 같아요.
홍 교사: 그래도 미하가 이제 말을 좀 해요. 어떤 때는 저한테 장난도 쳐요.
연구자: 그래요? 믿을 수가 없어요.
홍 교사: 일부러 제가 말을 시켜봐요. 아침에 오면 "뭐 먹었냐?", "화장실을 갔다
왔냐?" 등등. 시시한 거라도 물어보면 처음에는 모른다고 입을 막다가도
조금씩 하더라고요. 보니까 미하는 선생님이 권위를 내세우거나 그러면
절대로 입을 안 열어요. 장난치면서 이야기시키니까 잘하더라고요.

'김미하의 경우는 아동의 적응 양상을 '적응'과 '부적응'으로 구분하기보다
는 개별 아동의 특성과 관련하여 '빠른 적응'과 '느린 적응'으로 구분하는 것
이 더 타당할 수 있음을 보여 준다. 뿐만 아니라 개별 아동의 특성에 맞는
지도 방식이 끊임없이 시도되어야 할 필요성이 있음도 환기시킨다.
예 〈37〉에서 언급했던 유홍준 역시 또래관계를 형성하는 데 많은 어려움

을 겪고 있는 아동이다. 유홍준의 경우 자신의 기대와는 다른 한국 학교생활에 대하여 회의를 심하게 느끼고 있는 아동으로서 교과 영역과 생활 영역에서의 적응이 분리되어 나타나는 예외적인 경우의 표본이라고 할 수 있다. 다음은 아동의 현재 상황에 대한 홍준 엄마의 이야기이다.

〈56〉

홍준母: 아이가 굉장히 고지식해서 아이들하고 융화가 안 될까 걱정을 많이 하긴
했어요. 독일은 1학년부터 4학년까지 반이 변하지 않고 올라가서 선생님
도 아이들도 계속 같은 선생님이고 아이들인데 전학을 자주 다니다가 보
니까 그 틈새를 끼어들어야 하는데 그게 굉장히 힘들었어요. 그런데 여기
오면 그런 것들이 없으려니 기대를 했지요. 한국 애들은 다 잘 어울리고
이럴 줄 안 거지요. 그런데 그게 아니니까 오히려 거기를 그리워하고…….
그리고 한 2-3주전부터는 '엄마 학교 안 가면 안 돼?' 그러더라고요. 다른
아이들하고 재미가 없으니까 더 자기 속으로 빠져서 학교를 안 가려고 하
고……. 내가 자꾸 신경 쓰니까 요즘은 내색도 잘 안 하려고 그래요.

유홍준의 부적응에 대하여 귀국반을 담당하고 있는 두 교사는 각기 다른 견해를 가지고 있다. 장 교사는 홍준이 먼저 자신의 성격을 고쳐야 한다고 생각하는 데 비하여 홍 교사는 홍준의 부적응 요인이 한국 학교의 분위기나 인식 때문이기도 하다는 것을 지적한다. 다음은 홍 교사의 이야기이다.

〈57〉

홍 교사: 홍준이는 교과는 일반학급에서도 거의 최고 수준이에요. 월반수준이
에요. 월반수준! 어떻게 보면 여기 학교의 문제도 있는 것 같아요.
여기 사는 사람들은 부모나 뭐 그렇게 한 가닥씩 하는 사람들 아니
에요? 마음 같아서는 자기네들이 최고이고 최고 대접을 받았으면 좋
겠는데 귀국반에서 온 아이들이 눈엣가시예요. 걔네들은 뭔가 잘하는
것이 하나씩 있거든. 특히 그렇게 염원하는 언어능력을 갖추고 있잖
아요. 다른 건 어리바리해도. 그래도 어리바리한 것으로 귀국반 딱지

가 무마되곤 했는데 홍준이는 다른 것도 튀는데다가 귀국반 딱지까지 붙었으니까. 똑똑해도 성격이 좋으면 별 문제가 없는데 똑똑은 한데 너무 융통성 없이 따지고 들고 하니까 아무도 안 좋아하지요.

홍 교사의 이야기는 제Ⅱ유형에 속하는 아동들에 대한 적응 교육이 귀국 반 차원에서뿐만 아니라 시·공간적으로 좀더 넓은 맥락에서 이루어져야 할 필요가 있음을 암시한다. 이 아동들이 공통적으로 어려움을 겪는 관계형성 의 문제는 이들의 주요 상호 작용 대상자인 학교 구성원들과의 관계 속에서 발생하는 것이라는 점에서 홍 교사의 지적은 의미가 있다.

<그림 7> 제Ⅱ유형 아동들의 학교생활

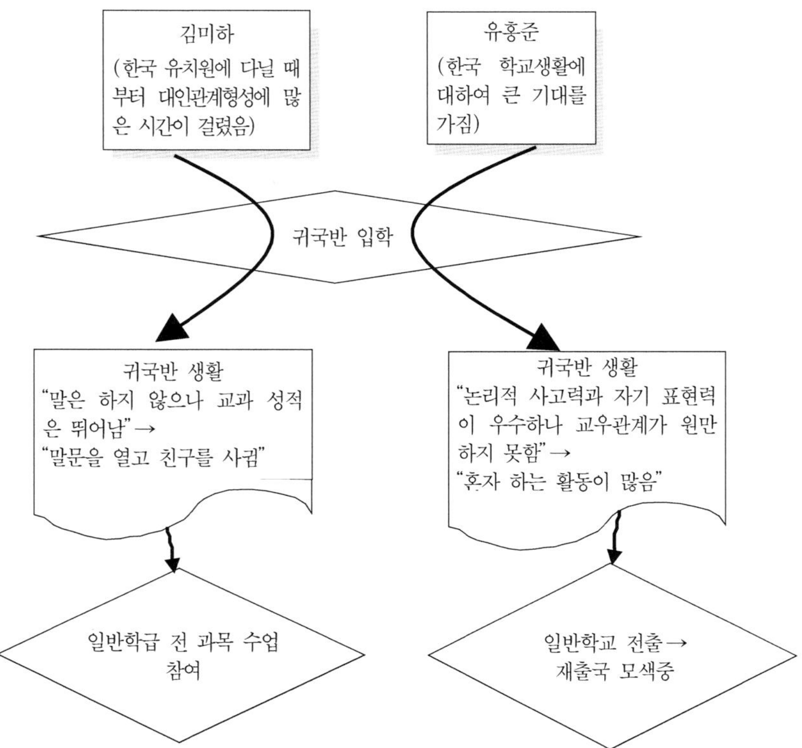

이상에서 살펴본 것처럼 제Ⅱ유형에 속하는 아동들의 특징은 교과 영역에서의 성취도는 높지만 생활 영역에서의 만족도가 낮다는 것이다. 이 아동들이 "부적응아"로 범주화되는 이유는 "생활 먼저, 교과는 그 다음"이라는, 귀국반에서 통용되는 암묵적인 적응방식을 따르지 않고 있으며 다른 아동들과의 부조화 양상도 두드러지기 때문이다. 이 유형에 속하는 두 아동들은 위에서 언급한 독특한 특징을 공유하지만 동일한 적응과정을 겪는 것은 아니다. 표면적으로 매우 독특한 행동을 보였던 김미하 아동은 점차 학교의 구성원들과 상호 작용의 빈도를 높여가고 있는 반면 "매우 똑똑한 아동"으로 인식되었던 유홍준 아동은 오히려 상호 작용의 대상을 교사와 몇몇 아동으로 한정하는 양상을 보였으며 귀국반에 입학한지 6개월 만에 다른 학교로 전학을 갔다. 자신을 표현하지 않는 김미하 아동보다 자신을 적극적으로 표현하는 성향을 가진 유홍준 아동이 학교에서 더 심각한 갈등을 겪는 이유는 예 〈57〉에 나타난 홍 교사의 언급처럼 한국 학교 구성원들의 인식에서 그 주요한 원인을 찾을 수 있을 것이다. 이 유형에 속하는 두 아동의 적응경로를 그림으로 나타내면 〈그림 7〉과 같다.

3) "부진아": 생활적응은
되는데 교과적응은 안 되는 아동

제Ⅲ유형에 속하는 아동들은 생활적응이 교과적응보다 앞서가는 경우로서 귀국반 아동의 적응과정을 가장 잘 드러내는 유형이라고 할 수 있다. 귀국반에 입학한 많은 아동들이 특정 시점에서는 이 유형에 속하게 된다. 이 유형에 속하는 아동들은 교과적응을 하는 데 걸리는 시간에서는 차이를 보이며 간혹 '학습부진아' 상태로 남게 되는 경우도 있지만 장기적으로는 대부분 일반학급으로 환급하여 무난한 생활을 영위할 것으로 기대된다.

이 유형에 속하는 아동들은 대부분 원만한 성격을 지녔으며 또래관계나 교사와의 관계도 좋은 편에 속한다. 교사들은 흔히 이 아동들에 대하여 "노는 것이라면 어디 데려다 놓아도 뒤지지 않을 아이들이 공부는 안 한다"라고 이야기한다. 이처럼 이 아동들의 문제는 교과영역에서 부각되며, 교과학습에 대한 자발적인 의지의 부족이 가장 큰 원인으로 꼽힌다. 아동들 대부분은 한글 해득에 어려움을 느끼고 있으며 한글을 해득하는 데 걸리는 시간도 일반적인 경우보다 오래 걸린다. 그럼에도 불구하고 또래관계의 폭이 넓으며 교사와의 상호 작용도 매우 활발하여 학교에 오는 것을 즐거워한다.

이 유형에 속하는 홍정안과 홍정현 자매는 일본에서 귀국한지 육 개월이 되도록 한글을 완전히 습득하지 못하였으며 공부하는 것을 매우 싫어한다. 게다가 일본식 발음체제에 익숙해져 있어서 한국어를 정확히 발음하는 데 어려움을 겪고 있다. 다음은 그와 관련한 장 교사의 이야기이다.

〈58〉

장 교사: 일본어에는 받침이 없잖아요. 그러니까 정원이하고 정안이가 우리 말 익히면서 받침을 붙이는 것을 그렇게 어려워하는 거예요. 받침을 이해를 못하니까. 머릿속에 잠재적으로 남아있는 거지요. 머릿속 구조가 바뀌어야 하는데 그게 안 되니까 한 단계 더 거쳐야 되잖아요. 그러니까 더 늦는 거예요. 받아쓰기도 늦고……. 그런 걸 생각하면 아이들이 이해가 되기도 하지요. 정안이 같은 경우는 맨날 하려고 하지를 않아요. 맨날 놀자고만 하구. '받아쓰기 내주지 마세요' 그러고. 집에 가면 엄마한테 매일 혼난대요. 공부 안 한다고. 숙제를 내줘도 안 해오고 그러니까 그만큼 느린 거예요. 한글만 해득이 되면 어휘 이해하고 그런 거는 차후 문제더라고요.

교과적응을 적응의 중요한 축으로 삼고 있는 귀국반에서 한국어습득과 한글습득 여부는 매우 중요하게 다루어지며 아동을 범주화하는 데 매우 중요한 요인으로 작용한다. 이 유형에 속하는 아동들은 홍정안과 홍정현이 그러한 것처럼 한글습득을 하는 데 공통적으로 어려움을 겪고 있는 아동들이다.

이처럼 한국어습득과 한글습득을 어려워하는 아동들의 교과적응은 일차적으로 두 가지 기준에 의하여 판별된다. 하나는 효율성의 준거로서 '똑같은 내용을 다른 아동과 비교하여 얼마나 빨리 습득하는가'를 파악한다. 이것을 파악하는 주요 방법으로서는 '받아쓰기'나 '문답법'이 있다. 다른 하나는 '아동의 적극적인 학습참여 여부'인데, 이 기준은 생활적응이 교과적응의 전제조건이라는 구성원들의 생각과 부합되는 것이다. 생활적응이 잘 된 아동들은 수업시간의 규칙을 지킬 줄 알며 그러한 아동은 수업시간에도 성실하게 참여하여 결국 교과적응도 수월하게 이룰 수 있다는 논리이다. 그러나 반드시 생활적응이 교과적응의 선후가 분명하게 구분되어 이루어지는 것은 아니라는 것을 박서훈의 경우에서 찾아볼 수 있다. 제Ⅲ유형에 속하는 박서훈의 예는 생활적응과 교과적응이 서로를 강화하고 있다는 것을 나타내고 있다. 다음은 그에 대한 장 교사의 설명이다.

〈59〉

장 교사: 그런데 난 지금 생각해도 이상해요. 서훈이 말이에요. 미국에 한 15일 갔다 오고 나서 어떻게 그동안 그렇게 안 되던 한글을 깨칠 수 있는가 말이에요. 아니 미국 가기 전에는 어버버버 하면서 글을 못 읽던 아이가 이제 글을 읽을 때 떠듬떠듬도 아니고 쫠쫠쫠 읽어요. 그래서 제가 '너, 미국에 가서 한글공부 했니?' 하고 물어보기까지 했어요. 물론 전혀 아니라고 하더라고요. 아이들도 그게 한순간 깨쳐지는 경우가 있나 봐요. 서훈이는 그러고 나서 생활태도도 많이 좋아졌어요. 맨날 구박만 받다가 잘한다고 칭찬 받으니 저도 좋겠지요. 아무튼 참 잘 되었어요.

박서훈의 경우는 교과성취도를 활성화시킬 수 있는 환경이 존재함을 보여준다. 또한 위 예는 아동의 적응이 교과와 생활의 영역으로 엄격히 구분되어 이루어지는 것이라기보다는 삶의 과정 속에서 총체적으로 이루어지는 일이라는 점을 지적하고 있다.

이상에서 살펴본 바에 의하면 유형 제Ⅲ에 속하는 아동들은 학교를 '공부'의 맥락을 구성하는 곳으로서보다는 '생활'의 맥락을 구성하는 곳으로서 인식하고 있으며 외국 학교와 한국 학교를 구분하지 않는 대신 귀국반과 일반학급을 뚜렷이 구분하는 경향을 가지고 있다. 그러한 경향은 가능한 한 일반학급의 수업에 참여하지 않으려 하는 대신 귀국반은 '즐거운 곳'으로 여기는 태도에서 잘 드러난다.

4) "문제아": 교과적응도
안 되고 생활적응도 안 되는 아동

제Ⅳ유형에 속하는 아동들은 생활적응과 교과적응이 모두 만족스럽게 이루어지지 않고 있어서 교사가 가장 걱정을 많이 하는 아동들이다. 이들이 가지고 있는 공통점은 '의욕상실'과 '교과에 대한 이해력 부족'이다. 이러한 부적응현상은 아동들의 친구관계 형성에도 부정적 영향을 미치는 것이 보통이다. 특히 이들의 교과 부적응은 제Ⅲ유형의 아동들이 보이는 교과 부적응하고는 양상이 사뭇 다르다. 제Ⅲ유형에 속하는 아동들의 교과 부적응현상이 일시적인 것으로서 해소 가능성을 가지고 있는 것이라면 제Ⅳ유형에 속하는 아동들의 교과 부적응현상은 이미 고착된 양태를 나타낸다. 한 예로 이 유형에 속하는 김송우와 정종선 아동은 모두 2학년 아동으로서 외국에서 초등학교를 다니기 전에 귀국하여 일반학급 아동들과 똑같은 시기에 한국 학교에 입학하였으나 만 1년이 넘도록 한글을 터득하지 못해 학업성취도를 전혀 기대하고 있지 못하는 형편이다.

이들을 지도하는 장 교사는 아동들의 낮은 학업성취도 요인에 대하여 인지적 능력을 가장 주요한 것으로 꼽고 있다. 장 교사가 아동의 '인지적 능력'을 적응 요인으로 꼽는 것은 한글 지도를 전담하는 과정에서 아동의 학습량이나 학습 시간이 바로 한글 습득으로 이어지지 않는 다는 것을 경험하기 때문이다.

다음은 장 교사가 김송우 아동을 지도하면서 느낀 점을 이야기하는 내용이다.

⟨60⟩

장 교사: (김송우의 공책을 펴 보이며) 아니, '가갸거겨'를 몇 바닥을 썼는데, 그거 하다가 내가 "가갸거겨"로 안가고 가로로 "가나다라"를 짚고 있었더니, 송우가 '가갸거겨' 하고 읽는 거예요. 쉽게 말하면 송우는 가나다라도 모른다는 거예요. 아까 송우 엄마가 전화하셨기에 "송우 좀 가르쳐야 되겠네요. 집에서." 그랬더니 엄마도 집에서 그렇게 가르쳤대요. 그런데 도로 원위치래요. (다같이 웃음) 이거 집중력 같은 아이큐 문제 아니에요?

'인지적 능력'의 차이가 아동의 교과적응에 영향을 미친다는 주장은 동일한 출발점과 동일한 교재를 가지고 동일한 지도를 받은 아동들이 학업성취도에서 현저한 차이를 드러내는 것에 대한 나름대로의 분석에 토대를 둔 것이다. 장 교사는 한글학습을 시작한 지 일년이 지난 시점에도 책을 거꾸로 펴놓을 만큼 학습 속도가 느린 김송우 아동과 입학 한 달 만에 한글을 완전히 습득하고 일반학급의 전 교과 수업에 참여하는 이형석 아동의 예를 비교하면서 일반적인 경우는 아니라 하더라도 개별 아동의 '인지적 능력'이 적응하는 데 중요한 관건이 된다고 생각한다. 교사의 이러한 생각은 그만큼 적응에 개입하는 요인이 많다는 것에 대한 간접적인 설명이기도 하다.

한편 '생활'과 '교과'가 접합되어 나타나는 상황에서 '인지적 능력'은 관계형성의 순환적 과정에 개입할 수 있는 가능성을 가지기도 한다. 다음은 게임하는 과정에서 김송우 아동과 이세원 아동이 참여하는 방식을 기술하고 그에 대한 교사의 언급을 적은 것이다.

⟨61⟩

장 교사는 아동들이 교구를 가지고 노는 좌탁에 두어 명이 모여 있는 것을 보고 아이들을 향해 "우리 카드놀이 하자. 이리와" 하고 소리를 지른다. 아이들은

'저도요 저도요' 하고 다가온다. (중략) 장 교사와 연구자, 형석이, 세원이, 송우, 미하 이렇게 여섯이서 두 편으로 나누어 했다. 편 나누기는 손바닥의 위와 아래를 동시에 내밀어 셋씩 나누었다. 장 교사와 송우 그리고 연구자가 한편이고, 형석이와 세원이 그리고 미하가 한편이다. 게임방법은 각기 두 쌍으로 이루어진 그림카드를 섞어서 게임 참여자들이 한 장씩 가지고 나머지는 모두 바닥에 엎어놓는다. 순서대로 바닥에 있는 카드를 뒤집어 보고 자신이 가지고 있는 카드와 그림이 일치하면 카드를 획득하고 일치하지 않으면 다시 그림이 보이지 않도록 제자리에 엎어놓는다. 다른 사람들이 카드를 뒤집어 그림을 확인하는 동안 각 게임 참여자들은 그 그림이 어느 위치에 놓였는지를 기억했다가 동일한 그림의 카드를 획득해 가는 것이다. 미하를 제외한 다른 아동들은 게임의 방법을 알고 있는 듯했다. 미하도 곧 게임방법을 파악하였다. 송우는 다른 사람이 카드를 뒤집을 때 눈으로는 확인을 하는 것 같이 보였으나 자기 차례가 되면 다른 카드를 뒤집어 카드를 거의 획득하지 못했다. 게임 결과 가장 성과를 많이 올린 아동은 세원이었다. 결과는 세원이, 형석이, 미하 팀의 승리이다. 장 교사는 자리에서 일어나면서 '송우는 이 게임을 몇 번 하는데 아무 생각이 없어요. 세원이는 오늘 처음 하는데도 잘하잖아요. 공부도 비슷하니까요' 라고 이야기한다.

아동에게 놀이가 '관계형성'의 가장 중요한 통로임을 생각할 때 놀이 과정에 개입하는 아동의 '인지적 능력'은 대인 관계의 폭을 결정함으로써 아동의 생활적응에 영향을 미칠 수 있다. 위 경우처럼 놀이가 승부를 판별하는 종류의 것일 경우 김송우 아동의 행동방식을 아는 또래들은 그와 한 팀이 되는 것을 거부하게 된다. 뿐만 아니라 현저하게 드러나는 인지적 능력의 차이는 교사가 아동의 다른 행동을 설명하는 데에도 동원됨으로써 아동의 자아 효능감에 지속적으로 영향을 줄 수 있다.

한편 제Ⅳ유형에 속하는 정종선, 김송우, 고진우, 김소은 아동의 부적응을 인지적 능력으로만 설명하는 것은 충분하지 않다. 김소은은 미국에서 1년 반 동안 살다가 1학년에 입학한 아동으로서 원칙적으로 귀국반 입학 자격을 가지고 있지 않으며 교사의 표현에 의하면, '위탁교육'을 하고 있는 아동이다. 김소은은 다른 아동들과 원만한 관계를 유지하는 데에도 소극적이

며 특히 학습활동에 참여하는 것을 매우 힘들어한다. 다음은 소은의 수업태
도에 대한 장 교사의 이야기이다.

〈62〉

> 장 교사: 소은이는 '하자, 하자!' 하고 따라 다녀도 그냥 너부러지는데 어떻게
> 할까 모르겠어요. 미국에서는 하나의 과제를 해결하고 나면 바구니에
> 서 원하는 선물을 골라 갖는데 서울은 안 그런다는 둥, 미국선생님
> 은 원하는 때만 공부하라고 했는데 한국선생님은 안 그런다는 둥,
> 싫어도 하라고 한다는 둥 이러면서 아침부터 투덜대는 거예요.

소은의 경우, 김송우, 정종선과는 달리 부적응현상의 주요 원인을 한국 학
교생활에 대한 전면적인 거부반응으로 볼 수 있다. 이는 다른 나라의 학교체
제를 경험함으로써 비롯되었다는 점에서 비교문화적 인식에 토대를 둔 것이라
할 수 있다. 또한 눈에 비친 한국 학교의 모습을 있는 그대로 이야기함으로써
교사나 학교 관계자들이 귀 기울여 경청할만한 메시지를 전달하고 있기도 하
다. 그러나 소은의 대인관계의 형성과 학습참여에 대한 방관자적 입장은 이후
한국 학교생활을 통하여 좀더 높은 차원의 비교문화적 인식을 형성할 수 있는
통로를 스스로 차단하는 것이기도 하다는 점에서 문제점을 드러낸다.

이 유형에 속하는 고진우는 인도에서 귀국한 6학년 아동이다. 상급학교
진학을 앞두고 귀국한 이 아동이 가지고 있는 가장 큰 현실적 과제는 그동
안 누적되어 온 교과학습 부진을 극복하는 것이지만 실제로 아동은 과제해
결을 하기 위한 의욕적 태도를 보이지 않고 있다. 또한 또래들과의 상호 작
용에 적극적으로 참여하지 않기 때문에 학교 내에서 의미 있는 대화를 나눌
만한 대상을 찾는 데 실패하고 있다. 저학년 아동에 비하여 이 아동의 부적
응은 스스로의 자아감에 영향을 주고 어느 정도 고착된 양상을 보인다는 점
에서 좀더 문제로 부각된다. 이 유형에 속하는 아동들의 문제 상황은 공통
적으로 성격과 인지적 능력이 개입한다고 생각할 수 있지만 예외적으로 고
진우의 경우는 늦은 귀국시기와 거주국 경험을 숨기려는 데서 오는 낮은 자

아감이 더 큰 요인으로 작용한다고 생각할 수 있다.

<그림 8> 제Ⅲ유형과 제Ⅳ유형 아동의 학교생활

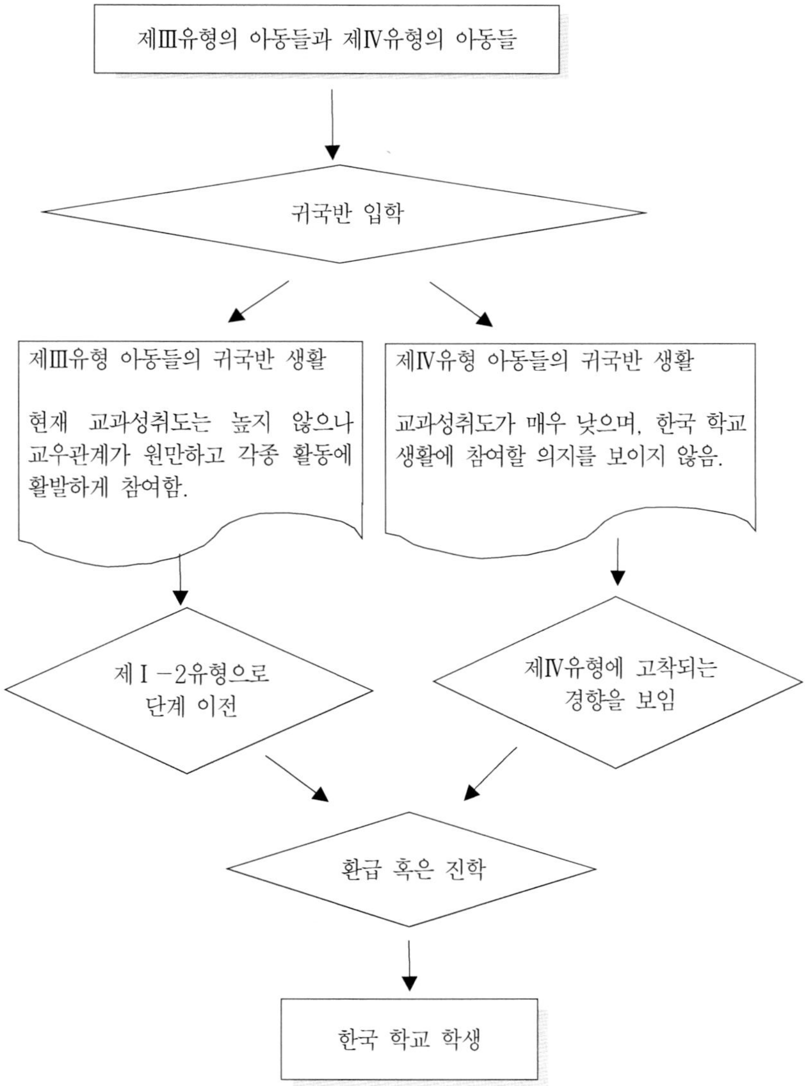

제Ⅲ유형과 제Ⅳ유형에 속하는 아동들은 공통적으로 한국 학교에 적응하지 못하고 있는 아동들로 인식되고 있지만, 양자는 생활 전반에 참여하는 태도와 교과성취도의 정도로 구분된다. 두 유형에 속하는 아동들이 모두 낮은 학업성취도를 특징으로 하지만 그 변화 가능성은 교사가 제Ⅲ유형과 제Ⅳ유형을 구분하는 데 사용하는 기준이 된다. 두 유형에 속하는 아동들의 공통점과 차이점, 그리고 그들의 학교생활 양상을 그림으로 나타내면 〈그림 8〉과 같다.

지금껏 살펴본 적응의 유형별 특징을 정리하면 다음과 같다. 우선 제Ⅰ-1유형은 '생활'과 '교과' 영역에서 효율성의 준거를 높은 정도로 만족시키고 있으며 영역간의 긍정적인 접합이 이루어지고 있는 형태이다. 제Ⅰ-2유형은 효율성의 준거를 어느 정도 만족시키되 여전히 지속적으로 그 수준을 높여야 할 과제를 가지고 있으며 영역 간 관련성은 대체로 높은 편이라고 할 수 있다. 제Ⅱ유형은 특이한 적응 양상으로 간주되는 것으로서 두 영역에 대한 효율성이 큰 차이를 나타냄으로써 아동의 적응과정이 생활과 교과로 분리되어 이루어지는 형태이다. 제Ⅲ유형은 경우에 따라 두 영역이 구분되기도 하고, 혼용되어 있기도 한 형태로서 생활 영역에 대한 효율성의 만족도가 상대적으로 더 높게 나타나는 형태이다. 제Ⅳ유형은 두 영역에서 효율성이 매우 낮은 정도로 이루어지며 제Ⅰ유형과는 달리 두 영역이 부정적으로 접합되어 있는 양상을 보인다는 것이다. 이처럼 귀국반 현장에서 아동의 적응 영역은 개념적으로는 생활 영역과 교과 영역으로 구분되지만 구체적인 현실 속에서는 효율성의 준거를 만족시키는 데에 양자가 높은 관련성을 가지는 것으로 드러난다. 〈표 4〉에서 살펴본 각 유형은 귀국반 아동의 적응과정을 이해하는 하나의 방식으로서 학교생활의 주요 영역과 그에 대한 평가의 준거인 효율성이 맺고 있는 관련성을 살펴본 것이다. 귀국반 아동이 앞에서 제시한 다섯 가지 유형 중 어느 유형에 소속되어 있느냐는 아동이 어느 정도의 시점에 와 있는가를 평가하는 지침이 되기도 한다. 일반적으로 아동들은 제Ⅳ유형에서 시작하여 제Ⅲ유형을 거쳐 제Ⅰ유형에 이르는 것이다〈그림 5 참고〉.

여기에서 제Ⅳ유형에 속한 아동들은 이미 그 단계에 고착된 양상을 보이는 아동들이라 볼 수 있으며 제Ⅲ유형에 있는 일부 아동들 역시 그러한 가능성을 가지고 있다. 한편 제Ⅱ유형은 특별한 사례로 분류되어 적응의 일반적 단계에서 제외됨으로써 현장에서 '생활적응'의 문제가 '교과적응'보다 상대적으로 더 중요시되고 있음을 다시 한번 확인시켜 준다. 하지만 이 역시 구체적인 생활장면에 개입하는 다양한 요인에 의해 제Ⅰ-1유형이나 제Ⅰ-2유형으로 진행될 가능성은 배제할 수 없다.

위에서 살펴본 유형의 범주가 모든 아동을 구분하는 데 동일한 정도의 적합성을 갖는 것은 아니다. 각각의 범주에 속한 아동들이 모두 비슷한 정도의 학업성취도를 달성하거나 똑같은 행동 양상을 나타내는 것은 아니어서 하나의 범주에 속하는 아동들 중에는 그러한 범주의 전형적인 특성을 갖고 있는 아동도 있고 이제 막 그러한 특성을 갖기 시작한 아동들도 있으며 다른 범주들에 속할 수 없기 때문에 해당 범주로 구분된 아동들도 있다. 즉 하나의 범주로 분류되는 아동들 역시 구체적인 장면에서는 다양한 현상을 표출하는 개별 아동이라는 것이다. 그럼에도 불구하고 교사들의 인식을 토대로 한 이러한 유형화는 귀국반 현장에서 통용되는 적응개념을 파악하는 데 도움을 주며 아동들이 변화해 가는 큰 흐름을 포괄적으로 제시해 주는 역할을 한다는 점에서 의의가 있다.

V. 적응현상의 구조

한국 학교의 독특한 맥락은 그 구성원들의 인식에 영향을 미친다. 아동의 적응유형을 구분하는 교사들의 인식 및 유형화에 동원되는 준거를 살펴보면 그것이 한국 학교의 특성과 밀접한 관련을 가지고 있음을 알 수 있다. 이 장에서는 한국 학교의 특징이 귀국반 적응 활동에 영향을 미치는 방식과 귀국반 구성원들이 그에 대처해 나가는 방식을 밝힘으로써 귀국반 적응현상의 구조를 파악해 보고자 한다.

1. 학교적응과 교육적응

귀국반의 제반 활동을 구성하는 원리는 적응이며, 그 일차적인 목표는 다른 문화를 경험한 아동을 한국학생답게 변화시키는 것이다. 귀국반 아동을 한국학생답게 변화시킨다는 것은 곧 한국 학교가 요구하는 태도와 능력을 갖추도록 하는 것으로서 이러한 적응 과제를 해결하는 과정은 크게 두 가지 관점에서 살펴볼 수 있다. 그것은 그동안 다른 문화권에서 학교체제를 경험한 아동으로 하여금 한국의 학교체제에 익숙하도록 하는 과정과 개별 아동 혹은 구성원들이 자신의 체험구조를 변화시키는 과정으로 구성된다. 여기서는 전자를 학교적응으로, 후자를 교육적응으로 구분하여 살펴보고자 한다.

1) 학교적응

한국 학교가 가지고 있는 특성은 근대사회의 학교본위 공교육제도의 보편화 맥락에서 형성된 것이라 볼 수 있다. 국가가 관리하는 공교육제도는 보편성과 통일성을 기본성격으로 출발함으로써 한 국가를 단위로 하는 보편적인 이념과 목적을 추구하는 동시에 교육의 운영방식에 대하여 통일성을 지향하게 되었다. 한국의 학교체제는 이러한 학교본위 공교육제도의 보편화 맥락과 학교팽창을 출발점으로 하는 한국의 특수한 교육구조를 그 토대로 하고 있다.

아동에게 요구되는 학교체제에 대한 적응은 한국학생으로 살아가기 위하여 한국 학교의 특성을 인식하고 그러한 특성이 개별 아동에게 부과하는 과제를 수행하는 것이다. 그러나 외국에서 장기간 다른 학교체제를 경험한 아동들은 이러한 과제에 직면하여 종종 긴장과 갈등을 유발하는데 그것은 한국 학교체제가 한국사회의 문화적 특성을 반영하고 있는 측면이 있기 때문이다. 이러한 이유로 귀국반 아동들이 드러내는 비판적 시각이나 갈등 상황은 아동의 개별적 특성뿐만 아니라 한국 학교체제의 특성을 확인할 수 있는 장면이라고도 할 수 있다.

한국 학교의 특성은 여러 형태의 제도나 암묵적 규칙의 형태로 구성원들의 일상을 구성하고 있기 때문에 구성원들에게는 잘 포착되지 않는다. 그러나 외국 학교체제에 익숙한 귀국반 아동들이나 학부모들은 비교문화적 시각을 가지고 한국 학교에 참여하며 한국 학교의 요구를 수용해야 하는 입장에 있기 때문에 그 특징들에 대하여 민감하게 반응한다. 그리고 대개의 경우 그러한 감식과정은 갈등과정을 내포하게 된다. 아동들의 일상적인 학교생활 속에서 구체적으로 나타나는 다양한 문제사태를 한국 학교체제의 특성과 관련하여 이해할 때 그것은 크게 '획일적 순응체제'와 '학력중심 경쟁체제'로 구분하여 볼 수 있다.

(1) 획일적 순응체제

귀국반 아동들의 갈등 상황, 학부모들이 한국 학교에 대하여 가지고 있는 불만, 그리고 귀국반 교사가 겪는 학급 운영상의 어려움은 대부분 한국 학교체제의 획일적 성향에 기인한다. 학교체제의 획일적 성향은 구체적으로는 수업 장면에서부터 진급제도에 이르기까지 폭넓게 나타난다.

우선 수업 장면에서 아동들은 한국 학교의 특정한 학습방식을 경험하게 된다. 학습방식은 개별 인간이 주변 환경을 인식하고 그것과 상호 작용하는 방식으로서 지속성을 가지며 개별 인간의 고유한 차이와 경험에 따라 변화하는 행위유형이다(Bennett, 1990). 이렇게 볼 때 각 아동의 학습방식은 그가 소속했던 사회의 사회화 과정, 사회문화적 통합의 정도, 생태적 환경, 생물학적 요인, 언어 사용방식 등에 의해 다양한 방식으로 표출될 수 있다. 즉 아동들은 동일한 문제에 대해서도 각기 다른 방식으로 문제를 파악하고 다른 방식으로 문제를 제기하며 다른 방식으로 문제를 해결할 수 있는 것이다. 어떤 아동들은 토론에 참여하는 것보다 설명을 듣는 것을 좋아하는 반면 또 다른 아동들은 실제로 어떤 일을 해보거나 관찰함으로써 배우는 것을 좋아하는 것이 그 예이다. 이처럼 개인의 학습방식은 문화적인 동시에 개별적인 성격을 갖는 것으로서 '옳고 그름'이 아닌 '다름'으로 구별할 수 있는 성격의 것이다.

귀국반 아동의 학습방식 역시 문화적인 특징과 개별적인 특징을 모두 가지고 있는데, 한국 학교는 그들의 그러한 학습방식이 가지고 있는 문화적 특성에 더 주목한다. 그 이유는 귀국반 아동들이 일반적으로 드러내는 수업 장면에서의 특징이 한국 학교 학생의 그것과 구별되거나 갈등을 일으키며 아동의 '학습부적응현상'을 초래하는 요인이 된다고 판단하기 때문이다. 귀국반

의 물리적 조건이나 상황이 일반학급의 그것과 같지 않음에도 불구하고 귀국
반 교사들이 일반학급의 수업방식과 통제방식을 재현하는 것도 아동들로 하
여금 한국적 학습방식에 익숙하도록 하기 위한 일종의 시도라고 할 수 있다.

아동들이 한국적 학습방식을 감식하는 것은 그들의 이전 경험인 외국 학
교생활을 통해서이다. 앞에서 제시했던 예 〈11〉에서 볼 수 있듯이 아동은
자신의 경험을 통하여 한국적 학습방식의 특징을 지적한다. 아동이 지적하
는 한국 학교 학습방식의 가장 큰 특징은 '교과서 중심의 정형화된 방식'이
라는 것이다. 아동이 파악하고 있는 교과별 학습방식을 살펴보면, 국어시간
에는 '읽고, 쓰기', 혹은 '읽고 답하기', 수학시간에는 '혼자 문제풀기', 사회
시간에는 '선생님 설명 듣기'가 그것이다. 아동은 외국의 토의식 학습이나
팀별 학습과 비교하여 한국의 학습방식이 어렵고 재미없다고 이야기한다.

귀국반 아동들이 한국식 학습의 가장 큰 특징으로 인식하는 것은 '쓰기'와
'외우기'이다. 이 양자는 모두 '과제부과식 학습'이며 혼자 해결해야 하는 '단
독학습'이다. 귀국반의 수업 상황 중에 교사는 아동이 다른 아동의 학습활동
에 개입할 때 "네 거나 잘 해" 혹은 "공부하는 애를 쓸데없이 왜 건드려!" 라
는 통제어를 사용하여 개입을 차단시킨다. 교사가 사용하는 일상적인 언어는
의도적이건 비의도적이건 아동에게 수업 상황에서 지켜야 할 또 하나의 규칙
으로 인식된다. 특히 외국에서 협동학습 혹은 집단 프로젝트학습 위주로 수업
한 경험이 있는 아동들은 위와 같은 교사의 통제맥락을 이해하는 데 어려움
을 겪는다. 협동학습이나 집단 프로젝트학습에 필요한 태도가 다른 아동과
적극적으로 의사소통을 하는 것이라면 교사 중심의 설명식 수업에 필요한 태
도는 조용하게 설명을 경청하거나 주어진 과제를 해결하는 것이다. 김정원
(1997)은 한국 초등학교 수업시간에 쓰기 활동을 많이 하는 이유로서 교사
의 양과 속도 중심 '검사'와 그에 대응하는 아동의 과제수행 방식 때문임을
지적한 바 있다. 그에 의하면 교사는 '검사'가 갖는 통제력을 보다 높이기 위
해서 주어진 양의 과제를 제 시간에 수행하지 못했을 경우 더 많은 과제를
내 주거나 아동들에게 보다 강도 높은 벌을 주기도 한다. 이러한 상황에서

쓰기 능력이 부족하다는 것은 단지 학업성취도의 문제를 야기할 뿐만 아니라 일상적인 생활의 문제도 야기할 수 있음을 의미하는 것이다.

귀국반 아동들이 일반학급 수업에 가는 것을 힘들어하는 것은 익숙하지 않은 수업 상황에 대한 두려움 때문뿐만 아니라 자신이 참여할 여지가 없는 일제식 수업에 대한 반응이기도 하다. 일반학급 수업에 대한 아동의 다음 설명은 아동들이 학교에서 공부하는 것을 어떻게 인식하고 있는지 드러내주고 있다.

⟨63⟩

연구자: 나는 민성이가 일반학급에서 공부하는 것을 못 봤잖아. 궁금해서 그러는데 이야기 좀 해줄 수 있겠어? 먼저 무슨 시간 해볼까? 국어시간?

박민성: 아니요. 수학시간!

연구자: 그래, 수학시간에 대해서 하자.

박민성: 수학시간에는요. 저는 뒷자리에 앉는데요. 선생님이 되게 무서워요. 숙제 안 해오면 맞아요. 저는 잘하고 있는데 다른 아이들이 맞는 것을 보면 무서워 죽겠어요.

연구자: 민성이는 잘하고 있는데 그래도 다른 아이들이 맞는 것을 보면 무서워 죽겠어?

박민성: 예. 그래도 좀 무서워요.

연구자: 다른 시간에는 어떻게 공부하지?

박민성: 그냥 선생님 말만 따라하면 돼요.

연구자: 선생님이 시키는 대로?

박민성: 선생님이 시키는 대로 하면 되고요. 그리고 공책에다 어쨌든 많이많이 써야 돼요.

연구자: 공책에 왜 많이많이 써야 돼?

박민성: 여기는 책이랑 공책이랑만 가지고 공부하니까……

연구자: 책하고 공책 말고 또 뭐 다른 거 없어?

박민성: 없어요.

위 아동이 언급한 것처럼 일제식 수업이 가지고 있는 특징은 교사의 지시에 따르는 것이 '학습을 했는가' 혹은 '학습을 하지 않았는가'를 가름하는 가장 중요한 기준으로 작동한다는 것이다. 그리고 아동의 학습 여부는 다분히 외적인 표현 양상에 의해서 차별화될 뿐 아동의 내적 성취도에 대한 확인은 생략되는 경우가 많으며, 이러한 상황 속에서 아동은 수업시간에 참여하는 것과 학습을 하는 것이 반드시 동일한 의미를 지니는 것은 아니라는 것을 파악한다. 아동들은 학습 여부가 질적인 척도가 아닌 양적이고 표면적인 척도에 의해 판별되며 교사의 지시는 학습의 맥락뿐만 아니라 통제의 맥락에서도 이루어진다는 것을 인식하게 된다. 특히 교사가 아동에게 자주 요구하는 '쓰기'와 '외우기'는 설명식 수업에 대한 아동의 개별적 확인학습임과 동시에 교사가 수업시간에 아동을 통제하는 방식이기도 한다.

학급의 수업형태를 교사중심의 일방적인 전달체제로 특징짓는 데 영향을 미치는 요인은 다양하다. 우선 아동의 하루 일과를 구조화하는 시간표가 그러하다. 아동의 학교생활은 제도화된 일련의 시간 틀에 의해 몇 부분으로 나누어지며 그중 '수업시간'과 '쉬는시간'의 경계를 지키는 것은 매우 중요시된다. '수업시간'과 '쉬는시간'의 전환은 공식적인 규칙에 의하여 이루어지는 것을 원칙으로 하고 있으며 이는 학급을 운영하는 교사에게 일종의 압력으로 작용하여 시간단위와 일치하는 '수업시간'을 구성하도록 한다. 그러나 아무리 치밀하게 계획된 수업이라 할지라도 실제 수업활동시간과 단위시간이 일치하지 않는 경우는 비일비재하다. 이는 교수학습 과정이 교사와 아동의 상호 작용을 통해 구성되는 역동적인 과정이기 때문이다. 예 〈32〉에서 보는 것처럼, 수업 상황의 형식적 종료는 시간적 규칙을 중시하는 교사에 의해 지시적으로 이루어지는 데 비하여 실제적인 수업활동의 종료는 아동의 내적 맥락에서 자의적으로 이루어진다. 실제 수업시간과 공식적인 '수업시간'의 불일치는 구성원으로 하여금 전략적 행위를 하게 하는데 고프만(Goffman, 1961: 강수택, 1998: 204, 재인용)의 개념을 빌리면 그들의 행위는 다분히 '전략적 상호 작용(strategic interaction)'의 의미를 지니고 있다. 고프만이 말하는 '전략적 상호 작용'이란 "자신들이 잘 구조화된 상호 침해 상황 속에 있음을 발견한 개인들 혹은 당사자들이 자신들에 관하여 상대방이 어떻게 생각할 것인지를 판단한 후 거기에 기초하여 행위과정을 교환하는 것"이다. 교사와 아동은 각기 자신의 방식대로 시간적 규칙을 준수함으로써 갈등을 표출시키지 않고 서로가 받아들일 수 있는 합의적 상황을 구성하기 위해 전략적 상호 작용을 한다. 이처럼 한국 학교의 교실에서 '수업시간'이 실제 수업 상황을 조직하는 시간적 틀로 기능하지 못할 경우에도 '수업시간' 은 교사와 아동의 합의에 의해 형식적으로 준수된다.

귀국반에서 '수업시간'과 실제 수업활동이 일치하지 않는 상황을 다루는 방식은 일반학급과 다소 다르다. 귀국반 교사는 낯선 환경으로 인하여 상대적으로 더 큰 수업부담을 가지고 있는 아동을 이해하고 그들의 수업 상황 이탈행위에 대해 좀더 허용적인 태도를 보이기 때문이다. 그러나 수업 상황 조직을 중심으로 한 교사와 아동의 허용적 관계는 잠정적이고 일시적으로 이루어지는 것으로서 아동의 한국 학교생활에 지속적으로 영향을 미칠 수 없으며 아동은 시간이 지날수록 수업 상황의 구성과 해체가 이루어지는 방식을 수용하게 된다.

수업 상황 조직에 관여하는 외적 구조가 '수업시간'이라면 '수업태도'는 내적 구조라고 할 수 있다. 한국 교실의 수업 상황에서 교사는 아동에게 끊임없이 '바른 태도', '조용히 하기', '성실한 과제해결', '주의 집중' 등을 요구한다. 교사의 아동에 대한 이러한 요구는 특정한 맥락에서 반복적으로 이루어짐으로써 아동에게 즉각적으로 인식되고 전달되어 수업 상황을 조직하는 중요한 요인으로 작용한다. 다음은 장 교사의 전임자였던 한 교사가 한 시간의 '수업시간' 동안 아동에게 수업태도를 요구하는 장면을 나열한 내용이다.

〈64〉

교사가 말을 이어가려고 하는데 한 아동이 교사의 말을 끊고 이야기를 시작한다. 그러자 다시 교사가 아동의 말을 막으며 이야기한다.

> 한 교사: 어제 홍 선생님이 뭐라고 하셨어요? '선생님 말씀하시는데 끼어들지
> 않기 남 이야기하는데 잔소리하지 않기'(큰 목소리로) 또 다리 자꾸
> 흔들지 마. 다리 흔드는 사람 누구야? 저기. (교사 맞은편에 있는
> 성수를 가리키며) 성수, 이리로 와. 이리 와서 앉아.
> -(중략)-
> 한 교사: 자, 바른 자세 공부를 잘 했나 보겠어요. 금모래는 어떤 모래?
> -(중략)-
> 한 교사: 이제부터 이야기하지 않는 거야. 이야기하지 않고 옆으로 놓고 그리
> 는 거야.
> -(중략)-
> 한 교사: 야, 유민우, 이야기하지 마. 지금부터 이야기하면 타임아웃! 늦게 그
> 리는 사람이 나중에 보면 그림도 좋지가 않아.

규칙은 누군가가 그 규칙으로부터 이탈하거나 합의의 경계선을 벗어날 때에 비로소 겉으로 드러난다(Woods, 1983). 교사는 규칙을 이탈하는 아동에 대한 통제를 함으로써 수업 상황을 환기하고 재조직하는데 이러한 일련의 과정은 관행적이고 반복적으로 이루어진다. 이러한 경험은 구성원들로 하여금 '수업태도'와 관련한 규칙을 요구하고 준수하는 행위 자체를 수업의 중요한 부분으로 인식하게 한다. 교실 수업 상황을 구성하는 데 개입하는 이와 같은 행위의 규칙들은 교사의 개인적 선호뿐만 아니라 사회·문화적인 맥락을 반영하고 있다. 한 사회의 수업 상황에서 용인되는 태도가 다른 사회의 수업 상황에서는 용납할 수 없는 태도로 인식되는 것은 사회·문화적 가치가 수업의 규칙에 영향을 미치기 때문이다. 예 〈62〉과 〈64〉은 '수업태도'와 관련하여 교사와 아동이 모종의 문화적 긴장관계를 형성하고 있으며 수업태도와 아동의 적응이 밀접한 관련성을 가지고 있다는 것에 대한 교사의 인식을 드러내준다.

특히 예 〈62〉의 경우는 교사가 자신에 대한 불만을 직설적으로 표현하는 아동의 태도를 어떻게 인식하고 있는가를 보여주는 것으로서 아동의 수용적

태도가 교수학습활동의 관건이라는 교사의 생각이 잘 드러나 있다. 교사가 가지고 있는 이러한 생각은 학습 상황의 규칙을 제시하고 확인하는 과정에도 영향을 미친다. 교사의 입장에서 아동에게 무엇인가를 가르치는 일은 아동의 긍정적이고 적극적인 태도를 전제로 이루어짐에도 불구하고 많은 아동들은 교사의 기대와 다른 방식으로 행동한다. 이는 아동의 개별적 특성과 문화적 차이로 인한 갈등이 혼합되어 표현되는 양상이라고 할 수 있다. 교사와 아동의 갈등은 이처럼 교사의 의도와 기존의 태도를 고수하려는 아동 간의 긴장관계에서 시작하며 이는 '수업태도'의 문제를 중심으로 부각된다. 교사는 수업시간 내내 '다른 짓'을 하고서도 수업내용을 잘 파악하고 있는 아동을 '양키스타일'이라 지칭하며 '수업태도'와 학습성취도가 반드시 직결되는 것이 아니라고 생각한다. 그럼에도 불구하고 아동이 '수업태도'에 대한 규칙을 이행하지 않는 경우 다른 규칙을 어겼을 때보다 엄하게 꾸짖는데 이는 한국 학교에서 요구하는 '수업태도'의 전형을 가르치는 것이 아동의 적응과 밀접한 관련이 있다고 생각하기 때문이다.

이렇게 볼 때 귀국반 아동들이 수업 상황에 적응한다는 것은 한국 학교가 처한 물리적 현실, 사회문화적 인식, 그리고 그러한 토대 위에서 전개되고 있는 교육과정, 가르치는 교사와 배우는 학생이라는 관계 규정 등이 총체적으로 관여하는 장면에 익숙해지는 것이라 할 수 있다. 이처럼 문화적 기반을 가진 수업 상황에 대한 적응은 단시간 내에 습득할 수 있는 것이 아님에도 불구하고 아동으로 하여금 즉각적으로 받아들이도록 요구하는 경향이 있다. 여기에는 한국 학교가 학생들을 규정하는 방식이 포함되어 있다. 즉 학생들은 주어진 것을 기계적으로 수용하는 존재이며, 특히 다른 문화권에서 온 학생의 경우 그동안 결핍되었던 것을 받아들이기 위하여 더욱더 순응적 태도가 필요하다는 인식을 내포하고 있는 것이다.

한국 학교의 획일성과 그에 대한 순응의 요구가 가장 잘 부각되는 것은 상급학년 혹은 상급학교로의 진급제도에서 찾아볼 수 있다. 귀국반에서 이루어지는 구체적인 활동이 목표로 하고 있는 '환급'도 획일적인 진급제도,

특히 '학령제'와 밀접한 관련성을 가진다. '학령'은 학교에 입학하는 아동들의 연령에 대한 규정일 뿐만 아니라 아동의 각종 과업 수행에 대한 제도적 기대치이기도 하다. 즉 한국 학교에서 학령은 곧 제도적으로 부여되는 연령으로서 개인의 개별적 능력이나 상황을 이유로 그것을 거부하거나 변경하기 힘들다. 실제로 한국 학교에 편입해야 할 필요를 가지고 있는 귀국반 아동들의 적응 활동은 '학령'을 중심으로 조직되고 '환급'을 통하여 평가된다.

학령제는 귀국반 아동이 환급하는 데 걸리는 시간을 조정한다. 아동들의 적응에 대한 제도적인 지표인 '환급'은 '시간'과 '수준'에 대한 공식적 혹은 비공식적 지침을 가지고 있다. 제2장에서 살펴본 바 있듯이 귀국아동들은 규정상 귀국반에 입학한 지 2년 이내에 환급하도록 되어 있으며 실제로도 몇몇 예외적인 아동을 제외하고 대부분의 아동들이 6개월에서 1년 사이에 환급을 하게 된다. 환급시기의 결정은 일반학급 아동들의 평균수준과 비교하여 아동들의 적응 정도가 얼마나 되는가를 참조한다. 교사들은 아동들의 적응도와 관련하여 "귀국반에서 완전히 적응시키기는 힘들므로 70%정도만 적응되었다고 생각하면 환급시켜야 한다"는 잠정적인 지침을 가지고 있다. 일반적인 환급시기와 적응도를 적용하는 것으로부터 예외가 되는 경우는 임상운과 박현수처럼 외양으로 확연히 구분이 되는 혼혈아인 경우이다. 이들의 환급을 보류하고 있는 홍 교사의 설명을 들어보면 다음과 같다.

〈65〉

　상운이는 2년 가지고 안 될 것 같아요. 상운이는 여기서 최대한도로 지도해서 일반학급에 가서는 다른 애들을 완전히 따라갈 정도로 해서 올려 보내야 해요 안 그러면 개는 힘들어요. 2년 이상 가더라도 일반학급 선생님들한테 이야기를 해두어야 해요. 특별히.

위 경우와 같은 예외를 적용하는 것은 평소에도 일반학급에 가서 눈에 띄는 외모 때문에 과도한 시선을 받고 있는 아동들이 생활태도와 어눌한 언어사용, 그리고 낮은 학업성취도로 인하여 부정적으로 인식되고 그러한 인식이 고착화될 수 있다는 우려 때문이다. 환급시기에서 예외를 적용하는 경우는 이처럼 다른 사람들에게도 호소력을 가질 만큼 분명한 때이다. 이러한 제한된 예외 적용은 일반적으로는 제도적 환급시기가 엄격히 적용된다는 것을 의미하는 것이다. 실제로 대부분의 학부모나 아동이 귀국반에서 더 학교생활을 지속하고자 하여도 교사의 판단에 의하여 환급시키는 것이 일반적이다. 귀국 후 일반학교에 바로 입학하여 생활하는 데 어려움을 겪다가 귀국반으로 전입한 아동의 경우 아동이나 학부모는 교과성취도가 일반학급 아동보다 월등히 높음에도 불구하고 환급하지 않으려고 하는 경향이 있다. 이러한 경우에도 교사는 '환급'이라는 단호한 결정을 내리는데 그 때문에 간혹 학부모와 갈등이 유발되기도 한다. 그러나 적응을 판단하는 주체가 학교 혹은 교사이고, 제도적 규정이 그 결정을 정당화시키는 상황에서 학부모들이나 아동의 요구가 수용되는 일은 거의 일어나지 않는다. 이는 환급이 개인적 적응의 지표가 아닌 제도적 적응의 지표라는 사실을 다시 확인하게 한다.

한편 아동들은 귀국시기에 따라 서로 다른 적응 활동에 참여하게 된다. 제3장에서 언급한 바처럼 학령에 따라 일반학급으로 편입해야 하는 상황에서 아동들이 몇 학년 때 귀국했는가는 곧 얼마간의 한국 학교 공백기를 극복해야 하는가의 문제로 직결되기 때문이다. 고학년 아동에 비하여 한국 학교생활의 공백기가 적은 저학년 아동들은 상대적으로 적은 적응 과업을 가지고 있다. 또 외국 학교 경험이 적은 저학년 아동들은 특별한 경우를 제외하고 한국 학교의 규범이나 분위기를 받아들이는 데 큰 어려움을 겪지 않는다. 교과 영역에서도 저학년 아동들은 고학년 아동들에 비하여 상대적으로 부담이 적다. 저학년 아동들의 '교과적응'은 대체로 한글 습득 여부로 평가되지만 고학년 아동들은 한글습득은 물론이고 일반학급 아동들과 각 교과 진도를 맞추어야 하기 때문이다. 예 〈45〉에 나타난 것처럼 고학년 아동의 경우 자칫 '학습부적응'이 '학습부진'으로 고착될 우려가 있는데 교사들은 아동의 귀국반 생활이 길수록 이 상황이 더 심각해 질 것이라 생각한다.

고학년 아동이 가지고 있는 상급학교 진학의 과제는 아동으로 하여금 귀국반에 오래 소속될 수 없도록 하는 현실적 이유를 제공한다. 이러한 현실은 교사로 하여금 한정된 시간을 효율적으로 활용하기 위한 전략을 갖게 한다. 이러한 예는 한 교사의 언급에서 확인할 수 있다.

〈66〉

한 교사: (6학년 아동인 민우를 가리키며)저 아이를 가르치면서 마음이 급한 이유가 있어요. 내년에 제 나이에 맞춰 중학교에 가야 하니까 그게 문제예요. 국어는 어느 정도 하는데 수학은 지금 3학년 것부터 시작하는 거예요. 아이가 지금 이해를 못한다고 내년에 중학교 가는 아이에게 마냥 3학년 수학만 가르치고 있을 수는 없는 것이거든요. 그래서 4학년, 5학년 과정도 축약해서 가르치고 있어요. 본인은 힘들겠지요. 그렇지만 어떻게 해요. 중학교를 나중에 들어갈 수도 없는 일이고. 그래서 쉬운 것은 넘어가고 어려운 것만 가르치고 있어요. 어려운 것 하면 쉬운 것은 저절로 할 수 있겠다 싶어서. 하여튼 얘만 보면 마음이 급해요. 여기서는 그렇다 하더라도 중학교 가면 많이 힘들 텐데……

위 예에서 보듯이 아동의 학교생활 전반에 대한 책임을 지고 있는 교사는 교과적응 여부를 '학령'에 의거하여 판단할 수밖에 없는 상황에 놓여 있다. 이러한 상황에서 아동들의 다양한 문화적 경험은 그들의 학습지체를 보상해 줄 만한 가치가 있는 것으로 인정받지 못한다. 때문에 아동에게 생활방식의 차이에서 오는 갈등을 해결하고 다양한 문화적 경험을 하는 동안 지체되었던 교과학습을 보충하는 일은 빠른 시간 내에 해결해야 할 과업인 것이다. 특히 고학년 아동의 경우 생활적응보다는 교과적응에 초점을 맞추는 경향이 강한데 이는 고학년 아동들이 가지고 있는 생활적응의 문제가 심각하지 않아서가 아니라 진학이라는 현실적 과제가 상대적으로 교과적응에 대한 요구를 더 절실히 요청하기 때문이다.

한국의 학교제도가 요구하는 시간에 맞추기 위하여 교사는 아동을 가르치는 데 과도한 '건너뛰기'를 하기 위한 다양한 전략을 구사하게 된다. 앞의 예 〈14〉와 〈66〉에서 제시한 압축적인 교과적응의 전략은 때로 문제 상황으로 표출되어 환급 후에 다시 귀국반에 와서 보충수업을 받는 경우가 생기기도 한다. 이러한 일련의 현상은 개별 아동이 가진 역량과 관계없이 똑같은 시기에 상급학년으로 올라가고, 상급학교로 진학하도록 규정된 '학령제'와 이로부터의 일탈을 어떤 이유에서든 '낙오'로 취급하는 한국 학교 구성원들의 인식 때문에 나타나는 것이라고 볼 수 있다. 미국시민권을 가진 최호진의 부모는 귀국 후 2학년 학령에 해당하는 자녀를 1학년 협력학급에 입학시켰다. 이유는 아동이 미국에서 태어나고 자랐기 때문에 한국어와 한글을 전혀 알지 못한다는 것이었는데 이러한 결정에 대하여 학교의 구성원들은 의아한 태도를 보였다. 교사들은 "굳이 그럴 것은 없는데, 그래도 걔는 어차피 외국으로 나갈 거니까 큰 문제는 없어요"라고 이야기한다. 이는 반증적으로 학령제의 영향에서 예외가 될 아동은 극히 드물다는 것을 의미한다. 이처럼 학령제는 귀국반 구성원들의 상호 작용 방식과 활동 내용을 결정하며, 아동은 그러한 과정에서 제 나이에 맞는 학년으로 가는 것이 매우 중요한 일임을 인식하게 된다. 그러나 경직된 학령제는 아동의 실제 학습준비도보다는 외적 기준을 준수하는 데 치중하도록 함으로써 개별 아동이 스스로의 고유한 맥락에서 한국 학교생활에 참여할 의지를 갖도록 하는 데 한계를 드러낸다.

지금까지 살펴본 바처럼 한국 학교체제는 귀국반 아동에 대한 적응교육이 아동들의 다양한 경험과 수준을 고려하여 다양한 교육과정이나 수업방식을 개발하도록 하기보다는 기존의 기준과 체제에 일방적으로 맞추어가도록 하는 측면이 강하다고 할 수 있다.

(2) 학력중심 경쟁체제

한국 학교에서 이루어지는 경쟁의 핵심적 영역은 학력이다. 제3장에서 살펴본 것처럼 아동과 학부모는 귀국 전부터 한국 학교의 학력경쟁에 합류해야 하는 것에 대하여 부담을 느끼고 있다. 특히 장기간 한국 학교제도로부터 격리되어 있었다는 사실에 불안감을 느끼는 귀국아동과 학부모들은 다른 아동들과 동등하게 경쟁할 수 있는 위치를 점하기 위해서 모종의 특별한 조치를 취해야 한다고 인식한다. 그러한 인식은 다른 아동들이 어떻게 경쟁에 참여하는가를 준거로 삼아 적절한 방법을 모색하게 함으로써 본격적으로 한국 학교의 경쟁체제에 편입하게 한다. 결국 한국 학교의 경쟁체제는 거의 예외 없이 귀국반 아동의 생활에 직·간접적으로 영향을 미치게 되는 것이다.

언뜻 귀국반 아동들은 귀국반이라는 안전지대에서 다른 아동들과는 다른 형식의 삶을 살고 있는 듯 보인다. 그러나 아동들이 한국 학교에서의 삶은 학력경쟁과 밀접하게 관련되어 있다는 것을 알아차리는 데는 그리 긴 시간이 걸리지 않는다. 귀국반 아동을 중심으로 이루어지는 일상적인 담화의 내용이 대부분 '공부'와 관련을 가지고 있기 때문이다. 특히 교사와 아동 간에 이루어지는 상호 작용은 그러한 인식을 강화시킨다. 진지한 상담 장면에서도, 사적인 대화 장면에서도, 칭찬을 하는 장면에서도, 그리고 농담을 주고받는 장면에서도 '공부'는 내용의 중심을 이루는 경우가 많으며 이러한 대화의 맥락에서 '공부'는 '시험성적'과 밀접하게 관련되어 있다.

한국 학교에서 시험은 교육평가의 한 방편으로서 뿐만 아니라 '경쟁촉진'을 심화시키는 역할을 하고 있다. 김신일(2000)은 시험의 경쟁촉진 기능이 입시위주의 한국교육이 당면하고 있는 가장 큰 문제의 하나이며 과열된 경쟁분위기가 교육전체를 비교육적 상황으로 몰아넣고 있다고 지적한 바 있다. 시험점수가 아동의 학교생활을 판단하는 중요한 준거로 작동하는 상황에서 귀국반 아동들의 시험점수는 매우 가시적인 적응의 지표로 인식되는 경향이 있다. 다음은 일반학급에서 받아 온 아동의 시험점수에 대하여 귀국반 구성원들이 어떠한 반응을 보여주는지 제시한 내용이다.

〈67〉

시험을 치르고 돌아 온 세나가 수업 중인 귀국반에 들어온다. 장 교사는 세

나에게 점수를 물었고 세나는 시험지를 치켜들며 100점을 맞았다고 이야기한
다. 장 교사가 아이들에게 세나의 시험지를 보여준다.

아이들: (장 교사 주위에 우르르 모여들며) 와 어디 보여주세요. 진짜 100점
　　　　받았어요?
정나원: 와, 나도 100점 맞고 싶다.
장 교사: (나원을 쳐다보며) 나원이도 열심히 하면 맞을 수 있어. 맨날 장난만
　　　　치지 말고. (장 교사는 세나의 시험지를 들고 수업중인 홍 교사에게
　　　　다가가서) 선생님 세나가 잘 했네요.
홍 교사: (옆에 서 있는 세나를 의식하며) 어이구 세나 잘 했네.

　　위의 예에서 살펴본 것처럼 귀국반 아동들도 일반학급 아동들처럼 시험점
수에 큰 관심을 가지고 있으며 시험이 학급 내에서 자신의 위상을 결정하는 데
중요한 역할을 한다는 것을 알게 된다. 그러나 많은 경우 귀국반 아동들은
교과학습 성취도를 측정하기 위한 시험에서 일반학급 아동에 비하여 상대적
으로 낮은 점수를 받곤 한다. 교과적응 단계에 있는 귀국반 아동과 그동안
교육과정을 단계적으로 이수한 일반학급 아동 사이에 성취도의 차이가 나는
것은 어쩌면 당연한 일이다. 그럼에도 불구하고 아동들은 자신의 소속이 귀
국반임을 재확인함으로써 학업성취도에서 나타나는 차이에 대한 상실감을
최소화하고자 한다. 이는 아동이 자기방어 기제를 작동시키는 것이자 한편
으로는 아동의 학력에 대한 열망과 경쟁에서 우위를 차지하고 싶은 욕구 표
현의 한 방식이라 해석할 수 있을 것이다.
　　아동이 한국 학교의 경쟁체제를 습득하는 또 하나의 중요한 통로는 가정이
다. 아동에게 지대한 영향을 미치는 학부모들은 귀국을 전후하여 자녀의 한국
학교생활 준비에 대한 다양한 압력을 받는다. 한국 학교의 맥락으로부터 장기
간 분리되어 있던 귀국반 학부모들에게 다른 학부모들이나 친지의 조언은 결
정적 지침이 되는 동시에 압력으로 작용한다. 다음은 귀국반 학부모 모임에서
자녀교육과 관련하여 주위로부터 받는 자극과 압력을 이야기하는 장면이다.

〈68〉

승준母: 우리는 할머니가 난리가 났어. '너네는 6년이나 살다가 왔는데 영어를
　　　　못하면 되느냐'고 하면서, 영어 가르치라고 난리예요.
미하母: 어머머, 할머니가 세련이다. 보통 엄마들이 그래도 할머니들이 아이
　　　　잡지 말고 놔두라고 하잖아.
승준母: 우리는 거꾸로 되었어요. 그게 왜 그런가 하면 어머니 친정 쪽으로 다
　　　　박사야. 너무 공부를 잘해서 박사고 판사고 뭐 그런데, 이 아들들을
　　　　박사를 못 만들은 게 한이 되는 거예요. 그래서 나보고 아이들 공부
　　　　안 시킨다고 그러세요. 다섯 살짜리 우리 쌍둥이보고 보기만 하면 책
　　　　읽으라고 하신다니까요.

　　귀국반 아동들과 학부모들이 가지고 있는 학력경쟁에 대한 부담은 위의
예에서처럼 주변의 압력과 한국의 교육 상황에 대한 체험을 통해 지속적으
로 커진다. 물론 비교문화적 시각을 가지고 있는 학부모들은 한국교육의 현
실에 대하여 비판적인 시각으로 성찰하고 주관을 가지고 자녀교육에 임하고
자 하는 경향을 보이기도 한다. 그러나 시간의 흐름에 따라 귀국반 학부모
들은 한국 학교의 경쟁체제에 대해 방관자적이고 비판적인 입장을 보이며
자녀의 문화적 경험과 외국어능력에 대해 자부심을 가졌던 태도를 변화시킨
다. 그러한 변화는 주로 자녀들의 생활 세계인 한국 학교에서 아동의 문화
적 경험이나 외국어능력보다 더 현실적인 가치를 가지고 있는 것이 높은 학
업성취도임을 다시금 절실히 깨닫게 되면서 일어난다. 그러한 현실인식에
일조를 하는 것은 귀국학생을 지원하는 마땅한 체제가 준비되어 있지 않음
에 기인하기도 한다. 귀국아동의 능력을 유지하고 신장시킬만한 지원체제가
없는 상황에서 외국어능력을 유지시키는 일은 개별적인 선택의 문제로 남게
되기 때문이다. 더구나 한국 학교에서 외국어능력이 낮은 학업성취도를 보
상하는 기제로 작용하지 않음으로써 학부모들은 자녀의 학업성취도를 위한
지원은 아동의 진로와 관련하여 선택적인 것이 아니라 필수적인 것으로 인
식하게 된다. 다음은 외국어능력이 진학하는 데 경쟁가치로서 큰 의미를 가

지지 못하는 현실에 대한 교사의 설명이다.

〈69〉

　홍 교사: 엄마들은 한국에 오면 영어 하나로 다 될 줄 아는데 그게 아니거든요. 성수 형이 있거든요. 이제 걔가 큰일 났어요. 걔는 6학년 때 와서 여기서(귀국반) 6개월 정도 있다가 중학교 갔어요. 그러니 다른 교과는 전혀 따라가지 못하고 영어만 자신 있지! 영어는 잘하니까. 영어는 우리나라에서도 최고급 수준이니까……. 그런데 엄마가 고민인 거예요. 엄마는 대원외고 같은 데 보내고 싶은데 거기 가서 알아보니까 거기는 토플 토익 점수 가지고는 뽑지를 않는 대요. 그럴 수밖에 없는 것이 대부분의 아이들이 그런 애들인데 학교에서 하는 말이 영어능력 가지고 여기서 얘기하지 말라고 하더래요. 학교 성적으로 뽑는다는 거지요. 영어는 중요한 게 아니라는 거지요. 그래서 특례입학이 안 되느냐고 하는데 고등학교는 특례입학은 없거든요. 부모들이 여기(한국)에 와서 고민에 빠지는 것이 그런 것이에요. 현실적인 문제들. 인선이도 마찬가지 일 거예요. 일반 고등학교 갈 실력은 안 되고 공부를 시키려니 이미 늦어버렸고……. 그렇다고 외국인 학교 보내자니 여러 가지 현실적인 여건이 있고……. 그래서 고민이 많은가 보더라고요.

　이처럼 학교의 선발제도 속에 내포되어 있는 학력제일주의는 학부모의 현실인식에 큰 영향을 미치며 그에 적합한 자녀지원 활동을 모색하도록 한다. 학부모들의 자녀지원 활동이 전개되는 양상은 그동안 그들이 비판했던 일반 학부모들이 하는 방식을 따라하는 것으로 나타난다. 또 귀국반 학부모들 중 좀더 먼저 한국 학교생활을 경험했거나 공부를 잘하는 아동의 부모는 다른 부모들에게 중요한 정보원 역할을 함으로써 귀국반 학부모들이 한국 학교의 경쟁체제에 대응하는 방식을 공통적으로 모색하게 한다. 학부모들의 이러한 인식은 심리적으로, 그리고 물리적으로 아동에게 직접적인 영향을 미치게 되며 한국 학교에서 남보다 공부를 잘하는 일은 매우 중요한 일이라는 인식을 점점 더 강화하게 된다. 이처럼 한국 학교의 경쟁체제에서 공부가 차지하는 비중은 다른 무엇보다도 높지만, 공부를 중심으로 한 영역 이외의 장면을 통해서도 아동들은 한국 학교생활을 구성하는 주요원리가 경쟁임을 알게 된다. 학교에서 하는 대부분의 활동은 높은 성취도 달성을 목표로 하고 있으며 그 과정보다는 결과를 평가함으로써 활동 자체에 참여함으로써 얻을 수 있는 의미를 지나치게 사장시키는 경향이 있다. 다음 내용은 한국 학교의 지나친 경쟁체제에 대한 학부모들의 비판적 인식을 드러내고 있다.

〈70〉

성미母: (미국이) 한국하고 다른 것이 뭐냐 하면 한국은 그림이나 만들기 같은 것을 하면 보통 잘하는 아이 위주로 수업을 하잖아요. 그런데 거기는 프로젝트 자체가 그렇게 못할 수 있는 것이 아니에요. 그러니까 잘하는 아이가 그렇게 잘할 수 있는 것도 아니고, 못하는 아이라고 그렇게 못 할 수 있는 것이 아닌 거예요. 누구나 똑 같이 할 수 있는 것을 택하더라고요. 그런 종류의 것을 많이 해요. 나중에 보면 누가 잘하고 누가 못하고 그런 차이가 많이 드러나지 않는 거예요.

수지母: 우리나라는 교실 뒤의 게시판에다가 잘 된 것을 뽑아서 걸어 놓잖아요. 그런데 거기는 전체 아이들 것을 다 걸더라고요. 공간이 모자라면 복도에도 하고.

성미母: 한 달에 하나씩 이렇게 프로젝트를 진행하면서 교사들은 그 결과를 교실 어디에 어떻게 게시할 것인가를 다 계획하고, 모든 프로젝트결과를 교실에 다 걸어 놓으니까 아이들도 누가 잘하고 못하고에 대해서 그렇게 신경을 쓰지를 않는 것 같아요.

수지母: 그리고 스크랩도 굉장히 많이 하지 않아요? 수지 같은 경우는 일년 학교를 다녔는데 스크랩이 굉장히 많았어요.

(두 엄마는 미국의 학교에서 아이들이 했던 활동들을 서로 이야기하면서 서로 반응을 하는 것을 매우 즐거워하는 듯 보인다)

성미母: 그런데 여기는 선생님하고 상담을 하지 않으면 애가 학교에서 무엇을 했는가를 알 수가 없어요.

-(중략)-

성미母: 애들 공부는, 한국적 상황이 어쨌든 아이들이 공부를 해야 하는 상황
　　　　이잖아요. 미국은 공부를 해야 한다는 것보다는 학교생활을 그냥 즐기
　　　　는 것이고. 그런데 한국은 교과별로 다 꼭 해야 하니까. 그래서 아이
　　　　들이 그 진도를 못 맞추면 그게 엄마들도 스트레스가 되는 거예요. 그
　　　　래서 오히려 '귀국반이 있어서 아이들이 일반반에 들어가서 더 적응하
　　　　기 힘든 것 아니가' 하는 생각도 들어요. 오히려 일반학급에 곧바로
　　　　가면 선생님하고 이러고저러고 상의해 가지고 아이들에게 뭘 좀 시킬
　　　　수 있을 것 같은 데, 지금처럼 '귀국반'에서 이렇게 하니까…. 성미 같
　　　　은 경우는 아이가 자꾸 자신감을 잃어 가는 것 같아요.

－(중략)－

수지母: 거기서는 그렇게 도서관가고 그럴 여유가 있었는데 여기 오니까 여유
　　　　가 없어요. 기본적으로 해야 하는 것이 너무 많아요. 나만 안 할 수도
　　　　없는 것이고. 아이들도 거기서 그렇게 생활하다가 여기 오면 스트레스
　　　　받긴 받을 것 같아요.

　　위 학부모들의 대화는 한국의 경쟁체제의 특징과 그것이 아동들의 자율적
인 활동에 장애가 되고 있음을 지적하고 있으나 또 한편으로는 그들 역시
경쟁에서 수월성을 확보하고자 하는 욕구에서 자유롭지 않음을 나타내고 있
다. 한국의 경쟁체제로부터 제한적이나마 벗어나 있는 귀국반의 필요성을
인식하면서도 귀국반의 존재가 아동들이 경쟁체제에 적응하는 데 더 어려움
을 겪을 수도 있다는 지적이 그 예이다. 학부모들의 이러한 이중적인 태도
는 한편으로는 개인에게 다양한 선택지가 주어지지 않는 한국 학교의 제도
적 특성에 기인하는 것이라 할 수 있지만 그것은 비단 제도적 특성에만 기
인하는 것이라기보다는 개인들의 강한 욕구가 결합됨으로써 나타난 양상이
라고 할 수 있다. 다음에 제시하는 학부모들의 대화에서 한국의 경쟁체제가
제도적 노력만으로는 쉽게 개선되지 않는 이유를 발견할 수 있다.

　　〈71〉
승준母: 미국도 그렇겠지만 괌도 고등학교까지 학과시간 안에 아이들의 일정이

모두 끝나잖아요. 예체능 같은 것도 학교에서 악기 같은 것도 다 빌려 줘요. 좌우지간 학교 내에서 다 해결을 하잖아요. 그래서 엄마들이 학과에 대해서 스트레스 받는 것이 없잖아요. 스트레스 받는 것이 없고, 그냥 취미 같은 것만 그것도 일주일에 두 번이야. 피아노도 일주일에 두 번! 뭐든지 한 가지 당 일주일에 두 번 이상하지를 않아요. 그러니까 아이들도 자유롭고 엄마들도 느긋하잖아요. 그런데 여기는 와서 보면 학교교육은 빠지고 사교육은 막 이러니까(양손을 위로 올리며), 학교 내에서 이렇게 좀 했으면 좋겠는데 왜 그게 안 되는지 모르겠어요.

소은母: 여기서도 하긴 하잖아요. 방과 후 활동이라고 해서. 그런데 학부모들이 그 질이 떨어질 거라고 생각해서 없어진 과목이 있다고 하대요. 엄마들이 자기 애만 잘하게 만들고 싶어서 그러는 거지. 제 생각에는 초등학교까지는 그게 어느 정도 되요. 그런데 그 이후까지 연결은 안 된다고 생각해요. 자기 아들, 딸은 다 잘할 것 같고, 나도 당장 답답하니까 한 가지는 시키고 있지만.

학부모들의 자성과 상심이 배어 있는 위 대화내용은 다른 구성원들과의 경쟁에서 뒤지지 말아야 한다는 학부모들의 압박감이 한국 교육의 체제를 결정하는 데 영향을 주고 있음을 보여준다. 이종각(1995)은 사회경쟁과 학교경쟁의 상응관계에 대한 연구에서 학교를 강력한 경쟁체제로 형성한 하나의 요인은 "교육을 받으면 그에 상응하는 보상을 받는다"는 역사적 경험에 터한 보편적 믿음이라고 지적한 바 있다. 그에 의하면 이러한 보편적 믿음은 한국의 학력경쟁을 개별적이기보다는 부모, 교사, 교육관리자들이 복합적으로 연출하는 연합적 경쟁 양상을 띠게 한다. 귀국반 구성원들이 개인적 지향을 달리함에도 불구하고 학력경쟁에 적극적으로 참여하는 것 역시 그러한 맥락에서 이해할 수 있을 것이다.

지금까지 살펴본 바대로 귀국반 아동들에게 한국 학교의 학생이 된다는 것 또는 적응을 한다는 것은 곧 학교 경쟁체제에서 도태되지 않고 살아남거나 혹은 우위를 차지할 수 있도록 준비를 하는 일이기도 하다. 이러한 일련의 활동은 한국 학교의 학생으로 살아가는 데 필수불가결한 일들이며 실제

로 대부분의 귀국반 아동들이 이러한 체제적응을 빠르게 혹은 더디게 해나
가고 있다. 이러한 한국 학교의 학력경쟁 체제는 귀국반 아동과 학부모들로
하여금 주어진 상황에 대하여 순응하거나 혹은 적극적으로 동참하도록 하고
있다. 학교체제가 개인에게 전수하는 지식이나 가치는 그 나름의 의미를 가
지고 있는 것으로서 이것이 낯설다 해서 무조건 거부하는 것은 바람직하지
않다. 그럼에도 불구하고 과도한 학력경쟁 체제는 아동들이 가지고 있는 다
양성과 개성에 크게 주목하고 있지 않음으로써 다른 영역에서 수월성을 발
휘할 수 있는 아동들의 능력을 신장시키는 일을 소홀히 하고 있다는 비판을
면하기 어렵다. 그러한 일련의 과정은 아동으로 하여금 스스로 자신의 삶을
성찰하고 선택할 기회를 갖지 못하게 하며 내적 동기보다는 외적 동기에 의
하여 삶을 이끌어 나가도록 영향을 미친다.

2) 교육적응

위에서 살펴본 대로 학교체제에 대한 적응은 귀국반 아동들의 생활을 구
성하는 현실적인 원리로 작용하고 있다. 그러나 귀국반은 가르치고 배우는
활동을 목적으로 이질적인 경험을 가진 존재들이 만나는 집단으로서 새로운
체험과 이해가 가능한 공간이기도 하다. 실제로 구성원들은 차이와 갈등 상
황에 직면하여 새로운 차원의 이해방식을 모색하게 되며 지속적이고 다양한
과제해결의 요구에 부응하는 과정에서 주변 환경과 새로운 관계형성을 시도
하게 된다. 이러한 과정은 이해의 지평을 넓히고 좀더 나은 자신을 추구하
도록 한다는 점에서, 그리고 주체적인 참여를 통해서만 가능하다는 점에서
교육적 성격을 지니는 적응이라고 할 수 있다. 여기서는 이 양자를 각기 ‘차
이를 통한 호혜적 관계형성’과 ‘점진적이고 협동적인 변화’에 대한 적응이라
고 규정하고자 한다.

(1) 차이를 통한 호혜적 관계형성

한 개인이 그의 경험과 관점을 형성하는 데는 다양한 요인들이 개입하지만 특히 귀국반 아동들이 가지고 있는 독특한 경험은 문화적 다양성과 깊은 관련을 가진다. 귀국반 아동들의 이질적인 문화적 토대는 사물이나 현상을 해석하는 방식에서 확인할 수 있다. 상이한 행동방식으로 표출되는 귀국반 아동들의 관점은 한국 학교의 다수 구성원들의 입장에서 수용하기 힘들며 변화시켜야 할 대상으로 규정된다.

아동들이 표출하는 '차이'가 한국 학교에서 변화시켜야 할 대상으로 규정되는 것은 그것이 학교에서 이루어지던 일상적인 활동들을 하는 데 장애요인으로 작용하기 때문이다. 장기간의 공백기로 인하여 아동들이 나타내는 폭넓은 수준차이는 한국 학교에서 이루어져 온 일제식 설명수업 대신 다른 방법을 모색하도록 하고 있으나 현실적인 여건 속에서 새로운 방법을 탐색하는 것도 용이하지는 않다. 다음은 귀국반 설치 초기에 교사와 한 면담내용의 일부로서 한국 학교나 교사들이 초기에 귀국반 아동들을 어떤 대상으로 규정하고 있었는지를 간접적으로나마 확인할 수 있는 부분이다.

〈72〉

한 교사: 우리가 학생을 어떻게 학습 쪽으로 이끌어 낼 것이냐는 사실 굉장히 중요한 거예요. ('귀국반' 공간을 가리키며) 이런 애들은 어쩌면 강제로 가르칠 필요가 있어요. 이게 학습방법적인 측면에서 사실은 굉장히 불편한 관계라고요. '귀국반'이. 난 그렇게 생각해요. 애들이 평준화된 수준으로 모여 있으면 그게 여러 가지 프로그램이 가능하게 되요. 애들은 애들 나름대로 가르치는 방법이 있겠지만…….

위 교사의 언급에서 확인할 수 있는 것처럼 아동들이 가지고 있는 차이가 다양성으로 인정받기보다는 불편함을 유발하는 제거되어야 할 요인으로 인식되는 경향이 더 지배적이다. 이러한 경향은 한국 학교가 문화적 토대에 기인하는 차이를 받아들이는 주요한 방식이라고 할 수 있다. 한국 학교의 이러한 수용태세는 귀국반 아동들이 한국 학교를 인식하는 방식에도 영향을 미친다. 이제껏 정상적인 것으로 믿었던 것이 비정상적인 것으로 받아들여지는 상황은 아동에게도 혼란과 충격을 가져다주기 때문이다. 아동들이 체험하는 혼란이란 어느 한 장면에 국한되는 것이 아니라 생활 전반에 걸쳐 나타나는 것으로서 표출되는 방식도 다양하다. 예 〈33〉의 경우처럼 교사에 대하여 노골적으로 반항하기도 하고, 김소은 아동의 경우처럼 외국 학교에 대한 미련을 가지고 한국 학교의 일상에 극히 소극적으로 참여하기도 한다. 또 김미하 아동의 경우처럼 낯선 사람의 말에 대답을 하지 않는다거나 스스로를 고립시켜 다른 사람과 소통을 하지 않기도 한다. 한편 자기고립이나 전면적인 반항으로 갈등을 해소할 수 없다는 것을 깨닫는 아동들은 자신을 압박하는 현실을 거부함으로써 문제 상황으로부터 벗어나고자 시도하기도 한다. 자신이 미국시민임을 강조하면서 교사의 간섭을 외면하는 아동, 언젠가는 출국할 것이라 기대하는 아동, 지속적으로 귀국반에 머무르고자 하거나 자신의 준거집단을 귀국반으로 삼는 아동 등이 그 대표적 경우이다.

그러나 이러한 아동들의 행동방식은 그들이 맺는 중요타자와의 관계 양상에 따라 조금씩 차이를 나타내거나 변화한다. 특히 교사와의 관계 양상은 아동들의 태도변화와 밀접한 관련을 갖는다. 제3장에서 귀국반 교사들이 아동들을 대하면서 겪는 문화충격에 대하여 언급하였듯이, 귀국반을 담당하는 교사들은 초기에 자신과는 다른 문화적 배경을 가지고 있는 아동들에게 한국적인 정서를 가르치고 한국 사람으로서의 자긍심을 가질 수 있도록 가르치는 것에 대하여 강한 의무감을 가지는 한편 그 과정에서 경험하는 아동들과의 충돌에 대하여 회의를 느끼기도 한다. 이는 귀국반을 처음 담당하는 교사들의 공통적인 경험이라고 할 수 있다. 그러나 교사들은 아동들과 지속적인 상호 작용을 하면서 귀국반 아동들에 대하여 개별적인 이해를 하게 된다.

교사의 아동에 대한 개별적인 이해는 개별 아동에게 적합한 상호 작용 방식을 가능하게 함으로써 아동으로 하여금 자신이 인정받고 존중받는다는 느낌을 가지게 한다는 점에서 매우 중요하다. 유연한 대인관계 형성능력이 부족하다고 평가받는 유홍준 아동은 자신의 높은 사고력을 인정하고 애정을 표현하는 홍 교사를 유독 따르고 그의 지도에 대해서는 최대한 수용하고자 노력하는 모습을 보인다. 김미하 아동 또한 교사들의 일상적이고 지속적인 대화시도를 받아들여 점차 자신의 의견을 언어로 표현하는 경우가 늘어나고 있다.

아동을 개별적으로 이해하는 일은 아동이 드러내는 차이를 긍정적이고 온정적으로 수용할 때 가능한 일이다. 아동들이 가지고 있는 차이를 이해하는 일은 아동들의 개별적 생활맥락에 대한 이해와 직결되어 있으며 이는 일상적인 접촉과 대화를 통해서 이루어진다. 귀국반에서 아동과 교사 간에 이루어지는 대화의 특징은 교사보다는 아동들이 주로 이야기를 많이 하며 교사는 흥미를 가지고 경청한다는 것이다. 일반적으로 매우 바쁘게 돌아가는 학교의 일상 속에서 교사가 아동의 이야기를 경청할 여유를 가지는 것은 드문 일이다. 이러한 점에서 상대적으로 느슨하게 조직된 귀국반의 일상은 그러한 대화를 가능하게 하는 환경적 조건이 되고 있다. 물론 수업 장면에서는 귀국반도 일반학급과 마찬가지로 교사가 설명하고 아동은 듣는 방식을 취하지만 비공식적인 장면에서 이루어지는 대화는 그 반대 형식을 취하는 것이다. 이러한 비공식적인 대화는 교사와 아동이 개별적 상호 작용을 하는 주요한 통로 역할을 하며 주요 화자 역할을 하는 아동은 이때 자신을 자유롭게 표현할 기회를 가진다. 이러한 대화는 교사로 하여금 아동의 소소한 일상에서부터 시작하여 그들이 겪고 있는 고통이나 현재 생각에 이르기까지 새로이 이해할 수 있도록 한다. 이러한 점에서 아동의 한국 학교 적응과정은 교사의 관심과 이해에서 출발한다고 할 수 있다.

또 예 〈5〉의 경우처럼 때로 아동들은 교사에게 하소연의 형식으로 스트레스를 해소하기도 하는데 이는 교사에게 한국 학교의 일상 속에 숨어있는 비교육적 사태를 발견하는 기회를 제공하기도 한다. 교사의 입장에서 경험과 시각의 차이를 가진 아동과의 만남은 이처럼 익숙하고 일상적인 학교사태를 아동의 낯선 시각으로 볼 수 있도록 함으로써 교육적 사태에 대한 반성적 성찰을 하도록 자극한다. 교사에게 다양성을 지닌 귀국반 아동과의 만남은 자신이 소속한 한국 학교의 일상적 생활사태를 비판적인 시각으로 되돌아볼 수 있는 계기를 마련해주고 있다는 점에서 의의가 있다. 그리고 그러한 성찰이 처음부터 이루어지는 것이 아니라 귀국반 아동의 차이를 다양성으로 수용하고 이해하는 과정에서 점진적으로 이루어진다는 점에서 교사의 귀국반 아동에 대한 적응이라고 할 수 있다.

귀국반 아동에 대한 교사의 적응은 그가 아동을 대하는 방식을 달리하게 되었다는 것을 의미하며, 이는 아동이 한국 학교에 대하여 가지고 있는 낯설음과 두려움을 친숙함으로 전환하도록 하는 데 큰 역할을 한다. 이러한 전환은 아동으로 하여금 한국 학교의 일상에서 자신을 소외시키는 행동을 줄여나가도록 함으로써 관점의 전환과 경험의 재구조화 과정을 유도하게 된다. 시각의 전환과 경험의 재구조화 과정은 차이를 감식하고 수용하는 과정에서 이루어지는 교육적 경험이라고 할 수 있다. 이와 관련한 연구(Adler, 1975; Hawes & Kealey, 1981; Gudykunst & Kim, 1997; Silverman, 1994; Weaver, 1994)가 여러 학문 분야에서 이루어졌는데, 그들 중 실버만(1994)은 새로운 환경을 마주한 인간이 드러내는 일련의 부적응현상과 그것을 극복하는 과정은 경험의 재구조화를 도모함으로써 새로운 차원의 이해를 가능하게 한다는 주장을 하였다. 실버만이 의미하는 부적응현상이란 어느 한쪽에 일방적으로 맞추어가는 과정에서 나타나는 갈등과 부조화이며, 이를 극복한다는 것은 관점의 전환을 통해 상대의 차이가 함의하는 가치를 탐색하고 인정하는 것이다.

귀국반 아동의 다양한 부적응현상과 그것들이 교사와의 친숙한 관계를 출발점으로 하여 해소해 가는 과정 역시 다양성에 대한 이해를 하는 데 따르는 치열한 내적 과정이라 볼 수 있는 것이다. 귀국반 아동들이 새로운 환경을 마주하여 자신의 내부에서 일어나는 과정을 표현하는 방식은 각기 다르기 때문에 겉으로 드러나는 바를 통해서 부적응의 정도를 파악하는 일은 어렵다. 그러나 표면적으로 매우 심각한 부적응현상을 드러내는 아동이 그렇지 않은 아동에 비하여 환급 후 안정적인 학교생활을 해나가는 경우가 많다는 사실은 갈등과 갈등의 극복이 아동에게 의미 있는 것이라는 점을 설명해 준다.

이상에서 살펴본 바에 의하면, 아동이 한국 학교 경험을 통하여 이해의 차원을 높여 가는 과정은 정작 계획적이고 거대한 프로젝트보다는 일상 속에서 이루어지는 개별적 상호 작용 속에서 이루어진다. 그리고 그러한 상호 작용은 일방적인 변화에 대한 요구 강도가 높을 때보다 아동의 현 상태를 존중하고 그의 시각을 개방적으로 수용할 때 원활히 이루어진다. 이는 적응의 주체와 객체를 고정시키는 일과는 다른 논리에 의해 이루어지는 자발적이고 교육적인 활동이라고 할 수 있다. 다양한 생각과 견해를 가지고 있는 교사와 아동, 학교 구성원과 아동이 서로의 차이와 갈등을 인정하는 것만으로도 양자는 현상을 다면적으로, 그리고 다양한 수준에서 이해하는 폭넓은 지평을 확보할 수 있다. 교사가 교육사태를 되돌아볼 수 있도록 하는 것과 아동이 주체적으로 한국 학교생활에 참여할 수 있도록 하는 것은 상대에 대한 인정과 수용에서 얻을 수 있는 새로운 경험인 것이다. 다양한 문화적 경험에 기인하는 횡적 상대성과 상호 작용의 소재에 따라 달라지는 종적 상대성은 귀국반이 구성원들로 하여금 교육적으로 교류할 수 있도록 하는 의미 있는 환경이 될 수 있음을 보여주고 있다.

(2) 점진적 · 협동적인 변화과정

한국 학교에서 귀국반 아동이 나타내는 부적응현상은 하루빨리 제거해야 할 '증상'으로 간주된다. 그러나 귀국반 교사는 아동에 대한 이해를 깊이하면서 그러한 변화가 일방적 요구에 의해 이루어질 수 있는 것이 아니라 시각과 경험의 재구조화 과정에서 이루어지는 총체적인 것이라는 것을 알게 된다. 예 〈46〉과 〈47〉에서 제시한 교사의 교수-학습원리는 그러한 이해를 바탕으로 하고 있는 것이다. 교사는 학교의 빠르고 일방적인 변화요구를 아동들이 수용할 수도 없으며 그러한 요구가 아동의 내적 맥락을 고려한 것도 아님을 인식하고 있는 것이다. 즉 교사들은 경험을 통하여 현실적이지 않은 이상적인 목표가 아동에게 감당하기 어려운 스트레스, 좌절, 그리고 무력감을 준다는 사실을 알고 있다. 예 〈59〉에서 제시한 박서훈 아동의 예는 아동에게 부여되는 과도한 요구가 강박관념과 학습장애를 일으킬 수 있다는 것을 반증하고 있다. 이러한 경험을 한 교사는 학교체제가 요구하는 빠르고 일률적인 적응을 안내하는 일과 아동의 현재 상태를 고려하는 일 사이에서 갈등하게 된다. 이러한 갈등은 비단 교사만이 겪는 것은 아니다. 아동 역시 하루 속히 교과성취도를 높이고 한국 학교에 익숙해지는 것이 현실적으로 필요한 일임을 알고 있으나 그 때문에 학교생활이 재미없고 힘들다는 것을 경험하고 있다. 이처럼 교사와 아동이 적응이라는 과제에 대하여 가지고 있는 공통적인 어려움은 빠른 변화요구를 현실 속에서 어떻게 적절히 수용하는가 하는 것이다.

귀국반 구성원들은 이러한 갈등을 해소하는 방식으로서 귀국반이 가지고 있는 독특한 조건을 최대한 활용한다. 물론 절대적 기준치를 가지고 있는 교과학습의 장면에서는 교사나 아동 모두 선택의 여지가 많지 않다는 것을 인식하고 있기 때문에 집중적 반복학습이나 반(反)계열적 학습방식을 통하여 시간 절약을 시도하기도 한다. 한글교재를 쓰고, 읽고, 외우게 하는 데 예외를 두지 않으며, 어려운 것을 먼저 가르쳐 쉬운 것은 저절로 알게 하고자 하는 것이 그 예이다. 그러나 상호간 이해를 통하여 융통성을 발휘할 수 있는 장면에 대해서 교사와 아동들은 귀국반이 상대적으로 가지고 있는 자율성을 최대한 활용한다. 귀국반은 아동의 문화적 충격을 완화하고 한국 학교 생활을 준비하는 데 필요한 어느 정도의 자율성을 확보하고 있기 때문이다.

한국 학교의 일상을 그대로 따르지 않으면서 외국 학교에서와 동일한 일 상생활을 구현하고 있지도 않은 귀국반은 '중간지대'의 특성을 지닌 일종의 문화적 접경지대라고 할 수 있다. 반겐넵(van Gennep, 1908: 전경수 역, 1989: 28-30)에 의하면 한 집단에서 다른 집단으로의 전환이나 한 사회적 상황에서 다른 상황으로의 전환 과정은 인간으로 하여금 적응해야 하는 과제를 부여한다고 한다. 그는 이러한 적응의 과제를 가진 사람들이 한 영역에서 다른 영역으로 넘어갈 때 일종의 중간단계를 거침으로써 그 전환을 원활하게 할 수 있다고 보았다. 반겐넵의 '중간지대'를 귀국반에 비유함으로써 발견할 수 있는 것은 귀국반이 아동으로 하여금 성찰적으로 변화를 모색할 만한 안전한 공간 역할을 할 수 있다는 것이다. 그러나 한국 학교의 일반적 상황은 한국어보다 다른 언어에 익숙하고 한국적 생활방식보다 외국의 생활방식에 익숙한 아동이 다른 아동들과 동등한 존재로서 만나는 것을 허용하지 않는다. 이러한 상황에서 귀국반은 귀국아동들로 하여금 다른 아동들과 동등한 만남을 할 수 있을 때까지 그들의 접촉을 보류하고 외부의 강압적 변화의 요구로부터 보호하고 한편으로는 아동들로 하여금 급격한 변화에 대한 준비기간을 제공한다. 귀국반 학부모들이 다른 선택지 대신 귀국반을 선택하는 가장 큰 이유 역시 이처럼 아동들이 동등한 인격체로 존중받을 수 있는 환경으로서의 가능성을 가지고 있기 때문이다. 실제로 학부모들은 귀국반이 일반학급 적응에 효율적으로 기능하는지에 대해서는 의문을 가지기도 하지만 아동들이 귀국 전에 가지고 있던 두려움과 긴장을 완화시킴으로써 편안한 마음으로 학교생활에 참여하는 것에 대하여서는 만족감을 느끼고 있다. 이처럼 귀국반이 가지고 있는 자율적 환경은 아동들로 하여금 위축된 자아감에서 벗어나 긍정적인 태도로 자신의 변화를 주도할 수 있는 환경을 제공하고 있다. 이러한 분위기를 조성하고 유지하는 데에는 구성원들의 점진적인 변화가능성에 대한 신뢰가 필요하다.

한국 학교의 전반적 분위기를 고려할 때 점진적 변화를 기다리고 인내하는 것은 위에서 말한 대로 구성원들의 합의와 신뢰, 그리고 노력을 필요로 한다. 그리고 가장 중요한 것은 변화의 핵심적 주체인 아동에 대한 올바른 이해이다. 아동에 대한 이해는 다양한 방식으로 표현되지만 그중에서도 구성원들이 사용하는 은유는 아동에 대한 인식을 파악하는 데 유용하다. 은유는 다른 방식으로 표현하기 어려운 실체에 대한 이미지를 한 단어나 문장으로 나타내는 것이다. 라코프와 존슨(Lakoff & Johnson, 1980)에 의하면 모든 언어는 은유적이며 단어들은 사람들이 세상을 이해하는 방식을 담고 있으며 은유의 본질은 하나의 사건이나 사물을 다른 것의 관점에서 보고 이해하며 경험하는 것이라고 하였다. 아동들의 경우 제한적인 한국어 어휘능력으로 인하여 직접적으로 비유하지는 못하지만 그들이 일상적인 대화에서 자주 사용하는 '우리 귀국반'은 그들의 귀국반에 대한 인식을 잘 드러내 준다. 귀국반에 대하여 가장 다양한 은유를 사용하는 사람들은 교사들이다. 교사들은 귀국반을 종종 '나룻배'에 비유하고 자신들은 이쪽에서 저쪽까지 건네다 주는 '사공'에 비유한다. 교사들은 이러한 은유를 통해 귀국반을 한국 학교의 다른 학급과는 구분되는 특성이 있는 학급으로 규정하고 있으며 자신들과 아동들이 동일한 지향점을 가진다고 상정하고 있다.

이러한 은유가 함의하고 있는 또 하나의 의미는 구성원들이 변화를 단계적인 과정으로 인식하고 있다는 것이다. 아동이 귀국 후 일반학급으로 환급하는 과정이 구체적으로는 몇 개의 단계로 구성되어 있다는 것을 그 예로 들 수 있다. 또 예 〈46〉에서 제시한 것처럼 환급의 구체적 단계는 적응의 외적 지표를 고려한 것이라기보다는 아동의 내적 과정을 배려하는 처사라고 할 수 있다.

귀국반 활동이 이념적으로 단계적 변화를 지향하고 있다는 것은 귀국반의 '섬' 비유에서도 나타난다. '섬'은 '육지'와 마찬가지로 사람들이 살아가는 터전이면서도 그 주변 환경으로 인하여 삶의 방식을 달리 하는 곳이다. '섬'과 '육지'간의 소통은 일련의 준비와 매개적인 수단을 통하지 않고서는 일어날 수 없으며 '섬'은 '육지'에 대하여 부속적이고 의존적인 존재로 규정된다. 아동들의 학교생활은 일반학급의 그것에 기준을 두고 이루어지고 있으며 독자적인 생존체제를 구축하는 것은 어려운 실정이다. 귀국반이라는 '섬'에 사는 아동들은 귀국반에 소속해 있는 동안 학교의 주요 구성원으로 자리잡고 있지 못함에도 불구하고 그들 스스로도 학교에 대한 소속감보다는 학급에 대한 소속감을 가진다. 이는 그 제한적인 공간 안에서는 적어도 탈맥락적이고 이질적인 존재가 아니라 있는 그대로의 자기 자신으로서 인정받기 때문이다. 이것은 아동의 실존적 추구의 한 양상이라고 볼 수 있다. 귀국반 아동에게 중요한 것은 거대한 한 조직의 성원이 됨으로써 현실적인 삶을 기획하는 데 좋은 조건을 획득하는 것뿐만 아니라 현재 자신에 대한 자긍심을 갖게 해주는 환경인 것이다. 그 이유는 '다른 것'이 자율적인 기제에 의하여 혹은 다양한 방식을 통하여 '일상적인 것'으로 변화하는 통로를 갖는다면 그 과정은 자연스럽고 편안한 것이 될 것이며 반면 강압적이고 쫓기는 듯한 상황에서 시도되는 변화는 자아성찰적 기회를 허락하지 않기 때문에 적응 주체인 아동의 진정한 능동적 참여는 기대할 수 없을 것이기 때문이다. 귀국반에 대한 '섬' 비유는 귀국반이 적응체제로서 가지고 있는 제한적 성격과 더불어 낯선 환경을 친숙한 환경으로 변화시켜 가는 데에는 일련의 단계적 과정이 필요함을 드러내고 있다.

귀국반은 한국 학교의 맥락에 놓여 있으면서도 한국 학교의 일상으로부터 어느 정도 거리를 둔 생활공간을 아동에게 제공함으로써 한국 학교의 생생한 일상적 경험의 수위를 아동의 현실적 상황에 맞추어 조정하고 대면하게 한다. 이때 귀국반 구성원들의 공동체적 신뢰는 아동이 한국 학교에 대하여 가지고 있던 부정적 인식을 긍정적인 방향으로 변화시킴으로써 한국 학교의 일상에 대한 거부감을 완화시키고 자발적으로 참여하고자 하는 의지를 갖도록 역할 한다. 귀국반 교사들이 귀국반을 "뜨거운 욕조에 들어가기 위하여 그 전단계에 거치는 미지근한 욕조"에 비유하는 것 역시 단계적 변화를 통해 교육적 가능성을 추구하는 귀국반의 이념적 성향을 나타내는 것이라 볼 수 있다.

이상에서 살펴본 바대로 귀국반 구성원들이 귀국반 내에서 형성하고 있는 일종의 공동체적 신뢰는 아동들로 하여금 자신감을 가지고 단계적이고 점진적으로 새로운 학교 환경과 한국적 가치를 감식하도록 하는 환경적 토대를 이룬다. 이러한 환경을 구성하는 것은 공식적이고 거시적인 프로그램이라기보다는 좀더 나은 인간형성을 궁극적 목적으로 삼는 구성원들의 교육 지향적 인식이라고 할 수 있다. 이러한 인식은 진공상태에서 이루어지는 것이 아니라 문제사태로 부각되는 차이와 갈등을 새로운 시각에서 보고자 하는 구성원들의 노력에 의하여 이루어진다는 점에서 교육에 대한 적응 혹은 교육적 적응이라 할 수 있을 것이다.

2. 문화적 전환 대 교육적 통합

　귀국반 아동들의 적응 활동은 크게 두 가지 요구에 부응하여 이루어지는 것이라고 할 수 있다. 한국 학교 학생으로서의 태도를 갖추도록 하는 제도적 요구가 하나이고, 어떠한 상황에서도 자신의 삶을 총체적이고 연속적으로 기획해 나가는 존재로서 가지는 개인적 요구가 또 다른 하나이다. 이 양자가 지향하고 있는 적응의 원리는 때로 일치하기도 하지만 갈등의 소지를 더 많이 가지고 있는 것이 사실이다. 여기서는 전자를 "한국인" 형성을 지향하는 문화적 전환과정으로 보고, 후자를 "주체적 인간"을 지향하는 교육적 통합과정으로 보고자 한다.

1) 문화적 전환: "한국인으로"

　한 사회의 제도에 반영되어 있는 생각은 어느 한 개인의 생각이 아니며 그렇다고 여러 개인들의 '합의한' 생각도 아니다. 그러나 제도화는 그 제도 속에 태어나서 생활하는 개인들에게 그 생각을 받아들이도록 요구하며 이러한 제도의 성격은 귀국반의 제도적 요구를 이해하는 데 도움이 된다. 귀국반 제도는 귀국아동의 독특한 문화적 경험과 한국사회의 유지·발전 간의 관련성을 어떻게 확보하느냐에 대한 문제의식을 토대로 하고 있으며 그러한 맥락에서 구성원들에게 특정한 요구를 가지고 있다. 그러한 요구는 귀국반

제도를 성립시킨 한국의 교육제도의 요구와 관련을 갖는 것으로서 다양성보다는 통합성의 요구가 강한 한국 교육제도의 성격은 귀국반에서 이루어지는 구체적 활동을 '전형적인 한국학생 만들기'에 수렴되도록 조직한다.

귀국반 아동에 대한 제도적 요구는 귀국반으로 하여금 독립적인 성격을 가지고 있는 교육체제가 아닌 일반학급과의 관계 속에서 그 활동의 내용과 방식을 모색하는 의존적인 적응체제의 성격을 가지게 한다. 이러한 귀국반의 제도적 성격은 '한국 학교적응'과 '해외 체험능력 유지·신장'이라는 귀국반의 두 가지 공식적 목표를 양립 불가능한 것으로 만들고 있다. 귀국반의 공식적인 두 가지 목표를 달성하는 것이 현실적으로 어려운 이유에 대하여 교사는 다음과 같이 이야기한다.

〈73〉

홍 교사: 공식적으로는 '한국 학교적응'과 '해외 체험능력 신장'을 다 하라고 하는데 이게 안 돼요. 애들은 한 가지에 몰두하면 한 가지는 소홀하고 잊어버리고 하는 것이 보통이거든요. 그러니 상생이 안 되지요. 중·고등학생 같은 경우는 또 얘기가 좀 다를 수 있어요. 그런데 아이들 같은 경우는 목표 수정이 필요해요. 양립해서 될 게 있고 양립해서 안 될 게 있는데 초등학교에서 '신장'과 '적응'은 양립하기 어려워요. 그리고 여기서 그런 능력을 유지하고 신장시킨다는 것은 솔직히 말해서 불가능해요. 학교에서 원어민 교사를 채용한다고 해도 하루에 몇 시간 영어로 말하는 것 가지고 되겠어요? 적응에 중점을 둔 다음에 신장을 하는 데 신경을 쓸 수 있을지는 몰라도 이 양자를 동시에 한다는 것은……(고개를 흔든다) 신장이 될 수가 없어요.

－(중략)－

진정으로 그렇게 두 가지 목표를 추구하려고 하면 '귀국학생 학교'가 세워져야 돼요. 그래야 그 안에서 신장교육도 하고 적응교육도 하고 다 이루어지지 이건 뭐…….

홍 교사의 이야기처럼 평준화와 동질성을 전제로 하고 있는 현재의 학교제도 속에서 귀국반이 '한국 학교적응'과 '해외 체험능력 유지·신장'을 같은 비중으로 다룬다는 것은 어려운 일임에 틀림없다. 이상적으로 설정된 귀국반의 두 목표를 실현시키기 위한 노력이 현장에서 전혀 배제되고 있는 것은 아니지만 그 내용이나 조직 면에서 한계를 가지고 있다. 귀국반에서 두 가지 공식적 목표를 동시에 추구하는 것이 힘든 것은 발달단계상 아동의 특성 때문이라기보다는 그러한 이념을 뒷받침 해줄 만한 여건이 마련되어 있지 않은 것이다. 한 예로 '해외 체험능력 유지·신장'의 목표를 추구하고자 하는 노력으로 조직된 방과 후 영어클래스가 아동의 현실적 수준이나 요구를 뒷받침해 줄 만한 지원체제를 갖지 못함으로써 유명무실해졌음을 제2장에서 살펴본 바 있다.

귀국반에서 이루어지는 활동이 제도적 요구를 수행하는 데 치중하는 이유는 사회의 한 제도적 장치인 학교가 가지고 있는 보수적 특징과 고정적 통념하고도 관련이 있다. 한국은 단일어 민족이라는 것, 귀국아동의 외국어능력 유지는 공적인 차원의 문제가 아닌 개인적 차원의 문제라는 것 때문에 귀국아동의 외국어능력 유지를 공적(公的)으로 지원하는 것은 일반학급 아동에 대한 역차별이라는 것, 한국어가 서툰 아동에게 외국어능력을 유지하는 것이 한국어능력 배양에 도움이 되지 않는다는 것 등이 그것이다. 학교의 제도적 여건과 보수적 성격, 그리고 그에 기인하는 학교 구성원들의 위와 같은 통념은 귀국반이 공식적으로 가지고 있는 목표 중 "한국 학교적응"을 택하고 "해외 체험능력 유지 및 신장"을 포기하게 하는 요인으로 작용하고 있다. 이러한 점에서 귀국반이 두 목표를 동시에 추구하기 위해서는 귀국반을 일반적인 제도적 맥락에서 분리하여 독립적인 적응교육 체제로 만들어야 한다는 교사의 지적은 일면 타당성을 지니고 있다.

사회는 새로운 구성원들에게 그 사회의 공식적인 상황정의를 받아들이도록 요구하며 그것을 조력하기 위한 프로그램들을 제공한다. 귀국반 역시 그러한 프로그램의 성격을 가지고 있는 적응기관으로서 아동들로 하여금 학교생활을 일상적인 경험으로 받아들이도록 하며 아동에게 한국 학교 학생으로서의 역할을 습득하도록 하는 목표를 가지고 있다. 고프만(Goffman, 1974)은 한 인격체의 실제 행위와 사회가 그에게 기대하는 역할 사이의 불일치 현상을 '역할 거리(role distance)'라고 부르고 한 개인의 행위가 규정된 역할로부터 이탈할 수 있는 가능성이나 정도는 그 개인이 현재 처해 있는 상황의 성격에 따라 달라진다고 한 바 있다(강수택, 1998: 192, 재인용). 일종의 사회적 프로그램으로서 귀국반이 가지고 있는 목적은 이러한 역할 거리를 좁히는 일과 관련이 있다.

귀국반이 적응기관으로서 가지고 있는 목적과 관련하여 현장에서 발견할 수 있는 제반 활동은 '동질성'을 확보하는 일을 중심으로 구조화되어 있으며 이는 '양자택일의 요구'라는 방식으로 표면화되어 있다. 양자택일의 요구는 아동으로 하여금 한국 학교 나아가 한국사회 성원으로서의 동질성을 획득하도록 하기 위한 일종의 전략적 요구로서 일련의 계통을 가지고 있는 사회적 압력이라고 할 수 있다. 귀국반 아동으로 하여금 한국사회의 성원성을 습득하게 하는 일련의 과정은 아동에게 학교제도로의 편입이라는 현실적인 과제를 부여하는 것으로부터 시작된다. 아동의 학교제도 편입은 일상적인 학교생활을 영위하는 데 필요한 문화적 지식을 습득하는 것에서부터 학교에서 요구하는 일정한 수준의 학업성취를 달성하는 것에 이르기까지 수행해야 할 과제의 폭이 매우 넓다. 또 아동의 학교제도 편입을 직접적으로 안내하도록 되어 있는 교사는 전통, 제도, 교육과정, 평가 등이 제시하고 있는 암묵적인 원리에 따라 '한국학생 만들기'라는 과제를 수행하게 된다. 이러한 일련의 과정 속에서 아동이 가지고 있는 다양한 문화적 경험과 외국어 능력에 대한 관심은 종종 주변적인 것이 되거나 아예 포기해야 할 것으로 간주된다. 한국 학교가 가지고 있는 획일적인 순응체제와 경쟁체제는 아동에게 급격한 태도변화를 요구하며 그 과정은 한국 학교 학생이 되는 것과 외국의 문화적 경험을 유지하는 생활간의 양자택일을 요구한다. 이미 한국 학교의 제도적 맥락 안에 있는 아동들에게 양자택일의 요구는 한국 학교의 학생이 되는 것에 대한 강제성을 띤 요구의 성격을 가진다. 다음은 교사가 아동과 대화를 나누면서 직접적으로 양자택일을 요구하는 장면이다.

〈74〉

　필리핀 사람인 엄마와 한국 사람인 아빠 사이에서 태어난 박현수는 귀국반에 입학한 지 일년이 다 되어 가는 아동이다. 박현수는 거의 매 공부시간마다 학습태도에 대하여 교사에게 지적을 받고 있다.

홍 교사: (장난치는 현수를 보며) 현수야 공부시간에 공부를 해야지 그렇게 장난치면 되니?
박현수: 아니에요. 엄마하고 집에서 열심히 공부했어요. 영어 수학도 배웠고 그리고 영어 쓰는 것! 세 가지 다 배웠어요.
홍 교사: 언제?
박현수: 어제요.
홍 교사: 국어는?
박현수: 국어 뭐요.
홍 교사: 국어는 안 배워?
박현수: (영어식 발음으로) 그거 배웠죠. 또.
홍 교사: 집에 가서 공부를 열심히 해야지 영어공부만 많이 한다고 되나……
박현수: 아니에요. 우리엄마가 (학교에서 오면) 영어공부하고 그 다음에 한글!
홍 교사: 한글을 열심히 해야지! 영어하고 한글을 (같이)하니까 한글을 까먹었잖아.
박현수: 우리 아빠랑 해요.
홍 교사: 더 열심히 해야지. 너 일년이나 되었는데 일기도 제대로 못쓰잖아.

　한국어를 배운다는 것이 이전에 습득했던 언어를 유지할 권리를 포기하는 것과 같은 의미가 아님에도 불구하고 구성원들은 외국어를 포기해야 한국어 습득이 용이하다는 신념을 이미 하나의 사실로서 받아들이고 있다. 이는 비단 언어에 국한한 문제는 아니어서 학습방법과 태도를 습득하는 과정에서도 교사들은 아동들이 기존의 습관을 포기하지 못하는 경우 적응하는 것이 쉽지 않다고 여긴다. 귀국반 아동에 대한 양자택일의 요구는 실제로 기존의 것을 적극적으로 변화시키거나 포기해야 함을 전제로 한다는 점에서 일방적인 요구의 성격이 강하다고 할 수 있다. 이러한 요구는 아동의 한국 학교생활이 문화 간 접촉의 의미를 가지고 있으며 그 과정이 매우 복잡하고 중층적인 양상으로 전개될 수 있다는 가능성을 고려하지 않고 있다.

귀국반에서 일종의 신념으로 자리잡고 있는 이러한 양자택일의 요구는 그 정당성 여부를 따져 보는 일에 앞서 형성맥락을 따져 보아야 할 필요가 있다. 이는 한편으로는 적응의 개념을 규정하는 방식과도 관련이 있다. 우선 제도적인 차원에서의 적응개념은 학교제도에 바탕을 둔 귀국반의 운영원리를 통해서 간접적으로 살펴볼 수 있다. 협력학급과의 교류수업을 운영하는 이유와 원칙, 환급시기를 결정하는 데 사용되는 준거 등은 제도적으로 적응을 '한국 학교의 생활을 하도록 준비된 상태'로 규정하고 있다. 한국 학교의 일상생활을 감당할 수 있는 정도의 준비를 갖추는 것이 귀국반에서 규정하는 적응이라고 할 때 관건이 되는 것은 아동의 변화이지 학교가 그 변화를 어떻게 받아들이는가가 아니다. 이러한 상황에서 아동의 변화를 더디게 하는 요인은 제거되어야 하는 것으로 여겨진다. 일방적인 변화로 정의되는 귀국반의 적응개념은 제도적인 힘을 가지고 귀국반 구성원들의 활동을 구성하며 특히 귀국반의 실질적 운영자인 교사에게도 압력으로 작용한다. 교사가 개별적인 상호 작용을 통하여 아동이 처한 현실을 이해함에도 불구하고 교수 장면에서, 생활지도 장면에서 한국 학교의 기준을 강조하는 것은 제도가 일상을 조직하는 힘을 가지고 있기 때문이다.

한편 적응의 개념은 아동이 낯선 환경을 접하는 과정에서 드러내는 갈등사태를 처리하는 방식에도 영향을 미친다. 귀국반 아동이 경험하는 갈등사태는 주로 문화적 충격으로 인한 것으로서 그것을 해소하는 일은 한국 문화에 대한 심층적인 이해를 전제로 한다. 그런데 삶의 한 방식을 이해하는 일은 자기 성찰적인 과정을 통해 이루어지는 것으로서 외부에서 정해준 시간 안에 끝낼 수 있는 과제가 아니다. 미드(Mead, 1964: 147)가 논의하였듯이 갈등과 문제들은 우리로 하여금 그 문제들에 대한 가능한 해결방안을 숙고하도록 하며 이는 자아와 타인들, 사회, 혹은 환경들 사이에 새로운 관계를 확립시키도록 한다. 그럼에도 불구하고 귀국반의 현실을 지배하는 제도적 차원의 적응개념은 문제사태를 개별 아동이 성장하는 통로로 전환시키는 대신 임시방편적이고 표면적인 갈등의 해소에 초점을 맞추게 하는 경향이 있다.

교사가 아동을 지도할 때 현실적으로 양자택일적 요구를 하게 되는 또 하나의 이유는 아동의 다양한 문화적 경험이 한국 학교에서 강점으로 작용하지 않는다는 현실인식 때문이다. 다음 이야기에서 교사는 그러한 판단의 이유를 설명하고 있다.

〈75〉
　귀국반 아동들이나 학부모들이 가지고 있는 태도와 현실의 문제점을 이야기하고 있던 중이다.

홍 교사: 외국경험을 유지하는 일은 현재 상황에서는 정말 힘들어요. 오히려 잘못하다가는 '얼치기'를 만들 것 같아요. 눈에 보이는 것이 어학능력인데 그것도 사실은 금방 잊어 버려요. 그러니까 지속적으로 집에서 부모가 뜻이 있어서 계속 테이프를 틀어 주지 않고 혼자만 해서는 이건 도저히 안 되거든요. 그러니까 어차피 어릴 때 데리고 갔다가 오면 그쪽에서 배운 것은 잊어버릴 테고 그렇다고 여기서 교과교육을 제대로 받느냐 그것도 아니고 애가 여기저기서 다 치이지요. '얼치기'지요. 뭐.

아동의 외국경험에 대한 홍 교사의 회의적 판단은 외국경험 자체에 대한 것이라기보다는 아동이 가지게 되는 소속감의 결여, 자녀의 적응을 조력하는 부모의 태도, 그리고 아동의 문화적 경험을 지원할 수 없는 체제의 미비함에 대한 것이다. 교사의 회의적인 판단에 특히 영향을 주는 것은 기존의 문화적 경험과 현재의 당면한 적응 과제를 지원할 수 있는 체제가 없음으로 해서 발생하는 이중 손실 때문이다. 이러한 점에서 교사의 아동에 대한 양자택일 요구는 현실적으로 선택할 수밖에 없는 상황 구속적 대안이라고 할 수 있다. 이는 한국의 제도교육 속에서 다양성을 수용하고, 그것에 내재한 잠재적 가능성을 육성하고 지원하는 일이 매우 어려운 일임을 드러내는 것이다.

귀국반에서 통용되는 양자택일의 원리는 적응을 일련의 변화가 완료된 상태로 봄으로써 개별 아동을 단순히 외부의 자극에 반응하고 그것의 요구에 맞추어 자신을 조절해 가는 존재로 규정하고 있다. 뿐만 아니라 외국에서 습득한 가치와 지식은 한국 학교에서 생활하는 데 도움이 되지 않으며 오히려 한국인으로서 정체성을 형성하는 데 장애가 되는 것으로 간주한다. 이는 개별 인간의 삶이 연속적이고 총체적인 것이라는 점과 이전의 경험이 항상 다음의 경험을 받아들이는 토대가 된다는 점을 간과하는 관점이라 할 수 있다. 이처럼 귀국반 실제에 영향을 미치고 있는 양자택일의 원리는 문화적인 단절을 문화적 전환의 전제조건으로 보거나 적어도 양자를 동일시하는 관점에 토대를 두고 있다. 이러한 관점이 가지고 있는 가장 큰 난점은 아동이 생생한 활동을 통해서 얻을 수 있는 관점의 전환과 경험의 재구조화 의미를 특정한 결과를 가져오는 수단으로 간주함으로써 적응과정의 교육적 가능성을 축소시킨다는 것이다.

2) 교육적 통합: "주체적 인간으로"

귀국반 아동들이 한국 학교에 적응해 가는 과정은 다른 누가 대신해 줄 수 없는 고유한 영역으로서 개별 아동의 총체적인 삶을 구성하는 한 단계적 과정이다. 그러한 점에서 귀국반 아동들이 드러내는 다양한 갈등 양상은 그들이 중대한 문제사태를 어떤 방식으로 해결해가며 그것이 초래하는 변화가 아동의 총체적인 삶을 구조화하는 데 어떤 의미를 가지고 있는지 살펴볼 수 있는 단초가 된다. 앞에서도 언급하였듯이 그동안 귀국반 아동들의 부적응 현상은 문제 상황으로 여겨져 왔으며 가능한 한 빠른 시일 내에 제거해야 할 일종의 '증상'으로 간주되었다. 그러나 인간이 외부에 존재하는 실재와의 상호 작용과 접촉, 그에 따른 인지상의 불균형의 경험 그리고 그 불균형을 수용하는 데 필요한 내부적인 적응의 과정을 포괄하는 개념을 '체험'이라고 할 때 아동이 나타내는 부적응 역시 체험의 과정에 불가피하게 나타나는 하나의 현상이라고 할 수 있다. 이러한 점에서 아동의 적응과정은 듀이(Dewey, 1916)가 말하는 '경험의 계속적인 재구성' 혹은 '성장'이라는 개념으로 이해할 수 있는 여지가 있다. 듀이가 말하는 경험은 진공상태에서 이루어지는 것이 아니며 항상 이전의 경험이 다음의 경험을 받아들이는 토대가 된다. 즉 경험은 재조직, 재구성, 그리고 갱신되는 연속성을 그 특징으로 하고 있다(장상호, 2000: 345-369). 듀이가 경험을 정의하는 방식은 귀국반 아동들이 드러내는 다양한 양상을 아동의 이전 경험과의 연속선상에서 이해하는 데 이론적 근거를 제공하고 있다.

듀이의 '경험의 계속적인 재구성' 개념은 가다머(Gadamer, 1982)가 말하는 '지평 융합'과 맞닿아 있다. '지평 융합' 역시 무엇인가 이질적이고 친숙하지 않은 것과의 만남 속에서 경험과 지식을 풍부히 하는 것을 의미한다. '지평의 융합'이 가지고 있는 의미는 가다머의 '경험의 진리가치'라는 개념으로 가장 잘 설명할 수 있다.

> 경험은 인간의 유한성의 경험이다. 참으로 경험이 많은 사람은 이것을 깨닫고 있는 사람 즉 그는 시간의 주재자도 또한 미래의 주재자도 아니라는 것을 아는 사람이다. 경험이 많은 사람은 모든 예언의 한계성과 모든 계획의 불확실성을 안다. 그의 안에는 경험의 진리가치가 실현되어 있다. 만약 이것이 경험이 많은 사람이 새로운 경험들에 대해서 새로운 개방성을 얻는 경험의 과정의 매 단계의 특징이라면 이것은 완전한 경험의 관념에게도 분명히 해당될 것이다.(Gadamer, 1992: 320: 장상호, 2000: 161, 재인용)

　　이러한 가다머의 '경험의 진리가치'라는 개념은 자신의 이전경험과 시각을 반성하도록 하는 기회를 제공한다는 점에서 귀국반 아동의 적응과정에도 의미를 부여한다. 이 책의 제3장에서 아동의 시각과 관점이 한국 학교 입학을 기점으로 하여 매우 역동적으로 재구조화되는 과정을 살펴본 바 있다. 귀국반 아동들의 한국 학교생활은 이전 경험과의 연속선상에서 나선형적인 구조를 가지며 진행되는 양상을 보인다. 이러한 과정은 이전 경험과 시각을 반성적으로 되돌아보고 자신이 생각했던 것과 같지 않은 현실이 존재한다는 것과 자신의 현재 생각 역시 절대적인 것이 아니라 변화할 수 있는 것임을 깨닫는 과정이라는 점에서 교육적 과정이라고 할 수 있다. 이러한 과정을 도식화하면 〈그림 9〉와 같다.

〈그림 9〉 교육적 경험의 통합과 확장

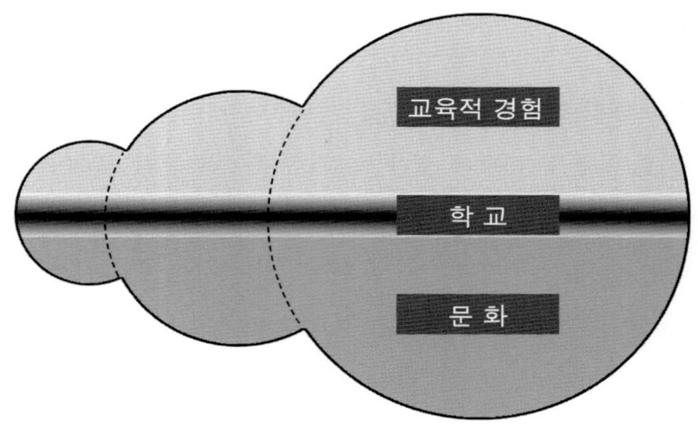

　　경험의 통합과 확장은 전적으로 개인 내부에서 일어나지만 그 환경을 구성하는 것은 개인이 토대로 하고 있는 문화, 제도, 다른 구성원들 등 다양하다. '한국 학교 교사'에서 '귀국반 교사'로의 정체성을 획득해 가는 교사,

직접 대면을 통하여 차이 속에서 보편성을 확인하는 일반학급 구성원들의 인식 변화는 귀국반 아동들로 하여금 소속감을 가지고 타인과의 관계형성에 적극적으로 참여함으로써 경험의 확장과 통합을 용이하게 한다. 아동들은 이러한 경험의 확장과 통합은 자신과 다른 구성원들을 대립적인 존재로 규정하는 시각에서 벗어나 원활한 교류를 하게 함으로써 협동적 관계를 구축하도록 영향을 미친다. 이는 한편으로는 수동적인 존재에서 능동적인 존재로의 전환을 의미하는 것이기도 하다.

적응과정을 경험의 재구조화 과정으로 보는 것은 적응을 개별 아동의 입장에서 이해하는 일로서 적응의 개념을 매우 확장시킨다. 아동이 한국 학교의 제반 활동에 능숙하게 참여하게 되는 역동적인 과정을 '적응'이라고 볼 때 귀국반 아동이 드러내는 다양한 현상을 적응의 범주에 포함시킬 수 있기 때문이다. 이때 적응의 개념은 과정적인 특징을 지니는 것으로서 일정한 종착점의 도달로서 평가될 수 있는 것 이상으로 확장된다. 귀국반 아동이 드러내는 제반 현상을 적응의 범주에 포함시키는 일은 발달이론이나 교수법 과목에서 말하는 그러한 보편화된 아동이 아닌 특수하고 구체적인 삶을 사는 개개인 인간으로서의 아동의 목소리를 듣는 일에 초점을 맞춤으로써 이해 가능하다.(허숙·유혜령 편, 1997: 409).

개별 아동의 관점에서 적응과정을 살펴보아야 할 필요는 적응의 주체를 누구로 보느냐의 문제와 직결되어 있다. 로고프(Rogoff, 1995: 150-153)가 이야기한 '참여적 전유(participatory appropriation)'의 개념은 적응의 주체가 아동이라는 것을 뒷받침한다. 로고프에 따르면 참여적 전유는 변화를 위한 선행조건이 아니라 개인이 특정한 사회 문화적 활동에 직접 참여함으로써 변화되는 역동적이고 상호의존적인 과정이다. 환경을 전유해 가는 과정은 단순히 익숙해져 가는 것을 의미하는 것이 아니라 객관적인 현상을 자신의 눈으로 해석하고 이해하고 활용하는 것을 의미하는 것이다. 귀국반 아동의 적응을 참여에 의해 체득되는 전유의 과정이라고 생각할 때, 그들이 보이는 다양한 양상은 사회적 상황에서 부딪히는 문제들을 타인의 입장에서가 아니라 스스로의 입장에서 주체적으로 대처해 나가려는 의지의 표현이라고 생각할 수 있다. 개별 아동의 적응과정은 이처럼 궁극적으로 외부의 요구가 아닌 자신의 주체적인 의지에 의해 상황을 해석하고 그 안에서 적절한 방법을 모색해 나가는 방식을 취하는 것이다.

이상에서 살펴본 것처럼 구체적인 학교생활을 통하여 표출되는 아동의 적응과정은 그 이면에 문화 간 차이성을 토대로 한 경험의 확장과 통합과정을 수반한다. 이러한 아동의 다양한 적응과정에 주목하고 단편적인 현상을 전체적인 맥락에서 이해하고자 하는 노력은 개별 아동으로 하여금 삶의 방향성을 탐색할 기회를 가지게 함으로써 주체적 인간으로서의 자아상을 확립하도록 하는 데 기여한다.

문화 간 적응교육 -반성과 과제-

Ⅵ 문화 간 적응교육의 방향

지금까지 살펴본 귀국반 적응현상과 구조는 특정한 적응의 개념을 상정하고 있는데 이 장에서는 그러한 적응개념을 교육학적인 시각에서 재해석해보고 그러한 적응개념이 교육장면에서 어떤 방식으로 실천될 수 있는지 고찰해 보고자 한다.

1. '적응'의 교육학적 재해석

귀국반에서 이루어지는 제반 활동은 적응개념을 토대로 하고 있다. 귀국반에서 통용되는 적응의 개념은 일반적이고 상식적인 수준의 적응개념과 크게 다르지 않다. 상식적인 수준의 적응개념이란 단적으로 '적응'이라는 말의 용례를 통해서 확인할 수 있다. 우리는 흔히 어떤 상황에 자신을 맞추어 가는 것을 적응이라고 하며 그러한 상황을 표현하기 위하여 '적응하다'보다는 '적응되다'라는 용어를 선택한다. 이러한 적응개념이 내포하고 있는 의미는 적응이 능동적이기보다는 수동적으로 이루어지는 것이며, 목표 설정이 외부에서 이루어지며, 한쪽만의 변화로 완결될 수 있다는 것이다.

　귀국반이라는 특수한 집단 속에서도 적응은 수동성, 순응성, 일방성의 방식을 특징으로 하여 실현되고 있음을 찾아볼 수 있다. 아동은 적응의 객체로서 한국 학교 학생으로 살아가는 데 필요한 자질을 함양해야 하기 때문에 학교가 요구하는 것을 일방적으로 수용해야 한다는 논리는 공식적·비공식적으로 일상적인 학교장면을 지배하고 있다. 귀국반에서 이러한 특징이 부각되어 나타나는 이유는 앞 장에서도 언급한 바 있듯이 한국 교육제도가 가지고 있는 특징과 관련이 있다. 한국 교육제도는 획일성을 특징으로 하고 있으며 제도적으로 설정된 기준을 충족시키지 못하는 경우에 대하여 예외 없이 '낙오자'라는 낙인을 찍는다. 여기에서 개별 아동의 고유한 상황이나 특수성은 고려되지 않으며, 교육 제도에 수월성을 발휘하면서 편입할 것인가 혹은 낙오할 것인가는 모두 개인의 책임으로 전가된다. 이러한 한국 교육제도의 구조적 특징과 그것을 토대로 하여 형성되어 온 학교의 분위기는 귀국반 아동들의 적응방식을 결정하는 데 큰 영향을 미치고 있다.

　귀국반 적응교육의 특성은 한국 학교가 사회화 기관으로서의 성격을 강하게 가지고 있는 것과도 밀접한 관련이 있다. 파슨스(Parsons, 1971)나 뒤르껨(Durkheim, 1965)은 사회화의 기능을 개인들로 하여금 장차 성인이 되어 담당하게 될 역할수행에 반드시 필요한 정신적 자세와 자질을 기르도록 하는 것으로 보고, 학교는 그 임무를 수행하는 주된 기관이라고 보았다(김신일, 2000). 실제로 어느 사회나 학교는 사회구성원으로서의 역할을 하도록 사회의 주요가치와 기능을 습득시키는 준비기관으로서의 성격을 가지고 있다. 때문에 각 국가의 민족적, 문화적, 역사적, 사회적 제(諸) 조건은 학교 안에서 이루어지는 제반 활동의 성격을 결정하는 데 큰 영향을 미치며, 정도의 차이는 있지만 학교의 제도화 맥락이 교육과 사회의 기능적 관계를 내포하고 있는 것은 보편적인 현상이라고 할 수 있다.

　학교제도에 속해 있는 귀국반은 그 구성원의 특성상 단순한 준비기관 이상의 의미를 가지고 있다. 이러한 귀국반의 특수성은 동질성을 강조하는 한국사회에서 귀국반의 적응 활동이 사회화의 성격을 강하게 갖도록 영향을 미친다. 귀국반의 설립은 귀국아동의 독특한 문화적 경험과 한국사회의 유지·발전 간의 관련성에 대한 문제의식에서 출발함으로써 애초부터 사회화의 요구를 가진 제도라고 할 수 있다. 귀국반이 수행하고 있는 사회화의 순기능은 기존의 교육제도에서 수용하지 못하거나 수용할 수 없는 아동들까지도 귀국반이라는 특별한 형식의 제도를 빌어 공교육 제도 안에 수용하고 있다는 점이다. 즉, 귀국반이 가지고 있는 독특한 교육적 서비스는 다양한 층의 아동을 공교육제도 안으로 끌어들이는 기제로서 작용하고 있다. 이러한 점에서 귀국반은 공교육제도를 확대하고 사회성원의 대상을 확대시키는 역할을 하고 있다고 볼 수 있다.

일상적으로 이루어지는 적응교육이 현실적인 필요를 충족시키기 위하여 사회화의 방식을 채택하고 있다는 점, 또 대부분의 개인들이 현실적인 필요로부터 완전히 자유로울 수 없다는 점은 사회화 역시 개인에게 중요한 의미를 가지고 있음을 나타낸다. 그럼에도 불구하고 귀국반 아동에 대한 적응교육이 사회화의 논리로만 이루어지도록 하는 것은 종적 상대성과 횡적 상대성으로 인해 생성되는 '차이'를 교육적 공간으로 활용하지 못하고 사장시키는 결과를 가져올 수 있다. 그동안 사회화 방식을 전경에 부각시켜 온 귀국반 적응교육을 반성할 필요가 있는 것은 이러한 점에서이다.

사회화의 논리는 교육의 논리와 다른 것이다. 교육은 일상의 사회적 장면과 달리 사고나 행동의 정형을 가르친다는 데 있다. 조용환(2001)에 의하면 교육이 기르고자 하는 바람직한 인간상은 국가가 국민에게 제시해 줄 수 있는 것이 아니라, 교수자와 학습자가 현장에서 시행착오를 거치면서 구체적인 활동을 통해 부단히 모색해 나가야 하는 것이다. 그러나 사회화의 논리에 따라 이루어지는 적응 활동은 수동적, 순응적, 일방적 성격을 가지며 적응의 구체적 대상 역시 한국 학교의 일상으로 삼고 있다. 적응의 대상은 적응 활동의 핵심을 구성하는 한 요소이다. 한국 학교에서 일상적으로 적응의 대상으로 여겨지는 사회적 장면은 본질상 그 '정형'이 아니라 '정형 왜곡' 내지 '기형'이 통용되는 장면이다. 또한 사회적 장면을 조직하는 원리인 문화는 특별한 계기가 주어지지 않는 한 스스로 반성하지 않는 일상적 과정이며, 설혹 개인이 반성을 통하여 자기문화의 모순과 부조리를 발견하더라도 집단적 규범의 압력 때문에 기준의 해석 / 실천 방식을 따르게 되는 성격의 것이다.

귀국반의 적응 활동이 교육적인 성격을 가지고 있는가에 대해서는 그 내용 측면에 대해서도 고려하여 살펴볼 필요가 있다. 귀국반이 가지고 있는 준비기관으로서의 성격은 이홍우(1997)에 의하면 생활에 직접 유용한 내용과 현상을 이해하는 데에 필요한 내용 사이에는 그 교육내용으로서의 성격으로 보아 근본적인 차이가 있다. 전자는 일상생활을 하는 동안에 그것을 배울 필요를 느끼는 사람이라면 일상생활 사태를 통하여 배울 수 있고, 또 그 필요를 느끼는 사람에 한하여, 또 그러한 사태 속에서 가장 잘 배울 수 있다. 그에 의하면, 현상을 설명 또는 이해하는 데에 필요한 내용은 일상생활을 통하여 배울 가능성도 별로 없거니와 그것을 배워야 할 필요도 생기지 않지만, 그럼에도 불구하고 누구에게나 필요한 지식이다. 이러한 교육내용의 구분방식을 귀국반 활동의 성격을 규정하는 데 적용하여 볼 때, 귀국반에서 가르치고 있는 내용은 후자보다는 전자의 성격이 강하다. 한 예로 귀국반에서는 아동들로 하여금 또래관계를 형성하도록 하기 위하여 "공기놀이"는 가르치지만, 일반학급 아동들의 태도가 왜 자신들에게 낯설고 이상한 것으로 받아들여지는지, 일반학급 선생님의 태도가 왜 외국 선생님의 태도와 다른지에 대해서는 가르치지 않는다. 대신 생존전략 차원에서 일반학급 아동들이 하는 방식으로 행동해야 할 필요가 있음을 가르치게 된다. 생활의 의미를 순전히 생물학적으로 생명을 유지하고 물리적으로 다소 편안하게 생명을 유지하는 것에 둔다면 현상의 의미를 이해하는 바가 빠져 있다고 해서 크게 문제될 것이 없다. 그러나 아동에게 생활의 의미는 단지 생존의 차원이 아닌 실존의 차원을 아우르고 있다는 점에서 적응 활동은 모방을 통한 습득에서 한 걸음 더 나아가 이해의 수준에 이르도록 안내되어야 할 필요가 있다.

그렇다면 왜 한국 학교의 적응 교육은 다양성을 인정하고 주체성을 함양하는 교육적 적응 대신 획일성과 수동성을 강조하는 학교체제에 대한 적응을 강조하고 있는가? 그 이유로 들 수 있는 것 중의 하나는 학교 구성원들의 '교육적응'과 '학교적응'에 대한 혼동이다. 하늘초등학교라는 생활세계를 공유하면서 살아가기 위해서 어느 정도의 동질성을 확보하는 일은 불가피하다. 그러나 교육은 기본적인 생존을 위한 조건을 실현시키는 것을 궁극적인 목적으로 하는 활동이 아니기 때문에 적응을 교육적 활동으로 이끌기 위해서는 학교에 대한 적응과 교육에 대한 적응을 구분할 필요가 있다. 교육적응과 학교적응의 혼동은 학교 구성원들이 교육을 주체적인 태도로 탐색하는 대신 관성을 따르는 데 기인한다. 교육은 일련의 과정으로서 점진적으로 진행되며 명료하게 파악하기 어려운 특성이 있다. 교육은 매 순간 "이것이 상대방 혹은 아동의 성장에 도움이 되는가"에 대한 성찰을 요구하는 과정이며, 장면에 따라 주체와 객체의 전환이 이루어지기 때문에 어렵고도 혼란스럽다. 교육은 이처럼 관성에 의해서는 결코 이루어지지 않으며 매 순간 치열한 고민과 탐색과 이해를 통해서 이루어지는 활동이다. 반면 사회화의 성격을 가지고 있는 학교적응은 훨씬 가시적이며 주체와 객체의 전환도 일어나지 않는다. 때문에 교육에 대한 치열한 탐색이 없는 상태에서 이루어지는 교수-학습의 활동은 사회화의 성격을 갖기 쉬운 것이다.

교육적응과 학교적응에 대한 귀국반 구성원들의 혼동은 귀국반 적응 교육을 학습자 중심이 아닌 교수자 중심활동으로 이루어지도록 하며, 문제제기보다는 순응을 가치 있는 덕목으로 인정하며, 상호 호혜적인 변화보다는 일방적 변화를 지향하도록 한다. 이렇듯 교육적 적응을 하지 못하도록 하는 데 원인을 제공하는 쪽은 학습자가 아니라 교수자 혹은 한국 학교라는 거대한 조직이다. 때문에 이러한 문제의 해결고리 역시 교수자가 가지고 있다. 실제로 교사들은 아동들과의 개별적인 상호 작용을 통하여 교육적 상호 작용에 대한 어렴풋한 개념을 형성하고 있다. 이러한 교사의 교육적 적응에 대한 인식은 귀국반의 적응 교육을 교육적으로 변화시킬 수 있는 중요한 단초가 된다.

이 책의 제5장에서 살펴본 바대로 '차이를 통한 호혜적 관계형성'과 '점진적이고 협동적인 변화'라고 정리할 수 있는 귀국반 구성원들의 교육적 적응은 단절을 통한 전환보다 확장을 통한 통합으로 나아가고자 하는 내적 지향을 통해서 제한적이나마 실현되고 있었다. 이러한 적응의 개념은 인간에 대한 규정과도 밀접한 관련을 갖는다.

인간은 그들의 행위를 지속시켜 주는 사회에서 태어나고 사회에 의해 규정되면서 존재한다. 그럼에도 불구하고 인간은 다른 사람의 영향에 단순히 반응하는 수동적 존재가 아니라, 상호 작용 속에서 다른 사람의 영향을 해석하고, 정의하고, 의미를 부여하며 행동하는 능동적 존재이다. 개인과 사회의 관계에 존재하는 이러한 패러독스를 이해하기 위해서는 사회가 개인의 선택을 압도하는 사회화 현상뿐 아니라 개인이 사회 속에서 나름대로의 발달을 모색하고 개성을 추구하는 측면에 대해서도 주의를 기울여야 하는 것이다. 개별 인간들의 이러한 노력은 자발성과 자율성을 가진 실존적 노력이라고 할 수 있다.

인간이 어떤 활동을 하는 데 추진력을 제공하는 것은 '생존'의 요구와 더불어 내면에서 우러나는 '실존'의 요구라는 점은 귀국반 아동의 적응 활동을 생존과 실존의 두 측면에서 살펴보아야 할 필요성을 제기한다. 한 예로 아동이 관계형성을 통하여 성원성을 획득하고자 하는 것은 생존차원의 요구에 부응하는 측면이 강하지만 그것은 다른 사람으로부터 존중받음으로써 자긍심을 함양하는 데 전제조건이 된다는 점에서 실존적 조건이기도 하다. 실제로 실존과 생존이라는 두 개념 역시 서로 분리된다기보다는 한 개인의 삶 속에서 조건에 따라 전경과 배경으로 교차되어 나타나는 것이라고 할 수 있다. 이러한 점에서도 귀국반이 생존만을 위한 적응 활동을 하고 있다고 단언하기는 어려운 일인 것이다.

귀국반 아동들의 실존적 요구는 다양한 표현 태를 지니며, 때로 다른 구성원들에게 오해의 소지를 갖게 하거나 부적응현상으로 인식되기도 한다. 한국 학교에서 아동들의 부적응현상은 하루 속히 제거되어야 할 증상으로 여겨지고 있으나 한편으로 그러한 부적응현상은 한국 학교에서 통용되는 교육적 인간상이 무엇인가를 반성할 수 있도록 하는 계기가 된다. '부적응현상'이라는 용어의 뉘앙스는 적응여부의 판별 주체가 주류에 속하는 한국 학교 구성원들이며, 그들의 상식적 이해 범위를 벗어나는 행위나 태도가 부적응현상으로 범주화되고 있음을 함축하고 있다. 즉 '부적응현상'이라는 표현과 실제 범주화의 준거가 되는 것은 '한국적인 사고방식과 행동방식의 습득여부'인 것이다. 부적응현상을 규정하는 방식에 내재해 있는 한국 학교의 교육적 인간상이 오늘날과 같은 다양성의 시대에 적절한 것인지, 그리고 그러한 준거가 귀국반 아동의 적응여부를 판별하는 타당한 준거인지는 재고할 필요가 있는 것이다.

이처럼 교육의 논리에 비추어 귀국반 적응 활동의 성격을 파악하는 것이 필요한 이유는 실제로 적응의 개념이 사회화의 의미만을 실천하는 것으로 완성되는 것은 아니기 때문이다. 사회화의 논리가 지배적으로 작용하는 귀국반 적응 활동에서도 아동들이나 교사들의 활동 이면에는 교육적 요구가 살아 있음을 발견할 수 있었기 때문이다. 제4장에서 살펴보았듯이 귀국반 구성원들은 차이와 갈등 상황에 직면하여 새로운 차원의 이해방식을 모색하기도 하고, 지속적이고 다양한 과제해결의 요구에 부응하는 과정에서 주변 환경과 새로운 관계형성을 시도하기도 한다. 이러한 과정은 이해의 지평을 넓히고 좀더 나은 자신을 추구하도록 한다는 점에서, 그리고 주체적인 참여를 통해서만 가능하다는 점에서 교육적 성격을 내포하고 있다고 할 수 있다. 적응은 비단 귀국반 아동만의 과제가 아니라 삶을 영위하는 모든 사람들의 과제이다. 삶의 과정 속에서 개인들은 매 순간 새로운 문제 상황에 직면하고, 스스로 그러한 문제사태를 해결해야 하는 과제를 가지게 된다. 또 그러한 문제사태는 개인의 개별적 경험에 따라 다른 양상으로 나타나기 때문에 그 해결과정 역시 개별적 맥락에서 이루어진다. 때문에 그 과정은 전적으로 개인의 자발성이 전제될 경우에만 적합한 방식으로 이루어질 수 있다. 개인이 가지고 있는 이러한 지속적인 적응의 과제는 기본적으로 현재보다 나은 미래를 지향하는 인간의 본성에 토대를 둔다. 이러한 점에서 적응은 주체성, 계속성, 자발성, 향상성을 그 특징으로 하고 있다고 할 수 있으며, 이러한 특성은 인간이 자신의 능력과 품성을 함양하는 데 토대가 된다는 점에서 교육적 특성이라고 할 수 있다. 이러한 적응의 교육학적 의미를 고찰하는 일은 귀국반의 실제를 새로운 방향으로 구성하도록 하는 토대를 제공할 수 있을 것이다.

2. 문화 간 적응교육을 위한 담론형성: 다문화교육

귀국반 아동의 다양성을 인정하고 그것을 교육적으로 활용하는 데 적절한 관점을 제공해 주는 것이 다문화교육에 관한 논의이다. 다문화사회에서 생활하는 학생의 다양한 문화적 정체성 함양문제를 중요한 논의의 대상으로 삼고 있는 다문화교육의 기본적인 입장은 귀국반의 적응 활동에 방향성을 제시해준다는 점에서 고찰해 볼 필요가 있다. 소냐(Sonia, 1992)에 의하면 다문화교육이란 '모든 학생들을 위한 종합적인 학교개혁이며 기본적인 교육으로서 학교와 사회에서의 인종주의와 다른 형태의 차별을 지양하고 학생, 그들의 지역사회, 교사 모두가 다원주의를 수용하는 것'을 일컫는다. 다문화교육은 학교장면에서 교수-학습의 성격을 개념화하여 교사, 학생, 그리고 부모들의 상호 작용에 영향을 미친다. 나아가 문화적으로 다양하고 상호의존적인 세계에서 문화적 다원주의를 육성하는 것을 목표로 하고 있다. 다문화교육의 토대인 문화적 다원주의는 문화적 집단 사이의 평등과 상호존중을 이 상태로 가지고 있으며 개별 집단의 구성원들이 전체 사회 안에서 조화롭게 그들의 다양한 문화적 방식을 보유하는 것을 목적으로 하고 있다.

문화적 다원주의에 토대를 둔 다문화교육은 다양한 이론적 모형을 가지고 있는데 이 중에서 우르젤(Wurzel, 1988)이 제시한 '다문화주의로의 7단계 모형'은 그 연속적 과정을 강조함으로써 귀국반 아동의 변화 양상을 이해하고 안내하는 데 시사하는 바가 있다. 우르젤의 모형을 도식으로 간단히 제시해보면 다음과 같다.

〈그림 10〉 다문화주의로의 7단계

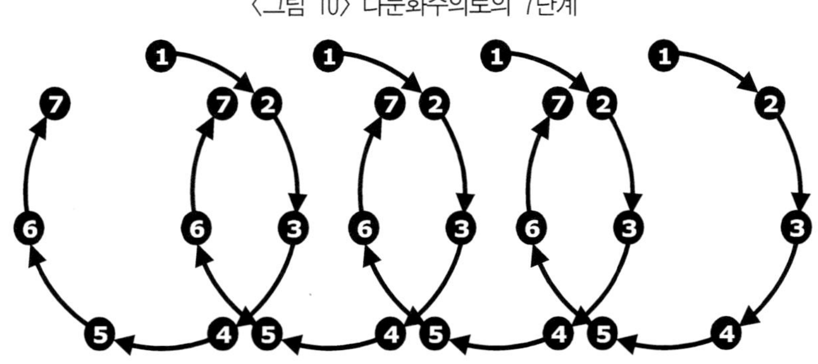

❶ 일원적 문화주의(monoculturalism)
❷ 문화간 접촉(cross-cultural contact)
❸ 문화적 갈등(cultural conflict)
❹ 교육적 중재(educational intervention)
❺ 혼돈(diseqilibrium)
❻ 인식(awareness)
❼ 다문화주의(multiculturalism)

제1단계의 '일원적 문화주의'는 각 개인이 자신의 문화를 보편적인 문화라고 확신하는 단계로서 사람들이 그와는 다른 방식으로 살아갈 수 있다는 가능성을 부인한다. 귀국반 아동들을 이질적인 존재로 상정하는 학교 구성원들의 초기 관점과 동질성에 대한 요구가 강한 한국 학교의 제도적 인식이 이 단계에 속한다고 할 수 있다. 이 단계의 사람들의 생각 속에는 "모든 사람들이 세계를 내가 보는 방식과 같은 방식으로 보며 그렇지 않은 사람의 경우는 그들이 틀린 것이다"라는 전제를 가지고 있다. 두 번째 '문화 간 접촉'의 단계는 최소한 '우리'와 다른 사람이 있다는 것을 인식하게 되지만 서로를 '우리'로 여기기보다는 '그들'로 여긴다. 이러한 특징은 귀국반 아동들과 다른 학교 구성원들에게서 모두 발견할 수 있는 것으로서 서로 상대방의 존재에 대해서 인식하게 되나 그것이 곧 상대방을 있는 그대로 인정하는 것을 의미하는 것은 아니다. 세 번째 '문화적 갈등'의 단계는 다른 문화적 패턴과의 충돌일 뿐 아니라 둘 혹은 그 이상의 자민족 중심주의가 대면하는 단계이다. 귀국반 아동의 경우 자신이 한국 학교 학생이라는 현실을 회피 혹은 거부하며 일반학급 아동들 역시 여전히 그들을 대립적인 존재로 인식하는 과정을 이 단계에 대응시킬 수 있다. 네 번째 '교육의 중재' 단계는 새로운 정보를 얻는 단계로서 새로운 정보는 문화 간 접촉을 하고 있는 개인으로 하여금 제3단계인 '문화적 충돌'로부터 제5단계인 '혼동'상태로 이행시키는 역할을 한다. 이 단계는 귀국반에서 이루어지는 일련의 활동들을 일부 대응시킬 수 있다. 여섯 번째 단계는 그러한 과정에서 상대방에 대한 이해가 깊어지는 단계로서 귀국반 아동의 경우 일반학급의 구성원으로서 무난한 생활을 하는 단계에 대응한다. 이후 비로소 마지막 일곱 번째 단계인 다문화주의 수용의 단계로 나아가는 것이다. 우르젤은 일곱 번째 단계를 일회적으로 달성할 수 있는 것이 아니라는 것으로 인식하였듯이 귀국반 아동을 중심으로 한 학교 구성원 역시 서로를 있는 그대로 인정하고 그로부터 풍부한 문화적 경험을 배울 수 있는 태도를 단시간 내에 갖추지는 못한다. 이 이론 모형이 귀국반 적응교육과 관련하여 가지고 있는 의미는 문화 간 접촉을 통한 갈등과 혼동이 교육적 개입을 통해서 인식의 성장이라는 교육적 방향으로 진행될 수 있다는 가능성을 제시하고 있기 때문이다.

위에서 살펴본 우르젤의 모형에서도 4단계의 '교육적 중재' 단계는 이질적인 존재들 사이에 나타날 수 있는 갈등사태를 '옳고 그름'을 다투는 데에 그치지 않고 다른 가능성을 인정하도록 안내하는 역할을 한다. 이러한 과정은 다수의 입장에서나 교수자의 입장에서는 매우 곤혹스러운 단계일 수 있다. 때문에 '갈등'에서 '혼동'으로 나아가는 일은 자연스럽게 이루어질 수 없으며, 가르치고 배우는 과정에 입각한 교육의 과정을 통해서 이루어져야 한다. 귀국반 적응교육이 이러한 교육적 과정을 도모하고자 할 때 가장 중요시해야 하는 것은 구성원들이 가지고 있는 횡적 상대성의 넓이를 인식하고 그것을 교육적 기회로 활용해야 한다는 것이다. 아동들이 가진 다양한 문화적 경험을 한국 학교의 구성원들이 가지고 있는 경험과 동등하게 인정할 때 비로소 갈등 상황은 이해지향적 혼동으로 나아갈 수 있으며, 다수 구성원들에게나 소수 귀국반 아동들에게나 교육적 과정으로서의 의미를 지니게 되기 때문이다. 이러한 점에서 각 존재들이 가지고 있는 다양성을 인정하는 일은 교육의 출발점이라고 할 수 있다.

횡적 상대성을 중심으로 하여 이루어지는 교육은 교수자와 학습자가 서로의 위치를 전환할 수 있다는 특징을 지닌다. 교사들이 아동들로부터 새로운 시각을 얻고 자신을 성찰할 수 있는 기회를 가짐으로써 새로운 교사 정체성을 얻게 되는 것은 교사와 아동이 상호 호혜적인 가르침과 배움을 주고받았다는 것을 의미한다. 배우고 가르치는 활동이 비단 교사와 아동사이에서만 이루어지는 것이 아님은 귀국반 아동들과의 교류를 통해서 관점을 변화시켜가는 일반학급 아동들의 경우에서 찾아 볼 수 있다. 영어를 사용하는 사람은 무조건 미국사람이며, 영어의 사용 여부에 의해 선진국과 후진국을 가름하던 아동들이 귀국반 아동들과의 직접적인 대면을 통해서 다양한 세계에 대한 이해를 확장시켜 나가는 현상은 교수와 학습이 동등한 관계 속에서도 이루어질 수 있음을 보여준다. 귀국반에서 발견할 수 있는 이러한 교육의 과정은 구성원들의 인식변화를 통해서 활성화될 수 있는 부분이다.

한편 귀국반 아동들에 대한 규정은 이들의 적응을 안내하는 방향을 결정짓는 데 중요하다. 이는 귀국반 아동에 대한 정체성 부여 문제와 관련을 가진다. 그동안 귀국반 적응교육의 이념적 토대가 되어 온 것은 아동들에게 민족정체성을 함양시켜야 한다는 것이었다. 이는 민족정체성에 대한 고정적인 관념을 기초로 한 것이다. 그러나 바쓰(Barth,1969; 1994)가 지적하였듯이, 민족성의 경계는 영역적으로 규정되는 것이 아니며 또한 민족성은 정적인 특질들의 합이 아니라 상호적이며 주관적인 접근을 통해서 구성되는 것이다. 마찬가지로 보스(Vos, 1975) 역시 민족성에 대한 의식은 객관적인 특질 혹은 관찰되어지는 행위에 의해 결정되는 것이 아니라 개인이 자신의 소속에 대해서 어떻게 느끼느냐에 의해 결정되는 것이라고 하였다. 조혜영(2002)은 한 연구를 통하여, 민족정체성은 전승되어지는 하나의 산물 혹은 민족 집단에 내재하여 불변하는 정수가 아니라, 집단 구성원들이 지속적으로 삶의 경험을 반추하고 회상하여 재해석하는 과정이며, 지속적으로 변화 가능한 것이라 주장하였다. 민족정체성에 대한 이러한 관점은 귀국반 아동들에 대한 규정과 그에 기초한 적응교육의 방향을 새로이 설정할 것을 요구한다. 그동안 이루어진 적응교육이 아동으로 하여금 한국인으로서의 정체성을 가지는 것에 주력하였다면 앞으로의 적응교육은 집단 구성원들의 자율적인 상호 작용을 북돋고 그 속에서 새로운 정체성을 함께 모색할 수 있도록 하는 방향으로 이루어져야 할 것이다.

적응의 과정이 한편으로는 인간형성의 과정임을 생각할 때 적응교육의 방향은 교육받은 인간상에 대한 재고를 함께 요청한다. 오늘날과 같은 세계화 시대에 바람직한 인간상은 이전의 시대에 규정되었던 그것과는 다를 것이기 때문이다. 귀국반 아동들이 가지고 있는 다양한 문화적 코드는 한국인이라는 하나의 정체성으로 수렴되어야 할 대상이라기보다는 특성화의 대상으로 보아야 할 필요성이 있는 것이다. 구체적 교육현실을 개선하는 데 적응의 재개념화 및 다양성에 대한 개방된 논의를 통한 문화 간 적응교육 지원 담론을 형성하는 일은 매우 중요하고 필요한 일이다.

3. 교육적인 적응을 위하여

‘교육적 적응’ 개념의 필요성은 교육이 상정하는 인간관과 관련이 있다. 인간은 무한한 가능성을 가지고 있는 존재이며, 교육은 인간의 본성을 선택하고 창조하는 실천적 활동으로서 인간의 새로운 역량을 모색하고 창출하는 삶의 형식이다(장상호, 1994). 즉 인간은 ‘교육’이라는 삶의 형식을 통하여 지속적으로 거듭나는 존재인 것이다. 이렇게 보면 교육은 모든 인간 활동에 개입하는 핵심적인 삶의 형식이다.

귀국반에서 포착할 수 있는 구성원들의 변화를 우리는 흔히 적응이라고 부른다. 또 귀국반 아동들만이 한국 학교에 적응하는 것이 아니라, 한국 학교의 다른 구성원들도 귀국반 아동들에게 적응한다. 이러한 변화는 ‘나’와 구별되는 ‘다른 사람’이 있기에 가능한 것이며, 그와 상호 작용을 하기 때문에 가능한 것이다. 그렇다면 귀국반 구성원들은 왜, 그리고 어떻게 서로를 변화시켜 가는가? 귀국반에 대한 제도적인 요구와 귀국반 아동들의 생존적인 요구가 그러한 변화를 촉구하는 것은 사실이다. 그렇지만 귀국반에서 발견할 수 있는 다양한 변화 양상과 그 복잡하고 예측할 수 없는 과정은 외적인 요구에 의해서 발현되는 것이 아니라 구성원들 내부의 요구와 그들 간의 관계에서 생성되는 것이다. 이러한 귀국반 구성원들의 다양한 활동과정을 이해하는 데 가장 적절한 개념은 ‘교육’이다. 조용환(2001)에 의하면 교육이 지향하는 인간은 부단한 반성을 통해 능력과 품성의 향상을 추구하는 인간이며, 다른 사람들과 ‘단순히 함께 있는(竝存, being together)’ 존재가 아닌 ‘어울려 나아가는(相生, becoming together)’ 존재이다.

‘교육적 적응’ 개념의 의미는 인간의 적응과정을 개별 주체의 차원에서 해석할 수 있도록 한다는 데 있다. 인간은 다른 동물과는 달리 사회생활을 하며, 그 속에서 자신의 의미를 드러내고 살아가야 하는 존재이기 때문에 생물학적인 요구뿐만 아니라 실존적 요구를 함께 가지고 있다. 그리고 이러한 실존적 요구는 인간이 가지고 있는 교육에 대한 요구라고 할 수 있다. 조용환(1997)에 의하면 인간은 누구나 '향상'의 의지를 가지고 있으며 여러 가지 불리한 여건 때문에 일시적으로 향상을 포기하거나 미룰 때조차도 향상의 의지는 인간의 내면 깊은 곳에 살아 있다. 이러한 향상의 의지는 과거-현재-미래의 시간적 흐름 속에서 과거보다 나은 현재, 현재보다 나은 미래를 소망하는 실존의 모색이라고 할 수 있다. 이처럼 인간은 '향상'의 의지를 가지고 실존을 모색하는 존재이기에 특정한 상황에서 그가 나타내는 일련의 변화는 외부의 요구에 일방적으로 부응하는 생존적 적응뿐만 아니라 주체적이고 자율적인 의지에 의한 실존적인 적응을 포함하고 있다. 실존적 적응의 개념은 교육의 개념적 속성을 포함하고 있는데 특히 상호관계를 통해서 이루어진다는 점에서 그러하다. 귀국반 구성원들의 관계형성 방식이 아동의 적응과정에 직접적인 영향을 미치는 현상은 교육적 요구와 실존적 적응의 관련성을 확인할 수 있는 부분이다. 적응의 과정을 교육적으로 이해하는 것이 중요한 이유는 그러한 이해가 다시 순환적으로 구성원들의 활동을 교육적인 방향으로 이끌 수 있기 때문이다. 적응을 여타 다른 개념으로 이해하는 일도 때로는 필요하다. 그러나 인간의 본성에 가장 근접한 삶의 형식을 개념화하고 있는 '교육'이 빠진 적응에 대한 조망은 적응 활동의 본질을 왜곡할 위험이 있다. 이러한 이유에서 여타 다른 적응의 개념과 더불어 '교육적 적응'의 개념이 필요한 것이다.

한편 적응은 개인적인 문제이기도 하지만 집단의 문제이기도 하다. 개인과 집단의 적응에 대한 관점은 동일하지 않지만 그 각각이 가지고 있는 적응의 목적은 유사하다. 개인이 생존과 실존의 요구를 가지고 있듯이 집단 또한 생존과 발전에 대한 요구를 가지고 있기 때문이다. 그러나 집단 차원의 적응은 대체로 개인의 일방적 수용을 요구하기 때문에 개별 인간이 자신의 방식대로 환경을 이해하고 전유하는 과정을 허용하지 않는 경향이 있다. 그러나 이 양자간의 갈등은 본질적인 것이기보다는 상호 작용적인 것으로 경우에 따라 하나가 전경에 부각되면 다른 하나는 배경에 위치하게 된다.

한 개인 안에서 적응의 가치가 역동적으로 위치 이동을 하는 것은 자연스러운 일이며 개인과 사회가 조화를 이루는 방법이기도 하다. 그럼에도 불구하고 귀국반 현장에서 드러나는 문제점은 집단적 적응에 대한 비중이 개인차원에서 자율적으로 이루어지는 적응의 의미를 지나치게 간과하도록 한다는 데 있다. 때로 집단 차원에서 대두되는 '시간'의 문제는 아동의 내적 적응과정을 '부적응'으로 규정하여 빠른 시일 내에 제거되어야 하는 증상으로만 인식하기도 한다. 이는 개별적으로 이루어지는 적응과정을 집단 차원의 기준으로 판별함으로써 그 과정이 개인에게 부여하는 의미를 소홀히 하고 있음을 나타내는 한 예이다. 이러한 현상은 우리나라 학교문화와 사회의 문화일반이 교육다운 교육을 저해하는 경향이 있음을 드러내는 것으로서 문화와 교육의 육성적인 피드백에 대한 과제를 남긴다.

문화기술적 사례연구의 특징상 연구자는 연구의 시작과 더불어 현장과 밀접한 관련을 가지며 구성원들과 문제의식을 공유하기도 하였는데 현장에서 가지게 된 문제의식을 정리하면 다음과 같다.

첫째, 귀국반에서 이루어지는 적응교육이 아동들의 다양한 상황과 요구를 최대한 고려하기 위해서는 그 운영이 좀더 자율적으로 이루어져야 할 필요가 있다. 아동의 자연스럽고 능동적인 변화과정을 왜곡시킬 소지가 있는 환급시기에 대한 규정은 귀국반이 자율적인 기제에 의해 운영되어야 할 필요성을 제기하는 부분이다. 모종의 변화를 의미하는 적응은 충분한 시간과 이해를 필요로 하는 일이다. 그것은 개인이 상황을 이해하고 그를 바탕으로 능동적이고 주체적으로 적응에 참여하기 위해서 꼭 필요한 조건이다. 이러한 환경을 마련해 주는 일이 적응교육의 출발점이며 귀국반의 자율적 운영이 부분적으로 그러한 환경 형성에 도움을 줄 수 있다.

둘째, 적응교육의 연계성을 확보하는 일이다. 외국의 경우 귀국아동의 적응교육은 출국 전부터 시작하여 귀국 후까지 연속선상에서 이루어지도록 체계적인 프로그램을 준비하고 있다. 그에 비하여 우리나라는 귀국 후에도 아동들이 적응을 위한 적절한 안내를 받을 수 있는 계획된 프로그램을 접하기 어려운 상황이다. 재외국민 교육정책의 일환으로 외국에 설립된 한인 학교가 그러한 준비교육을 부분적으로 수행하고 있지만. 한국 교과를 보충하는 장소로서의 역할이 더 많이 부각된다는 점에서 적응교육 프로그램이라고 보기는 어렵다.

셋째, 귀국아동들을 변화시켜야 할 대상으로 보는 관점을 전환시킬 필요가 있다. 오늘날과 같은 세계화시대는 다양한 문화적 경험을 가진 인간을 요구하며 교육장면에서도 다문화적 인간의 육성은 주요한 과제가 되고 있다. 그럼에도 불구하고 그동안 이루어진 적응교육은 다양한 문화적 경험을 한 아동이 가진 장점을 부각시키기보다는 오히려 이전의 경험을 사장시키고 한국적인 상황에 알맞은 인간으로 변화할 것을 요구해 왔다. 이러한 한국 학교의 분위기는 귀국반 아동들로 하여금 자신의 문화적 능력이나 경험에 대한 자부심을 갖는 데 실패하도록 하였다. 귀국반 아동들이 가지고 있는 다문화적 경험에 대한 존중과 이해는 아동들의 교육적 성장뿐만 아니라 다른 문화를 경험하지 못한 학교의 다른 구성원들에게 훌륭한 교육적 환경을 제공할 수 있는 가능성을 제시한다. 귀국반 아동들의 경험에 대한 관점의 전환은 귀국반 아동이 가진 경험이 교육적으로 기능하도록 함으로써 아동들로 하여금 자긍심을 높이도록 하고 나아가 주체적으로 적응에 참여하도록 할 수 있을 것이다.

넷째, 위와 같은 맥락에서 귀국반 교육의 방향을 동질성을 확보하는 것으로부터 특성화된 교육으로 전환하는 것도 생각해 볼 수 있는 일이다. 오늘날과 같은 세계화시대는 다양성을 발휘할 수 있는 인간, 개방적인 인간의 육성이 요구되는 시대로서 아동들의 다양한 문화적 자본을 특성화시켜야 할 필요가 있다. 한국인으로서의 정체성 역시 주어지는 것이 아니라 개별 인간이 자신의 장점을 향상시켜 가는 과정에서 정립할 수 있는 것이라는 점에서 한국인으로서의 동질성을 확보하기 위한 일방적 변화를 요구하는 적응교육의 방향은 바람직한 것이라 할 수 없다. 이러한 점에서 적응교육의 새로운 방향을 탐색하는 일은 교육받은 인간상에 대한 재고에서 시작한다고 볼 수 있다.

　　지금까지 귀국반 아동들의 적응과정에 내재해 있는 교육적 의미를 발견하고 이를 육성하기 위한 이론적·실제적 시사점을 살펴보았다. 본 연구는 다문화적 경험을 한 아동들의 실존적인 적응에 의미를 부여하기 위하여 부족하나마 '교육학 적응'의 개념을 제시하였다. 이러한 시도는 넓은 의미에서 문화 간 적응 교육의 과제로 보고 지속적으로 접근할 필요가 있다. 학문은 끊임없는 이론적 논의를 통해서 현실에 개입하고 영향을 미친다는 것을 생각할 때 귀국반 적응교육 및 다양한 영역에서의 문화 간 적응교육이 교육학적인 적응을 지향할 수 있도록 이론적인 논의를 활성화시켜야 할 것이다.

참고문헌

강수택(1998). 일상생활의 패러다임: 현대 사회학의 이해. 서울: 민음사.

권오훈(1999). 귀국학생 적응교육의 문제점과 개선방안. 서울대학교 사범대학 부속초등학교.

권효숙(1994). 영국 한인 학교에 대한 문화기술적 연구: 영국문화의 선택적 수용과 본국 교육에의 적응. 서울대학교 석사학위 논문.

김병렬(1996). 적응지도와 해외경험 신장을 위한 귀국자녀 교육. 서울대학교 사범대학 부속초등학교.

김신일(2000). 교육사회학. 서울: 교육과학사.

김영식 외 편저.(1988). 교육제도의 이념과 현상. 서울: 교육과학사.

김영옥·박은혜·박찬옥·류진희·이광규·황환옥(1998). 반편견 교육과정을 통한 인간교육. 제12회 한국 어린이육영회 유아교육 학술대회 자료집.

김영찬(1980). 생활·문화·교육. 서울: 교육과학사.

김정원(1997). 초등학교 수업에 관한 참여관찰 연구. 서울대학교 박사학위 논문.

노종희 외(1996). 교육제도론. 서울: 한국 교육행정학회.

박경애·이호준·김택호(1995). 한국 청소년 적응력 향상 연구: 프로그램 종합보고서. 서울: 청소년대화의 광장.

박종민 편(2002). 정책과 문화의 제도적 분석. 서울: 박영사.

하늘초등학교(2001). 귀국학생 특별학급 시범학교 운영보고회 자료집(2001. 7. 3 하늘초등학교).

손장권·이성식·전신현 편저.(1994). 미드의 사회심리학. 서울: 일신사.

안인경(1985). 해외 귀국학생의 생활적응 문제 일연구. 이화여자대학교 석사학위 논문.

안 천(1993). 신사고 사회과 교육론. 서울: 교육과학사.

유혜령(1999). 소수민족 유아의 유치원 생활경험: 현상학적 이해. 교육인류학 연구, 2(2): 139-174. 서울: 한국 교육인류학회.

이종각(1995). 교육인류학의 탐색. 서울: 도서출판 하우.

이홍우(1996). 교육의 개념. 서울: 문음사.

이홍우(1997). 교육과정 탐구(증보판). 서울: 박영사.

이홍우(1988). 교육의 목적과 난점(제5판). 서울: 서울 교육과학사.

장상호(1994). 또 하나의 교육관. 이성진 편. 한국 교육학의 맥(pp. 291-326). 서울: 나남출판사.

장상호(1997). 학문과 교육(상). 서울: 서울대학교출판부.

장상호(2000). 학문과 교육(하). 서울: 서울대학교출판부.

전경수(1994). 문화의 이해. 서울: 일지사.

정연교(1997). 생물학적 인간관. 남기영 외. 인간이란 무엇인가: 사회생물학·플래톤·유가·불교·기독교를 통해 본 인간(pp. 13-81). 서울: 민음사.

조용환(1997). 사회화와 교육: 부족사회 문화전승 과정의 교육학적 재검토. 서울: 교육과학사.

조용환(1998). 교육학에서의 문화연구. 김광억 외. 문화의 다학문적 접근(pp.129-155). 서울: 서울대학교 출판부.

조용환(1999). 질적 연구: 방법과 사례. 서울: 교육과학사.

조용환(2001). 교육적 존재론. 교육인류학소식, 7(1): 1-2. 서울: 한국 교육인류학회.

조용환(2001). 문화와 교육의 갈등-상생관계. 교육인류학 연구, 4(2): 1-27. 서울: 한국 교육인류학회.

차경수 외(1998). 귀국학생 특별학급 교사용 지도서. 1997년도 교육정책 과제결과 보고서.

최정웅 외(1995). 비교교육 발전론. 서울: 교육과학사.

최화순(1990). 해외 귀국아동의 적응에 관한 연구. 홍익대학교 교육대학원 석사학위 논문.

허숙·유혜령 편(1997). 교육현상의 재개념화: 현상학, 해석학, 탈 현대주의적 이해. 서울: 교육과학사.

황규호(1994). 다문화사회에서의 자유교육의 성격. 교육이론, 7·8(1): 177-206. 서울: 서울대학교 사범대학 교육학과.

Adler, J.(1981). Re-entry: Managing Cross-Cultural Transition. Group & Orgarnizational Studies, 6: 341-356.

Adler, S.(1975). The Transitional Experience: An Alternative View of Culture Shock. *Journal of Humanistic Psychology, 15(4)*:

13-23.

Adler, S.(1982). Beyond Cultural Identity: Reflections on Cultural and Multicultural Man. *Intercultural Communication, 3:* 389-407.

Aoki, T.(1993). In the Middest of Slippery Theme-Words: Toward Designing Multicultural Curriculum. Aoki, T. ed. *The Call of Teaching* (pp.87-100). Vancouver: British Columbia Teachers' Federation.

Barth, F.(1969). Ethnic groups and boundaries: The social organization of culture difference(pp.9-38).Boston: Little, Brown and Company

Becker, M.(1980). *Schooling for a Global Age.* New York: Macgraw Hill.

Bennett, C.(1990). *Comprehensive Multicultural Education: Theory and Practice.* Boston: Allyn and Bacon.

Bennett, J.(1977). Transition shock. Putting culture shock in perspective. Jain, C. ed. *International and Intercultural Communication Annual, 4:* 45-52.

Bennett, J.(1993). Towards ethnorelativism: A developmental model of intercultural sensitivity. Paige, R. ed. *Education for the intercultural experience*(pp. 21-72). Yarmouth, ME: Intercultural Press.

Berlak, A. & Berlak, H.(1981). *The dilemmas of schooling.* London: Methuen.

Berry, J.(1988). *Acculturation and Psychological Adaptation: A Conceptual Overview.* Berwyn, PA: Swets North America.

Blakar, R.(1984). *Communication: A social perspective on clinical issues.* Norway: Universitetsfolaget.

Bochner, S., McLeod, M. & Lin, A.(1977). Friednship patterns of overseas students: A functional model. *International Journal of Psychology, 12:* 277-294.

Brezinka, W.(1994). *Socialization and Education: Essays in Conceptual Criticism*. London: Greenwood Press.

Burns, T.(1992). *Erving Goffman*. London: Routledge.

Cazden, B., John, P. & Hymes, D. eds.(1972). *Functions of Language in Classroom*. New York: Teachers College Press.

Clark, K.(1968). Alternative public school systems. Hurwitz, E. & Tesconi, A. eds.(1972). *Challenges to education: Readings for analysis of major issues*(pp. 502-516). New York: Dodd Mead & Company.

Codianni, et al.(1983). *Multicultural Education: Content Materials Strategies and Behaviors*. A Series of Seminars for School Districts in the Metropolitan St. Louis Area.

Cohen, W.(1978). *Student Influence in the Classroom*. Paper presented at the Annual Meeting of the American Educational Research Association Toronto April 1978.

Davies, A.(1999). *Reflexive ethnography: A Guide to Researching Selves and Others*. London: Routledge.

Darwin, C.(1859). *The origin of species*. London: J. Murray.

Durkheim, E.(original French edition 1925). Fox S. D. trans.(1956). *Education and sociology*. Free Press. 이종각 역(1978). 교육과 사회학. 서울: 배영사.

Edwards, D. & Furlong, J.(1978). *The Language of Teaching: Meaning in Classroom Interaction*. London: Heinemann Educational Books Ltd.

Eisenhart, M. & Borko, H.(1993). *Designing Classroom Research: Themes Issues and Struggles*. M. A.: Allyn & Bacon.

Enloe, W.(1986). Issues of integration abroad and re-adjustment to Japan of Japanese returnees. Hiroshima Forum for Psychology, 11: 3-15.

Erickson, E.(1968). *Identity: Youth and crisis*. London: Faber.

Forehand, A. & Ragosta, M.(1976). A Handbook for Integrated

Schooling. New Jersey: Educational Testing Service.

Fuller, J.(1994). *Predictors of reentry shock in American adolescents who have lived overseas.* North Carolina: University of North Carolina.

Fullinwider, K. ed.(1996). Public education in a multicultural society: Policy theory critique. New York: Cambridge University Press.

Gama, P., Pedersen, P.(1977). Readjustment problems of brazilian returnees from graduate studies in the United States. *International Journal of Intercultural Relations, 1(4):* 46-59.

Gardner, H.(1983). *Frames of Mind: The theory of multiple intelligences,* New York: Basic Books.

Garza-Guerrero, C. (1974). Culture shock: its mouming and the vicissitudes of identity. *Journal of the American psychoanalytic Association, 22(2):* 408-429.

Gaw, F.(1995). Reverse culture shock in students returning from overseas. Speeches / Conference papers(pp.4-6). The American Psychological Association(The 103rd. New York, August, 11-15, 1995).

Gay, M. & Barber, L. ed.(1987). *Expressively black: The cultural basis of ethnic identity.* New York: Prager.

Geertz, C.(1973). *The interpretation of cultures.* New York: Basic Books. 문옥표 역(1998). 문화의 해석. 서울: 까치.

Giddens, A.(1991). *Modernity and self-identity: Self and society in the late modern age.* 권기돈 역(1997). 현대성과 자아정체성. 서울: 새물결.

Gleason, P.(1973). The overseas-experienced American adolescent and patterns of worldmindedness. *Adolescence, 8:* 481-490.

Goffman, E.(1961). *Asylums: Essays on the social situation of mental patients and other inmates.* Harmondsworth: Penguin.

Goffman, E.(1974). *Frame analysis.* New York: Haper & Row, Publishers.

Grant, A. ed.(1992). Research and multicultural education: From the margins to the mainstream. Washington D. C.: The Palmer Press.

Gudykunst, B., Kim, Y. Y.(1997). Communicating with strangers: An approach to intercultural communication. New York: McGraw-Hill.

Gullahorn, T. & Gullahorn, E.(1963). An Extension of the u-curve hypothesis. *Journal of Social Issues, 19(3)*: 33-47.

Hall, T.(1976). *Beyond culture.* New York: Doubleday. 최효선 역 (2000). 문화를 넘어서. 서울: 한길사.

Hall, P. & Morgan, R.(1979). *Managing cultural difference(Vol.1).* Houston: Gulf Publishing.

Hammersley, M. & Atkinson, P.(1983). *Ethnography: Principles in Practice.* London: Routledge.

Hawes, F. & Kealey, J.(1981). An empirical study of Canadian technical assistance. *International Journal of Intercultural Relations, 5:* 239-258.

Hewitt, J.(1991). Social Psychology and symbolic interactionism. *Self and society: A symbolic interactionist social psychology* (ch. 1). University of Massachusetts at Amherst: Allyn & Bacon. 손장권 · 이성식 · 전신현 편저(1994). 미드의 사회심리학(pp. 17-47). 서울: 일신사.

Holmes, J. & Brown, D.(1980). Sociolinguistic competence and second language learning: Research in culture learning. Hawaii: The East-West Center.

Kaplan, D. & Manners, R.(1972). *Culture Theory.* Englewood Cliffs: Prentice-Hill. 최협 역(1994). 인류학의 문화이론. 서울: 나남출판.

Keesing, R..(1981). *Cultural anthropology: A contemporary perspective (2nd.).* New York: Holt, Rinehart and Winston. 전경수 역(1984). 현대문화인류학. 서울: 현암사.

Kendall, E.(1996). *Diversity in the Classroom: New approaches to the education of young children.* New York: Teachers College Columbia University.

Kidder, L.(1992). Requirements for being "Japanese": Stories of Returnees. *International Journal of Intercultural Relations,* *16*: 383-393.

Kim, Y. Y.(1988). *Communication and cross-cultural adaptation: An integrative theory.* Philadelphia: Multilingual Matters.

Kittredge, C.(1988). Growing up global. *The Boston Globe Magazine* (April 3): 37-41.

Kohl, R.(1986). Foward to cross-cultural reentry. *Korea Annual.* Seoul: Yonhap News Agency.

Kramsch, C.(1996). *Language and culture.* Oxford: Oxford University Press. 장복명·강혜순·김정희 역(2001). 언어와 문화. 서울: 도서출판 박이정.

Kroeber, L., Klckhohn, C.(1952). Culture: A Critical Review of Concepts and Definitions. New York: Vintage Books.

Krüger, M.(1981). Wissenssoziologie. Verlag W. Kohlhammer. 심윤종 역(1987). 지식사회학. 서울: 경문사.

Lakoff, G. & Johnson, M.(1980). *Metaphors we live by.* Chicago: The University of Chicago Press.

Lazarus, S.(1976). *Patterns of adjustment.* Tokyo: McGraw-Hill Kogakusha.

Lazarus, S.(1963). *Personality and Adjustment.* N. J.: Prentice-Hall. INC.

Leis, E.(1972). *Enculturation and Socialization in an Ijaw Village.* New York: Holt Reinhart and Winston INC.

Lysgaard, S.(1955). Adjustment In a foreign society: Norwegian Fulbright Grantees visiting the United States. *International Social Science Bulletin,* 7: 45-51.

Maher, A.(1994). The shattered language of schizophrenia. Weaver, R. ed. Communication culture and conflict: Readings in intercultural relations (pp. 199-206). Needham Heights, MA: Ginn Press.

Margaret, A. ed.(1976). Anthropological perspectives on multicultural education. *Anthropology and Education Quarterly, 7(4)*: 1-57.

Mead, G.(1964). *Selected writings*. Reck, A. ed. New York: Bobbs-Merrill.

Measor, L. & Woods, P.(1984). *Changing schools: pupil perspectives on transfer to a comprehensive*. Milton Keynes: Open University Press.

Medewar, B.(1957). *The Uniqueness of the individual*. London: Methuen.

Mehan, H.(1978). Structuring School Structure. *Havard Educational Review, 48:* 32-64.

Nancy, L.(1990). Sharing voices. Ormiston G. & Schrifo A. eds. *Transforming hermenutic context*. Albany: State University of New York Press.

Nash, D.(1976). The personal consequences of a year abroad. *Journal of Higher Education, 47*: 191-203.

Noh, Sung-eun(1988). Returned Korean Immigrant Children's Perceptions about Their Educational Environments in Korea. Unpublished doctoral dissertation, The University of Conneticut.

Oberg, K.(1960). Culture shock: Adjustment to new cultural environments. *Practical Anthropology, 7:* 177-182.

Parsons, T.(1971). *The system of modern societies*. Prentice-Hall.

Quine, W.(1969). *Ontological relativity and other essays*. New York: Columbia University Press.

Raschino, A.(1989). College students' perceptions of reverse culture shock and reentry adjustments. *Journal of College Student Personnel, 28:* 156-162.

Richmond, K.(1975). Education and schooling: what's the

difference?. *Education and schooling*(pp. 10-24). London: Methuen & Co. Ltd. 이순형 편역(1989). 교육적 사회론(pp. 48-66). 서울: 양서원.

Rogers, M., Hart, B. (1998). Edward T. Hall and the origins of the field of intercultural communication. *National Communication Association* (11 / 1998).

Rogers, J. & Ward, C.(1993). Expectation-experience discrepancies and psychological adjustment during cross-cultural reentry. *International Journal of Intercultural Relations, 17:* 185-196.

Rogoff, B.(1995). Observing sociocultural activity on three planes: participatory appropriation, guided participation, and apprenticeship. Wertsch, J., Pablo Del Rio & Alvarez, A. eds. *Sociocultural studies of mind*(pp. 139-164). New York: Cambridge University Press.

Sashin, H.(1990). Re-entry and the accademic and psychological problems of the second generation. *Psychology and Developing Societies, 2(2):* 165-182.

Sahlins, M.(1960). Evolution: Specific and general. Sahlins, M. & Elman, R. eds. *Evolution and Culture*(pp. 12-44). Ann Arbor: University of Michigan Press.

Samovar, A. & Porter. E.(1977). *Intercultural communication: A reader(2nd edition)*. Belmont, CA: Wadsworth Inc.

Scheutz, A.(1944). The homecomer. *American Journal of Sociology, 50:* 369-376.

Silverman, J.(1994). When schizopherenia helps. Weaver G. ed. *Communication culture and conflict: readings in intercultural relations*(pp. 207-212). Needham Heights, MA: Ginn Press.

Soja, W.(1989). *Postmodern geographies: The reassertation of space in critical social theory.* London: VERSO. 이무용 외 역(1997). 공간과 비판 사회이론. 서울: 시각과 언어.

Spradley, P.(1980). *Paticipant observation.* New York: Holt, Rinehart

& Winston.

Spiro, M.(1959). Cultural heritage, personal tensions, and mental illness in a south sea culture. Opler, M. ed. *Culture and mental health*(pp. 141-172). New York: Macmillan.

Stitsworth, H.(1989). Personality changes associated with sojourn in Japan. *The Journal of Social Psychology*, 129: 213-224.

van Gennep, Arnold(Vizedom, M., Caffee, G. trans. 1960). *The rites of passage*. 전경수 역(1985). 통과의례. 서울: 을유문화사.

Vygotsky, S. (1977). Play and it's role in the mental development of the child. Cole, M. ed. *Soviet Developmental Psychology* (pp.76-99). White Plains. New York: M. E. Sharpe.(Original Work Published in 1966)

Weaver. R.(1994). *Culture communication and conflict: Readings in intercultural relations*. Needham Heights, MA: Ginn Press.

Werkman, L.(1980). Coming home: Adjustment of Americans to the United States after living abroad. Coelho, V.& Ahmed, I. eds. *Uprooting and development: Dilemmas of coping with modernization*(pp.223-247). New York: Plenum Press.

Willis, D.(1992). Transitional culture and the role of language: An international school and it's community. *Journal of General Education, 41*: 73-95.

Woods, P.(1983). *Sociology and the school: An interactionist viewpoint*. London: RKP. 손직수 역(1998). 학교사회학: 상호 작용론 적 견해. 서울: 원미사.

Woods, P., Boyle, M. & Hubbard, N.(1999). *Multicultural children in the early years: Creative teaching meaningful learning*. Philadelphia: Multicultural Matters Ltd.

Wright, C.(1993). Early education: Multicultural primary school classrooms. Gomm, R. & Woods, P. eds. *Educational research in action*. London: Paul Chapman.

Wurzel, S.(1988). Multiculturalism and multicultural education in toward multiculturalism: A reader in multiculturalism. Yarmouth, ME: Intercultural Press.

Yashiro, K.(1995). Japan's returnees. *Journal of Multilingual and Multicultural evelopment, 16(1-2):* 139-164.

Yinger, M.(1981). Toward a theory of Assimilation and dissimiliation. *Ethnic and Racial Studies,* 4(3): 249-264.

Zahama, S.(1989). Self-shock: The double binding challenge of identity. *International Journal of intercultural Relations, 13:* 501-525.

저자약력

권 효 숙(權 孝 淑)

학 력

서울교육대학교 사회교육과 졸업
서울대학교 대학원 교육학 석사
서울대학교 대학원 교육학 박사

경 력

서울교대, 인천교대, 서울여대, 건국대 등 강사 역임
(現) 한국교육인류학회 이사
(現) 국제평화대학원대학교 뇌교육학과 교수

연구 논문

「아동의 간문화적 경험과 적응교육의 재개념화」, 「귀국아동의 적응현상」,
「귀국학생 교육프로그램의 현황과 국제성 함양의 과제」,
「'귀국반' 구성원의 상호이해 과정」, 「문화 간 적응교육의 개념과 실제」,
「Preparing Programs for Intercultural Education:
An Ethnographic Study of 'returnee class'」,
「세계화시대의 정체성과 사회과 인류학교육」 등

문화 간 적응교육 - 반성과 과제 -

• 초판 인쇄	2006년 10월 16일
• 초판 발행	2006년 10월 16일
• 지 은 이	권효숙
• 펴 낸 이	채종준
• 펴 낸 곳	한국학술정보㈜
	경기도 파주시 교하읍 문발리 526-2
	파주출판문화정보산업단지
	전화　031) 908-3181(대표) · 팩스　031) 908-3189
	홈페이지　http://www.kstudy.com
	e-mail(출판사업팀사업부)　publish@kstudy.com
• 등　　록	제일산-115호(2000. 6. 19)
• 가　　격	15,000원

ISBN　　89-534-5746-7　93370 (Paper Book)
　　　　　89-534-5747-5　98370 (e-Book)